本书系

浙江天台桐柏宫"中华传统文化研究"支持项目

四川大学"生命哲学"学派规划项目

国学新知文库·第二辑

詹石窗 | 主 编

《周易》治道研究

周克浩◎著

人民出版社

总　序

詹石窗

　　"国学"一词最早见于《周礼·春官》:"乐师掌国学之政,以教国子小舞。"其中所谓"国学"实际上是指上古时期国家设立的学校。随着历史的进展,"国学"的内涵逐渐发生演变。到了近现代,"国学"成为指称我国特有学术的一个术语,其外延是以儒、道、释为主体的中华民族传统文化,涉及古代哲学、史学、文学、艺术、语言学、科学等诸多领域。本《文库》正是从广义上使用"国学"概念的,至于"新知"既意味着新的领域、新的视野,也意味着新的探索、新的认识。由于国学的范围相当广泛,这套文库当然应该有所选择,关注那些具有新发现、新观点的成果,这就是为什么将"国学"与"新知"合成的用意所在。从文稿选择的立场看,既然是"国学",则入选的文稿必定是传统文化方面的;既然是"新知",文稿如果仅仅反映传统文化内容,还是未能符合要求的,必须是两个方面的特质兼备,才能进入这套文库之中。也许组织者对文稿的选择不一定准确,但不论情况如何,"新知"乃是编纂这套文库的初衷,表达着一种愿望、一种追求,一种目标。

　　《国学新知文库》的编纂工作确立了如下宗旨:

　　第一,弘扬求实精神,鼓励学术创新。众所周知,任何一种学术研究,都必须具有求实精神,国学研究当然也不能例外。就过程而言,国学研究的求实精神首先意味着对从事的领域展开广泛的调查,精读相关的经典文献,详细占有资料,然后进行深入思考,避免信口开河,无中生有,有中说无,而是依据事实,客观陈述,立论稳妥。这种求实精神在节奏加快的当今学术圈中尤其需要。与此相联系,《国学新知文库》也特别强调学术创新。往昔的成就固然可以引为自豪，但重复劳动是没有前途的。惟有学术创新，才能永葆国学的旺盛生命力，焕发学术研究的青春。所谓"创新"就国学领域来说，首先是文献史料的新发现、新发掘；其次也在于使用新的研究方法，从新的角度进行新的审视，提出新的选题，开展新的分析等等。古人称"天地日新"，又谓"革故鼎新"，此类格言成语说明我们的民族学术文化传统本来就非常提倡创新。在新的时代，尽管所谓"新"的标准不同，但先民们倡导创新的精神却依然没有过时，值得我们在国学研究工作中认真思考和发挥。

第二，扩展文化视野，兼蓄古今中外。从研究资料来说，我们不仅要熟悉浩如烟海的中国古代典籍、田野信息、考古资讯以及国内前贤时仁的论著，还要有世界眼光，努力掌握国外同行的学术动态，因为随着中国经济的快速崛起，海外对中华文化的研究越来越重视，成果也越来越丰硕。在文化学术传播越来越快的信息社会中，如果我们不能及时了解他国学者的学术新成就，就可能步他人之后尘，重复无谓的劳动，甚至陷入迷乱状态，徘徊不前；惟有高瞻远瞩，放眼全球，关注他国关于中国传统文化的研究成就，并且认真加以分析和借鉴，才能扬长避短，超越学术瓶颈，取得新的突破。

第三，关注薄弱环节，培植研究特色。经过长期的努力，国学研究在总体上虽然取得了巨大成就，但存在许多薄弱环节却也是毋庸置疑的事实。以往许多人谈国学，常常把它局限在儒家文化圈内。其实，此等视野是相对狭窄的。由于认识的局限和导向问题，国学研究未能在比较广阔的领域展开，故而限制了它的发展前景。有鉴于此，我们组织编纂《国学新知文库》不仅要继续关注儒家学说和中国化了的佛教文化，而且将加强对国学中的一些薄弱环节的探究，比如道家、道教之学、古代科技哲理、传统经学与艺术的关系等等，这些领域都是以往的国学研究相对比较忽略的，现在我们应该对这些领域的研究多加鼓励。从发展的立场来看，"强势"与"薄弱"本是相对而言的。当人们对于某个领域、某种专题不太关注而没有投入足够力量加以研究的时候，该领域或专题就是一种"薄弱环节"，而当人们对这种"薄弱环节"有了足够重视的时候，"薄弱环节"就可能转化为"强势环节"。但愿我们的努力不仅可以化"薄弱环节"为"强势环节",而且能够在实际工作中培植新的特色。

根据以上原则,我们从 2006 年开始,陆续推出《国学新知文库》(第一辑),包括以下著作:詹石窗主撰《道教与中国养生智慧》、昌乐著《禅悟的实证:禅宗思想的科学发凡》、黄永锋著《道教服食技术研究》、沈文华著《内丹生命哲学研究》、蒋朝君著《道教生态伦理思想研究》、周谢清果著《先秦两汉道家科技思想研究》、江峰著《太谷学派生命哲学研究》、谢晓东著《现代新儒学与自由主义:徐复观殷海光政治哲学比较研究》、黎文松著《楞严学与人类生命健康之研究》、于国庆著《道教与传统兵学关系研究》、郑志明著《中国殡葬礼仪学新论》、杨燕著《〈朱子语类〉经学思想研究》、周天庆著《明代闽南四书学研究》、黄永锋著《道教在当代中国的阐扬》、阙美丽著《道教养生哲学:吕祖善书思想研究》、徐朝旭等著《儒家文化与民间信仰》、张丽娟著《以清为贵的文化哲学——〈关尹子〉及其注疏研究》。这些著作以儒释道思想文化研究为主,在内容上涉及历史、民俗、政治、军事以及医学养生等不同领域。

当今世界,经济全球化已是不争的事实。然而,就精神领域而言,大多数人却依然主张文化多元化,因为一个民族只有保存自己的优秀文化传统,才能傲然屹立在世界民族之林。所谓"一方水土养育一方人民,一方人民弘传一方文化",既说明世界范围的文化本来就是多彩多姿的,也意味着文化"个性"乃是民族存在的基本标志之一。中华传统文明在历史长河中曾雄踞世界东方,其中蕴涵的精神宝藏,特别是人文资源,可以为我国的现代化进程提供有力的智力支持。可是,晚清西学东渐以来,我国学术界主流倾斜于吸纳西洋、东洋文明,以追随西方的学术理论和研究方法为时髦,热衷于做西学的诠释者和传播者,却逐渐远离了对中华文化传统的认同。我们认为,富有情操的中国知识分子既要有宽广的胸襟和视野,敢于借鉴西方文明的优秀成果,同时也应该坦然地开启心扉,理直气壮地为发掘国学的积极资源而大胆探索,奉献力量。因为中国传统文化不仅已经登上国际文化舞台,正在与西方学术进行平等对话,而且成为我国腾飞的强大精神载体,从而被西方世界所关注。美国科学史专家萨顿(George Sarton)说:"正如东方需要西方一样,今日的西方仍然需要东方……不要忘记东西方之间曾经有过协调;不要忘记我们的灵感多次来自东方。为什么这不会再次发生?伟大的思想很可能有机会悄悄地从东方来到我们这里,我们必须伸开两臂欢迎它。对于东方科学采取粗暴态度的人,对于西方文明言过其实的人,大概不是科学家……新的鼓舞可能仍然,而且确确实实仍然来自东方,如果我们觉察到这一点,我们会聪明一些。"①萨顿的论述无疑是深刻的,对于我们的研究工作来说也是富有启迪的。有鉴于此,我们考虑,继续推动中华传统文化的传承与研究工作,于是有了《国学新知文库》(第二辑)的计划形成。这项工作得到了中国道教协会副会长张高澄道长住持的浙江省天台桐柏宫管委会的大力支持。经过反复磋商,形成了一批新的选题,包括《〈周易〉治道思想研究》《葛洪、葛长庚人生价值观研究》《元代婺源胡氏易学研究》等。正如第一辑规划一样,《国学新知文库》(第二辑)的选题对象主要是研究中华传统文化学者的优秀成果,尤其侧重考虑博士生与专职博士后的学术著作。按照程序,所有选题经过编委会讨论通过之后报送出版社审核立项。

胡适曾经在《〈国学季刊〉发刊宣言》说过:"我们深信国学的将来,定能远胜国学的过去。"这是因为国学研究从一开始就是因应了时代的需要,并且随着时代的发展而向前迈进。我们希望《国学新知文库》第二辑也能切近时代脉搏,为中华民族伟大复兴、为人们的精神生活提供有益的文化资源。

谨识于四川大学老子研究院

2010 年 10 月 10 日初稿

2019 年 7 月 5 日修订

---

① [美]乔治·萨顿:《科学的生命:文明史论集》,商务印书馆 1987 年版,第 140—141 页。

序　一

现在传统文化很热,但是,必须承认,传统文化之于现代管理在"术"的层面上基本没有指导意义,只能从"道"层面上寻找资源。所谓"道"就是哲学,"治道"就是管理哲学。从宏观角度把握管理,人们就会发现,无论做什么事,管理工作都在管人。这就形成了管理哲学抑或"治道"自身包含着三大基本问题:其一,人需要管吗? 这是管理或者社会公权力存在的合理性论证。其二,将人管向何方? 当管理的必要性与合理性论证清楚之后,就产生了管理的目标性问题,其实就是任何一个社会组织存在的意义和价值。其三,管理的能力。当目标明确之后,领导或者管理者有能力将被管理者引向既定的目标吗? 用这样的角度切入,分析和研究《周易》,结果与前人就有了很大的不同,《周易》的现代意义得到了进一步的彰显。

研究《周易》而形成的所谓"易学",在中国已经存在了几千年,著作可谓"汗牛充栋"。在当今社会,《周易》研究再度成为中国哲学和中国思想文化研究的热点之一。但是,还没有人从"治道"的角度诠释《周易》的管理哲学。在这一点上,周克浩博士的研究成果,的确有其独到和创新之处。

研究《周易》的管理哲学,显然是一件相当繁重的工作,关键是历史上形成的易学内容太过庞杂,梳理起来,费时费力。不过,经过周克浩的努力,结果还是令人满意的。他从"治道"角度,将《周易》的管理哲学,概括为"修身之道"、"齐家之道"和"治国之道"。并且,对《周易》的相关内容进行分门别类,条分缕析,并以各家经典佐证易理,说服力很强。周克浩对《周易》使用的基本范畴,在元典中的出现频率,以统计的方式凸显其重要地位,独具特色,从而使他的论文内容厚实,逻辑性强,并且具有强烈的现实感和实践意义。

厦门大学管理学院教授、
博士生导师 傅小凡
2019 年 5 月

序　二

　　《周易》是中国传统思想文化中自然哲学与人文实践的理论根源,被誉为"大道之源"、"群经之首",历代治易著作蔚为大观。当代,易学研究也一直是中国文化、中国哲学研究中的一个热点,取得了众多的研究成果。但周克浩博士以《大学》的"修、齐、治、平"为纲来解读《周易》无疑是独具特色的,也是本书重要创新之所在。克浩结合历代易学研究成果和自己对《周易》的理解,对《周易》中蕴含的"修、齐、治、平"思想作了系统的阐发和论述,整个过程可谓是条分缕析,周延不漏,又能旁征博引、博采众长,从中可以看出他对《周易》文本的"精耕细作"以及对历代易学著作和相关典籍之谙熟,这是很难得的。

　　作者针对现代人所面临的人生、家庭和社会问题,结合易理,辅以各类典籍,提出了很多富有价值的、导人向善的思想和观点,说理圆融,论证有力,给人以启迪,字里行间透露出明睿的学理思考、浓厚的家国情怀和强烈的现实关怀。作者似乎是想从传统易学文化中提取民族复兴的"精神之钙",使流淌在中华民族血脉中的易道文化精神和传统价值精髓在当下中国重新鲜活起来,开出当今回归传统国学以因应社会变革的一条"易学之路",彰显易学文化的现实意义和当代价值,推动中华优秀传统文化在当今中国创造性转化和创新性发展。其间蕴含着作者关怀社会的"忧患意识"和传承优秀传统文化的使命感,这种"忧患意识"和历史使命感与《周易》乃至整个中华文化的主调是相合拍的。

　　克浩研究生期间跟随我和永锋教授从事道家道教研究。从那时起,他就对《周易》产生浓厚兴趣。博士期间,他师从傅小凡教授对《周易》展开了系统深入的解读和研究,并取得了一些成果。克浩博士毕业后,到机关工作,但难

3

能可贵的是,他在繁忙工作之余仍不忘学术研究,抓紧时间对这篇博士论文进行了认真补充和细致修改,使其进一步完善。我相信此书的出版将有助于易学研究的深入展开,故将它推荐给读者朋友们,让大家一起来分享这一研《易》心得。

四川大学教授、

博士生导师　詹石窗

2019 年 5 月

序　三

易学研究,在当代已成为显学,著作繁多。然本书专论易之治道,则仍颇有新意。书中对易之治道按照《大学》"八目"分类阐释,对"治道"之理解可谓全面,结构清晰。

本书最突出的创新之处,在于以"八目"为纲而广论《周易》之治道,各部分均能提纲挈领,择要叙述,眉目清爽。其内容归类颇为明晰,立论公正识见颇多,体现出作者良好的文献功底与分析能力。语言平实,引证充分,说理透辟周详,气势顺畅,文气充足,说明作者具备踏实稳健的学风。

克浩研究生阶段从事道家道教思想的研究,由我和詹石窗老师共同指导。在读期间,他刻苦钻研,并参与了我们的《百年道学精华集成》等多个课题的研究工作,取得了许多富有价值的研究成果。值得一提的是,他不只局限于书本知识和书斋里的学习,他多次参加我们的访学游学活动,他关注社会、关注现实,是一位有着非常强烈的家国情怀的当代儒者。基于这样的学习理念,促使他从现实角度诠释经典,回应社会关切。我相信也正是这种家国情怀和担当精神促成了这部学术论著的产生。如今这部学术论著即将付梓,作为他的老师,我十分高兴,乐于为他作序,祝愿他再接再厉,再创佳绩!

厦门大学哲学系教授、博士生导师

厦门大学道学与传统文化研究中心主任

黄永锋

2019 年 5 月

目　录

1

导　言

在行文开始之前,先就本书的几个问题做一说明。

1. 笔者选择《周易》的治道作为研究对象,是基于两个方面的考虑:①古往今来,对《周易》儒理之研究,成果丰硕,但多是随文注释。今人虽重视从管理角度研究《周易》,但多联系现代管理学进行立论。可以说,有关《周易》治道的专题论述和系统研究并不多见,因此有进一步开拓之可能与必要。②《周易》治道之研究有着较强的理论意义和现实价值,对于充分理解《周易》文本亦有着重要作用。

2. 狭义而言,治道是指治国理政之道。本书基于对《大学》"八目"的理解,从广义上界定治道,即是"修、齐、治、平"之道。"治国"与"平天下"具有同构性,故将此二者合而为一来论述。① 因此,《周易》的治道之解,就是研究《周易》修身、齐家、治国之道。

3.《周易》分为经、传两部分,其产生年代和作者不同,思想虽一脉相承,

---

① 按照朱子的考证,《大学》第一章的内容为孔子之言,当时所处的时代是春秋时期。据史料记载,周灭商后,周天子分封天下,分封及臣服的诸侯国有数百之多。在当时的背景下,可知《大学》所说的"治国",主要是对诸侯而言的,是指治理好一个诸侯国,而不是我们现代意义上的国家。"平天下",是对周王室而言的,是指匡正无道,安抚天下百姓,使人民丰衣足食、安居乐业,实现国泰民安、社会祥和。从"治国"到"平天下",是从一个诸侯国到全体诸侯国,是地域上由小到大、逐步扩展的过程。明末清初,大思想家王夫之也认为《大学》推崇的"平天下"就是秦以后的治国实践。对此他做了解释,认为"天下"的概念古今不同:"古之天下为封建,故国必先治;今之天下为郡县,故不须殊直隶于司道。"(参见(清)王夫之:《读四书大全说》,中华书局1975年版,第42页。)这是说,先秦时期,实行分封制,诸侯的属地为"国";而所有的诸侯国,都归于天子,统称为"天下"。因此,那时要"平天下",首先就要"治国"。而从秦朝以后,实行郡县制,故先秦时期的"天下"概念就变成了秦以后的"国家"概念。从这个意义上说,《大学》中所说的"平天下"就是秦以后所说的"治国"。可以说,"治国"和"平天下"主要是区域范围上的不同,其内容、方法和目标都是同构的,都是要靠"有为"的仁政、礼法实践,达到国家的安稳与和谐。据此,本书将"治国"与"平天下"合二为一来进行论述。

然亦有区别。但是,在几千年易学传统中,经、传是不分家的;而且,如果脱离《易传》去研究经文,则如鸟失翼,难以疏通。因此,本书按照学术惯例,把经、传作为整体来研究。当然,在行文中,对经、传之不同,亦会有所论述和说明。

4. 陆游说:"《易》道广大,非一人所能尽,坚守一家之说,未为得也。"①苏东坡博览经典,发出"三藏十二部之文,皆《易》理也"②的感慨。因此,本书论《易》,不拘于一家之说,对历代易学家及古圣先贤之言多有称引。

5. 孔颖达言:"六十四卦悉为修德防患之事。"③经过"引而伸之,触类而长之",六十四卦也悉为齐家、治国之事。为了避免繁衍丛杂、粗而不精,本书力求重点突出、脉络清晰,并不刻意追求面面俱到。

6. 本书主要采用通行本《周易》。引用之原文,大多都有明显引号标识,一般不再单独出注。

下面对治道的意涵、《周易》治道的研究现状、本书的主要内容及创新做一论述和说明。

一、治道的厘定

"治道"本指"治国理政之道",但本书从广义上用之,所言"治道"包括修身之道、齐家之道、治国之道。

"治"本义是河水的名称,《说文》曰:"出东莱曲城阳丘山,南入海。"《康熙字典》引《前汉·地理志》曰:"泰山郡南武阳冠石山,治水所出,南至下邳入泗。"④后由"水",引申为"治水",如郦道元《水经注》:"昔禹治洪水。"⑤又引申为治理、管理之义,如《孟子·滕文公上》:"或劳心,或劳力,劳心者治人,劳

---

① (宋)陆游撰,(明)毛晋辑:《渭南文集》,《景印文渊阁四库全书》第 1163 册,台湾商务印书馆 1986 年版,第 533 页。

② 明代焦竑《刻苏长公集序》曰:"苏子瞻氏少而能文,以贾谊、陆贽自命,已从武人王彭游,得竺乾语而好之。久之,心凝神释,悟无思、无为之宗,慨然叹曰:'三藏十二部之文,皆《易》理也。'自是横口所发,皆为文章,肆笔而书,无非妙也。"[参见(宋)苏轼著,龙吟注评:《东坡易传》,吉林文史出版社 2002 年版,第 395 页。]

③ (魏)王弼、(晋)韩康伯注,(唐)孔颖达疏:《周易正义》,中国致公出版社 2011 年版,第 296 页。

④ (清)张玉书、陈廷敬等编著:《康熙字典》,中华书局 1980 年版,第 12 页。

⑤ (南北朝)郦道元著,陈庆元编:《水经注选》,福建教育出版社 1991 年版,第 214 页。

力者治于人;治于人者食人,治人者食于人,天下之通义也。"①"道",原指用于行走的道路。如《尔雅》:"一达谓之道";《说文》:"道,所行道也。"引申为宇宙本体及规律,《广韵》:"理也,众妙皆道也,合三才万物共由者也。"如《周易》:"一阴一阳谓之道",《尚书·大禹谟》:"道心惟微"②,《荀子·天论》:"修道而不贰,则天不能祸。"③又指管理、治理。如《论语·学而》:"道千乘之国。"④又指道理、规律、原则、方法等,段玉裁《说文解字注》:"道之引申为道理。"如贾谊《过秦论》:"深谋远虑,行军用兵之道,非及曩时之士也。"⑤据上可知,"治道"字面之义是指治理、管理的道理、原则和方法。

"治"与"道"合起来,作为一个独立范畴使用,首见于《墨子·兼爱中》:"……当兼相爱、交相利。此圣王之法,天下之治道也,不可不务为也。"⑥这里的"治道"指治理天下、国家的原则和方法。正如牟宗三先生在《政道与治道》第二章《论中国的治道》中所指出的:"治道,就字面讲,就是治理天下之道,或处理人间共同事务之道。"⑦又如《韩非子·诡使》言:"圣人之所以为治道者三:一曰'利',二曰'威',三曰'名'。"⑧

但"治道"作为"治国之道",只是对"治道"的狭义理解。广义上说,治理国家不仅包括管理国家、社会之具体政策、措施等层面,还应包括与之相联系的其他内容,如人生修养、价值观念及对家庭的态度等。黄鹏裕说:"治道,即治国之道,这只是治道狭义上的理解。从广义上说,治理国家并不单纯是一个只研究治理术的问题,同时还涉及对人性论、价值论、天人关系、君主修养等一系列问题的探讨。"⑨那么广义上的"治道"所指为何?

《大学》曰:"古之欲明明德于天下者,先治其国;欲治其国者,先齐其家;

①　方勇译注:《孟子》,中华书局 2012 年版,第 96 页。
②　王世舜、王翠叶译注:《尚书》,中华书局 2012 年版,第 361 页。
③　方勇、李波译注:《荀子》,中华书局 2011 年版,第 265 页。
④　陈晓芬、徐儒宗译注:《论语·大学·中庸》,中华书局 2012 年版,第 9 页。
⑤　(汉)贾谊:《过秦论》,《中国古典散文》,人民文学出版社 1995 年版,第 23 页。
⑥　方勇译注:《墨子》,中华书局 2012 年版,第 133 页。
⑦　牟宗三:《政道与治道》,广西师范大学出版社 2006 年版,第 23 页。
⑧　高华平、王齐洲、张三夕译注:《韩非子》,中华书局 2011 年版,第 645 页。
⑨　黄鹏裕:《〈潜夫论〉治道思想研究》,西南政法大学 2010 年硕士学位论文,第 10 页。

欲齐其家者,先修其身;欲修其身者,先正其心;欲正其心者,先诚其意;欲诚其意者,先致其知;致知在格物。"①这里,《大学》指出了"治道"之内容和次第:要明明德于天下者,先要治理好国家;要治理好国家就要先治理好家庭;想治理好家庭就要先修身;要修身就要先正心;要正心就要先诚意;要诚意就要先致知;要致知就要先格物。在《大学》后文中又把这个次序顺过来说了一遍,即:格物→致知→诚意→正心→修身→齐家→治国→平天下。从这里可以看出,治国并不是单一的事件,而是包括前面"格物、致知、诚意、正心、修身、齐家"的系统工程。很明显,前面提到狭义上的"治道",只是针对这"八目"中的"治国"而言的。然而要真正明白"治国之道"是不能脱离"格物、致知、诚意、正心、修身、齐家"之道的。因此,程颢指出:"治道亦有从本而言,亦有从事而言。从本而言,惟从格君心之非,正心以正朝廷,正朝廷以正百官。"②这说明了要治理好国家,必须要先正心、修身。从这个意义上说,正心、修身也应该属于治道的内容。此说,于史有证。据《明史》记载,有一次明太祖在婺州,召见了儒生范祖干,"祖干持《大学》以进,太祖问治道何先,对曰:'不出是书。'太祖令剖陈其义,祖干谓帝王之道,自修身齐家以至治国平天下,必上下四旁,均齐方正,使万物各得其所,而后可以言治。"③这进一步说明,在儒家看来,治国乃必然包括修身、齐家之道。因此,从广义上说,"治道"应包括"格物、致知、诚意、正心、修身、齐家、治国、平天下"这八个方面的内容。但"格物、致知、诚意、正心"皆可以归于"修身";"平天下"与"治国"其理无二,可合二为一而言之。因此,本书所指"治道"即是修身、齐家、治国之道。

二、《周易》治道研究综述

对《周易》治道之研究,自古有之。从《易传》开始,即对《易经》中蕴含的"修、齐、治、平"思想进行推阐。后来儒家解读《周易》,又对之进行不遗余力地研究和述论,形成了洋洋大观的研究成果。著名的有王弼、韩康伯

---

① 陈晓芬、徐儒宗译注:《论语·大学·中庸》,中华书局 2012 年版,第 250 页。
② 《朱子近思录》卷之八引明道先生语(明道先生即程颢),参见(宋)朱熹、(宋)吕祖谦撰,严佐之导读:《朱子近思录》,上海古籍出版社 2010 年版,第 96—97 页。
③ (清)张廷玉等纂修:《明史》,岳麓书社 1996 年版,第 4092 页。

注、孔颖达疏《周易正义》、程颐《周易程氏传》、胡瑗《周易口义》、李光《读易详说》、杨万里的《诚斋易传》等等。但这些著作多是随文阐义,即在解读六十四卦的过程中,论述其中的儒理。今人研究《周易》也多以此为模式,随文生训。

据笔者所知,目前对《周易》治道进行系统、全面、深入研究的著作并不多,但亦有一些先期成果。如王玉德《〈周易〉精解》①,此书中有《周易》的修齐治平篇,讲述了《周易》与修身、齐家、治国、平天下的关系。在修身中,提出君子要精通易理,君子要以道德为重,君子要有独立的人格与精神,君子要仁义谦和,君子要起表率作用,君子要有忧患意识,君子要不断修身。论述了《周易》的家庭、婚姻思想,联系《周易》分析了家庭生活、择偶、情感、生育、孝道等内容。在《周易》与社会部分,论述了以下内容:《周易》对社会构建的影响,《周易》对社会演进与动荡的描述,《周易》对社会改革的议论,《周易》是社会转型的思想武器,《周易》是社会预测的思想工具。在《周易》与治理部分,联系《周易》,阐述其与生态环境的和谐、人与自然的和谐、人类社会的和谐之关系,及《周易》中的管理观、信息观、策划观。

其他的作品则是择取《周易》蕴含的"修、齐、治、平"思想中某个相关问题作了疏解和解读。单篇论文较多,兹综述如下:

(一)《周易》与修身

1. 处世之道

德行之高低与成就之大小密切相关。好的德行能够帮助人们走得更稳、更好。有学者从处世之道、人生哲理这样宏观的视角探讨《周易》的修身思想。如李绍先、刘源编著的《〈周易〉与处世之道》从心态决定论、自强不息论、厚德载物论、诚信包容论、柔和顺应论、求同存异论、困境变通论、转化发展论等八个方面论述了《周易》的处世之道。② 陈望衡《忧患人生的卓越指南——〈周易〉与人生哲理》一文基于卦爻辞及易理的分析,阐述了《周易》对于人生的启示。提出处理天人关系的三大法则是"识天、顺天、乐天";处理人际关系

---

① 王玉德:《〈周易〉精解》,中国人民大学出版社 2011 年版,第 270—304 页。
② 参见李绍先、刘源:《〈周易〉与处世之道》,四川人民出版社 2012 年版。

的三大法宝是"守正、中孚、尚和";处理一切事务的三大要义是"果决、审慎、适变"。①

2. 德行修养

《周易》的德行修养是一个系统工程,由修养目标、修养内容、修养方法等组成,有学者立足德行修养的全过程立论,阐发了《周易》的修身思想。如杨永林博士学位论文《易象德治思想意蕴发微》论述了君子修德思想,包括君子修德的起点:《蒙》卦之"果行育德";《小畜》卦之成大业,先修德。君子修德的方法:《大蓄》卦之重"前言往行";《损》卦之"君子以惩忿窒欲";《益》卦之"见善则迁,有过则改";《艮》卦之"君子以思不出其位";《震》卦之"恐惧修省";《否》卦之"以俭德避难"。君子修德的过程:《渐》卦之渐进修德;《升》卦之"积小以高大";《坎》卦之"常德性,习教事";《蹇》卦之"反身修德"。修身与济世:《晋》卦之"自昭明德";《蛊》卦之"振民育德"。论述了德的内容,包括《谦》卦之谦虚、《中孚》卦之诚信、《大壮》卦之"非礼勿履"、《家人》卦之"君子以言有物而行有恒"。② 史少博《论〈周易〉的"立人之道"及"崇德广业"》一文分析了《周易》中"诚"、"仁"、"崇德广业"三个范畴,认为:《周易》告诫人们:'立人之道',必须具备'诚'和'仁',如果一个人不讲'诚'、失掉'仁',即便得一时之利,也会最终失去民心,断送自己的前途和命运;并且,'崇德'和'广业'二者相辅相成,相互配合,只有'崇德',才能'广业'。"③侯婉如《〈周易〉中"君子"之特质初探》分析了君子的崇德特质和广业特质。前者曰:"一是举止言行应谨慎,二是态度要谦恭有礼,三是道德仍合乎人情。"后者曰:"一是审理思法应公正,二是对待别人应宽恕,三是广业仍须视时务。"认为"不论是崇德或广业之特质,君子皆须知应变之原则"。又说:"君子之价值目标在于法天,并使一切臻于至真、至善、至美的理想境界。"④

3. 人格塑造

理想人格的培养和塑造,实质上也就是德行修养的过程,有学者立足于理

---

① 陈望衡:《忧患人生的卓越指南——〈周易〉与人生哲理》,《周易研究》1994年第3期。
② 杨永林:《易象德治思想意蕴发微》,厦门大学2011年博士学位论文。
③ 史少博:《论〈周易〉的"立人之道"及"崇德广业"》,《学术交流》2009年第4期。
④ 侯婉如:《〈周易〉中"君子"之特质初探》,《周易研究》1998年第4期。

想人格之塑造,论述《周易》修身思想。如陈代波《外圆内方,刚柔相济—试论〈周易〉塑造的理想人格模式》认为在天圆地方宇宙观指导之下,《易传》建构了外圆内方、刚柔相济的理想人格模式:"效法天道,刚健自强,圆转不穷;效法地道,守正固本,崇德广业;刚柔立本,变通趋时,方智圆神。"①郑剑虹、黄希庭《论〈周易〉的自强人格及其培养》提出:"从心理学角度看,《周易》主要反映了一种自强的人格心理学思想。体现为持之以恒、谦虚谨慎、坚强勇敢、诚信、'知几'的自强者人格特征。"文章"从修德、认识、言行、意志和人际关系五个方面论述了自强人格养成的途径和方法",认为"自强及其培养应遵循'创新变革'和'顺天'的基本心理原则。《周易》中所论述的自强主要是一种个体自强或个人取向的自强"。②

　　4. 伦理道德

　　《周易》中包含的道德伦理思想、民族精神是进行德行修养的前提和依据,有学者在这个问题上有所阐述。如黄钊《〈易传〉的道德观发微》认为《易传》对《易经》所包含的道德观念进行了创造性阐发。论述了《易传》倡导的有积极意义的道德精神:"自强不息"精神、"厚德载物"精神、"居安思危"精神、"革故鼎新"精神、"崇德广业"精神、"尚中贵和"精神。认为《易传》中提出了一些具有积极意义的修身方法、原则:其一,主张"遏恶扬善";其二,主张"直内方外";其三,主张"穷理尽性"。③ 陈小虎《论〈周易〉伦理道德思想》从义利统一的伦理准则、内外兼修之君子美德、自我教育为主,教育与自我教育相统一的道德修养途径三大方面,论述了《周易》的伦理道德思想。④ 刘永成《〈周易·系辞传〉中的道德思想与处世智慧》论述了《系辞传》中的道德思想与处世智慧:"一、不困所不应困,不据所不应据;二、屈伸有节,动静以时;三、勿以善小而不为,勿以恶小而为之;四、安而不忘危,存而不忘亡,治而不忘乱;五、

---

① 陈代波:《外圆内方,刚柔相济——试论〈周易〉塑造的理想人格模式》,《周易研究》2010 年第 6 期。

② 郑剑虹、黄希庭:《论〈周易〉的自强人格及其培养》,《西南师范大学学报》(人文社会科学版)2004 年第 6 期。

③ 黄钊:《〈易传〉的道德观发微》,《湘潭大学学报》(哲学社会科学版)2006 年第 3 期。

④ 参见陈小虎:《论〈周易〉伦理道德思想》,《西南民族大学学报》(人文社科版)2007 年第 10 期。

上交不谄,下交不渎,防微杜渐;六、修'九德'之美。"①翁银陶《从〈周易〉看西周时代的华夏民族精神》论述了《周易》中表现出的西周时代华夏人所普遍共有的、最重要的四种民族精神:强烈的道德感、无私奉献、居安思危、变革创新。②

5. 德行范畴

《周易》中重要的德行范畴及其培养,如谦虚、中孚、损益等受到了研究者的重视。如吕耀怀《"谦"的德性传统及其当代命运》分析谦的含义、传统谦的价值、谦德的西方样态,反思传统谦德的当代命运。③ 虞友谦《〈周易·谦卦〉与泛谦德传统》提出中国最早的道德专论就是《周易》的谦德论,而非其他。认为《周易·谦卦》表现了崇柔的思想倾向,既分析了谦德的来源和依据,认为谦德是社会实践的产物,又从思想文化史角度论述了谦德的流变和影响。④ 陈碧《〈周易〉谦卦的哲学、伦理学内涵》通过分析谦卦的哲学和伦理学内涵,提出谦的前提和本质是"有",有智者之真、之知、之才,有仁者之敬、之爱、之德;其外在表现却是无有之"虚",抑己之"让"。认为谦是人们行为处事的成功之道,谦又是文明之礼,是齐家、治国、平天下的总原则;在人与自身、人与自然、人与社会的关系中都有积极的作用。⑤ 陈启智、孙希国《从〈谦〉看〈易经〉作者对主体精神的关注——兼论儒道两家在〈易经〉中的萌芽》基于对《谦》卦的爬梳,认为"《谦》卦爻辞无一不吉这一特例现象的出现,表现了《易经》作者强烈的道德内求思想,反映了《易经》作者对主体精神的极大关注"⑥。唐贤秋《〈周易〉中的"诚信"思想探微》基于对《周易》中"孚"的分析,认为"孚"表"诚信"之义。作者论述了诚信的重要作用:第一,对人诚信是实现人际关系融洽的重要前提;第二,为人诚信是促使自己进德和居业的先决条件;第三,讲求诚信是统治阶级顺利实现其政治统治的必然要求。阐发了践履诚信的途

---

① 刘永成:《〈周易·系辞传〉中的道德思想与处世智慧》,《求实》2006 年第 S3 期。
② 参见翁银陶:《从〈周易〉看西周时代的华夏民族精神》,《中州学刊》1992 年第 6 期。
③ 参见吕耀怀:《"谦"的德性传统及其当代命运》,《道德与文明》2007 年第 3 期。
④ 参见虞友谦:《〈周易·谦卦〉与泛谦德传统》,《学术月刊》1993 年第 12 期。
⑤ 参见陈碧:《〈周易〉谦卦的哲学、伦理学内涵》,《道德与文明》2004 年第 1 期。
⑥ 陈启智、孙希国:《从〈谦〉看〈易经〉作者对主体精神的关注——兼论儒道两家在〈易经〉中的萌芽》,《齐鲁学刊》1994 年第 5 期。

径:第一,将诚信融入个人的日常言行之中;第二,将诚信融入家庭成员关系之中;第三,将诚信融入社会交往之中;第四,将诚信融入政治统治之中。① 郑万耕《〈损〉〈益〉两卦何以深受古人青睐》对《损》《益》两卦的修养意涵作了阐述和分析,提出:"《损》《益》两卦充分体现了'变通趋时'、'与时偕行'的观念,是对《周易》'时'观的高度概括;它体现了'损上益下'、'以上下下'的为君之道,以及君子的全身之道,凝结着儒家改过迁善、提高精神境界的价值追求;更为突出的是,它还集中体现了天地之道和《周易》学说的基本特征,《损》《益》之道也就是《易传》所说的'一阴一阳之谓道',由此,'足以观天地之变','足以观得失'。"②

(二)《周易》与婚姻家庭

1. 夫妻之道

夫妻是家庭的基本单位,有学者对于《周易》中的夫妻之道作了阐述。如王小纪编著的《〈周易〉与夫妻之道》一书从《周易》中的幸福相对论、沟通艺术、进退之礼、"性"福密码、理财之术、风水奥义及对《周易》的批判吸收等方面论述了《周易》的夫妻之道。③ 杨永林博士学位论文《易象德治思想意蕴发微》论述了易象蕴含的妇德观,包括女性的贞静之德、恒久之德和柔顺之德。④ 李笑野《〈周易〉的情爱观述论》提出了两个观点:第一,男女之情爱发生,是自然规律的表达;第二,男女之情事,须遵守社会规范,基本标准是"贞",即正。⑤

2. 婚姻家庭

《周易》对于婚后家庭生活有着一系列的见解,还设卦专论此事,有不少学者于此立论,阐发《周易》的婚姻家庭观。如巫穗云《试析〈周易〉之婚姻观》基于对《周易》之《姤》、《咸》、《恒》、《渐》、《归妹》、《家人》、《睽》、《革》等

---

① 参见唐贤秋:《〈周易〉中的"诚信"思想探微》,《广西民族学院学报》(哲学社会科学版)2004年第3期。

② 郑万耕:《〈损〉〈益〉两卦何以深受古人青睐》,《北京师范大学学报》(社会科学版)2004年第6期。

③ 参见王小纪:《〈周易〉与夫妻之道》,四川人民出版社2012年版。

④ 参见杨永林:《易象德治思想意蕴发微》,厦门大学2011年博士学位论文。

⑤ 参见李笑野:《〈周易〉的情爱观述论》,《周易研究》2012年第4期。

卦爻的分析,"从男女婚前之交往,婚后相处之道,特殊问题之处理,以及婚姻的意义、目的和作用等层面,探讨了《周易》之婚姻观。认为《周易》中所彰显的中国传统的婚姻观从总体上说,是以男女两情相悦为基础的,夫妻之间无所谓平不平等,只有职分之不同而已。其终极目的在于传宗接代,完成生生之德,而其展开过程较好地维持了社会的稳定性"①。李笑野、蒋凡《〈周易〉的婚姻家庭观念》提出《周易》婚姻观的核心是"以正通婚,守贞持正",认为《周易》中已经很明确地表现出当时对婚姻的一系列要求,对女子,它要求有人格之正,守持贞正以待男子求婚;对男子,它要求以礼求婚。② 乔以钢、陈千里《〈周易〉的家庭观念及其影响论略》以《归妹》卦、《咸》卦、《家人》卦等为例阐发了家庭中的男女关系和性别意识,认为《周易》的家庭观念对后世产生了广泛的影响,既表现在一般的社会观念,也表现在文学活动中。③ 此二人的《〈周易〉与〈礼记〉家庭观念之比较》基于文本分析,提出在《周易》和《礼记》中,"可以看到'华夏—汉'文化圈封建时代家庭制度在基本构成方面的重要特征,即以'宗法'与'父权'相联系、相补充、相制约。两者都重视夫妻关系、婚姻制度及嫁娶风俗;在男性主导家庭的大前提下,主张两性和谐。其间,《周易》多用阴阳协调、平衡的哲理来解释、说明家庭的关系;《礼记》讨论的家庭关系则范围更广、更全面,同时也更着眼于家庭尊卑关系的确立。它所代表的儒家思想与掺杂了道家思想的《周易》对现实生活和文学创作产生了重要影响"。④ 侯敏《〈周易〉中的婚恋短歌及婚姻家庭观念》从恋爱、求婚、迎娶、成婚等六个方面论述了卦爻辞中蕴含的婚姻家庭观念。在持家方面,作者认为《周易》对女子提出了几个要求:女子要守其本分,不能凌驾于男人之上;女子应随顺贞静;女子之德还表现在恪守家庭职责上;女子之德更体现在贞操观念中;女子还要有能够容人纳物的广阔胸怀。⑤ 戴永新《论〈周易〉的家庭和谐观》认为《周易》"强调夫妻和谐是家庭和谐人际融洽之基,提出了男为主、女

---

① 巫穗云:《试析〈周易〉之婚姻观》,《江汉论坛》2001年第4期。
② 参见李笑野、蒋凡:《〈周易〉的婚姻家庭观念》,《复旦学报》(社会科学版)1996年第1期。
③ 参见乔以钢、陈千里:《〈周易〉的家庭观念及其影响论略》,《南开学报》2006年第2期。
④ 参见乔以钢、陈千里:《〈周易〉与〈礼记〉家庭观念之比较》,《中国文化研究》2010年第3期。
⑤ 参见侯敏:《〈周易〉中的婚恋短歌及婚姻家庭观念》,《学习与探索》2005年第6期。

为辅的和谐家庭模式,阐释了家庭和谐修身齐家之道,旨在通过修身和治家来实现家庭的和谐"①。江峰、周平《〈周易〉中的家庭幸福观》认为《周易》蕴含有诸多家庭幸福观念,提出《周易》家庭幸福之"常"是正情固理,具体包括:正以纯情真德,畅通家庭幸福的源流;固守家道常理,因循家庭幸福的法则。家庭幸福之"机"是阴阳应合,具体包括:男女交感互通,家庭幸福人伦之本的情爱衍扩;阴阳顺机变化,家庭幸福避损获益的易道妙窍。家庭幸福之"方"是以虚受人,具体包括:守虚扬谦以拓展家庭幸福的灵动空间;除骄抑盈以扩散家庭幸福的施谦之利。作者还对《周易》家庭幸福观作了文化反思。② 樊星池《〈周易〉对家庭伦理道德的诠释》分析了《家人》、《咸》、《恒》等卦反映的家庭伦理关系。③ 钟志强《〈周易〉的夫妇伦理观念发微——以〈咸卦〉为中心》分析了几条男女婚恋关系的爻辞,并以《咸》卦为中心,阐发男女夫妇交往的伦理关系。④

3. 婚姻习俗

《周易》卦爻辞中蕴含着殷周时期的婚姻习俗,有学者结合相关资料对之作了考辨和论述,有些还作出了意义分析和哲理上的解读。如陈戍国、蓝甲云《〈周易〉之婚俗婚礼考论》梳理了《周易》经文与婚姻及家庭有关的卦爻辞,并对之作了婚俗、婚礼上的论述,认为士婚礼见于《咸》、《渐》等卦爻辞,《归妹》卦反映了诸侯贵族的媵婚制。⑤ 李衡眉《〈周易〉中所见古代婚姻礼俗考—兼释〈屯〉、〈睽〉、〈归妹〉、〈渐〉和〈家人〉等卦》对《周易》中蕴含的古代婚姻礼俗作了考论,包括《屯卦》所反映的求婚习俗、《睽卦》中所见的抢婚仪式、《归妹卦》所描述的媵婚制度、《渐卦》所揭示的婚姻仪节、《家人卦》所记述的父权制家庭规范。⑥ 张武、梅珍生《〈周易〉与人类婚俗》分析了《周易》中

---

① 参见戴永新:《论〈周易〉的家庭和谐观》,《齐鲁学刊》2008 年第 5 期。
② 参见江峰、周平:《〈周易〉中的家庭幸福观》,《北京师范大学学报》(社会科学版)2012 年第 6 期。
③ 参见樊星池:《〈周易〉对家庭伦理道德的诠释》,《前沿》2012 年第 13 期。
④ 参见钟志强:《〈周易〉的夫妇伦理观念发微——以〈咸卦〉为中心》,《文艺评论》2011 年第 10 期。
⑤ 参见陈戍国、蓝甲云:《〈周易〉之婚俗婚礼考论》,《北方论丛》2007 年第 1 期。
⑥ 参见李衡眉:《〈周易〉中所见古代婚姻礼俗考——兼释〈屯〉、〈睽〉、〈归妹〉、〈渐〉和〈家人〉等卦》,《孔子研究》1993 年第 1 期。

的婚俗,如掠夺婚、稊媵婚、黄昏恋。① 郑吉雄《论〈易经〉中的饮食与婚配之道》提出:"《周易》卦爻之中,有颇多与饮食、婚配有关的内容。《易经》的作者重视此二种涉及'身体欲望'的行为的正面意义,并能够从人类这两项最基本活动中加以引申推衍,以至于在德性修养、文化建构等方面创立自己独特的议题。《易经》以饮食的情景得失引喻人生顺逆安危的关键,并对国家政权、人群种族的生存发展表现出深切的关怀;《易经》婚配的思想,以乾坤交泰、阴阳二气相感的原理为根基,又考虑到更多人伦的因素,如年龄、喜悦、得正、感通、适时等等,非仅止于身体欲望的满足,而是以文明教化之提升与调和为最终目的。对饮食与婚配二事的理论生发,体现了《易经》生生不息的精神。"②刘敏硕士论文《〈易经〉婚恋歌谣研究》把《易经》中婚恋古歌分为求爱歌、结婚的歌谣、思妇歌、弃妇歌等,认为《易经》婚恋歌反映了求婚纳征习俗、稊媵制习俗、抢婚习俗等,并从《易经》中分析了周代重视婚姻的原因,即"上以事宗庙"的需要,"下以继后世"的需要、维系宗族的需要。并将《易经》婚恋歌与苗、瑶、羌等西南少数民族婚恋歌谣作了比较。③

　　4. 启蒙教育

　　《蒙》卦是讨论启蒙教育的专卦,当然也可视为家庭教育和启蒙的总纲领,有学者讨论了《蒙》卦的教育意涵。如张俊相《〈周易·蒙卦〉的童蒙道德养成教育观》,提出《周易·蒙卦》反映了西周初期有价值的童蒙道德养成教育观,认为《蒙卦》表现出对未成年人道德养成问题的极度重视,提出其童蒙德育具体实施包括以下几个内容:第一,教师首先要为童蒙树立做人的标准;第二,教师要有包容的胸怀,童蒙则必须树立道德意志;第三,童蒙须近师而顺教,教师要严格而适当。④ 杨昌勇《〈周易·蒙卦〉蕴涵的启蒙教育思想探析》认为《蒙》卦讲的教育是启蒙教育,包括家庭教育、庠序教育和社会教育,并对卦爻辞,对《蒙》卦蕴涵的教育原则、启蒙的基本方法作了阐释。⑤

---

① 参见张武、梅珍生:《〈周易〉与人类婚俗》,《江汉论坛》1994 年第 12 期。
② 参见郑吉雄:《论〈易经〉中的饮食与婚配之道》,《周易研究》2008 年第 4 期。
③ 参见刘敏:《〈易经〉婚恋歌谣研究》,四川师范大学 2012 年硕士论文。
④ 参见张俊相:《〈周易·蒙卦〉的童蒙道德养成教育观》,《伦理学研究》2008 年第 1 期。
⑤ 参见杨昌勇:《〈周易·蒙卦〉蕴涵的启蒙教育思想探析》,《齐鲁学刊》1991 年第 6 期。

(三)《周易》与治国

1. 政治思想

有学者以宏观的视角,从政治、社会、法律等角度论述《周易》中蕴含的治国及政治管理思想。如杨永林博士学位论文《易象德治思想意蕴发微》论述了德政的实施,这包括民本和慎刑思想。前者有《比》卦亲民之道;《观》卦体察民情、因俗施治;《临》卦容民保民;《井》卦爱民劝民。后者有《噬嗑》卦中正用刑;《贲》卦明庶政,无敢折狱;《旅》卦明慎用刑而不留狱;《中孚》卦议狱缓死;《解》卦赦过宥罪。① 徐志锐《〈周易〉经纶治国论》认为《周易》展现了一个理论与行动相关联的思维模式,为经纶治国提出了一整套的方法和策略,并从“天道与人心相应,君位系于下民”、“理财正辞,民为立国之本”、“刚健不息,强调实行人治”三个方面论述了其蕴含的经纶治国思想。② 刘逊、郭剑鸣、戴木才《〈周易〉政治思想新析》认为《周易》政治思想的核心是顺时、应变,并描述《周易》的社会结构观和社会理想,认为《周易》有“圣人政治”的思想,对君主提出了有德、有才、善断三方面的要求。③ 耿成鹏《〈周易〉政治管理思想的现代意义》认为《周易》以经纶为中心理念,提出了政治管理的七大原则:第一,容民畜众的原则;第二,建国亲侯的原则;第三,咸临知临的原则;第四,裁成辅相的原则;第五,向明而治的原则;第六,用晦而明的原则;第七,居安思危的原则。④ 朱岚《论〈易传〉的政道观与治道观》论述了《易传》中的政道观:首先,政权是维持人类社会自然秩序的必然产物;其次,有“位”才能有为,政治权力的运作是与统治者的政治权威相联系的;再次,民心的向背是政权得失的根本。认为,由政道观出发,《易传》构建了比较系统的治道观,即一种以心治为主、术治为辅的伦理道德本位的治道观:德治是《易传》治道观的主题;严明刑罚是施政的必要手段;“三才之道”是《易传》治道观的核心;“节以制度”是

---

① 参见杨永林:《易象德治思想意蕴发微》,厦门大学 2011 年博士学位论文。
② 参见徐志锐:《〈周易〉经纶治国论》,《周易研究》1992 年第 1 期。
③ 参见刘逊、郭剑鸣、戴木才:《〈周易〉政治思想新析》,《湖南师范大学社会科学学报》1991 年第 2 期。
④ 参见耿成鹏:《〈周易〉政治管理思想的现代意义》,《河南科技大学学报》(社会科学版)2007 年第 2 期。

《易传》治道观倡导的施政之根本。① 陈德述《〈周易·易传〉中的治国理论与德治思想》认为《易传》中的治国理论和治国方略主要包括:"国君治国,贤臣辅佐;神道设教,以德育民;明察刑罚,修正法律;容民畜众,保民无疆;哀多益寡,称物平施;革故鼎新,与时偕行;万国咸宁,保合太和等七个方面的内容。"②陈来《马王堆帛书〈易传〉的政治思想——以〈缪和〉〈昭力〉二篇之义为中心》基于帛书《易传》之《缪和》和《昭力》两篇的内容分析,论述了其蕴含的政治思想,提出:"帛书《易传》的政治思想,以'君道'为核心,发挥孔子解《易》的思想,强调变化转化的历史观,提倡忧患意识,注重反骄守谦之道;同时主张以德治国,正确处理君臣关系,重视以赏赐劝励臣下。其中包含了比较全面的君道思想,也反映了战国中后期儒家在诸侯国政治实践方面的主张。"③李大用《从〈易经〉看武王克商后统治殷人的策略》基于对《泰》《否》和《井》卦爻辞等资料的考释和分析,论述了武王克商后统治殷人的策略:"对殷贵族采取怀柔利用,分化瓦解的策略";"对殷人采取安定民生、不杀俘虏的措施"④。

　　2. 经济思想

　　还有的学者挖掘《周易》中蕴含的经济、商业和理财思想。如牛占珩《〈周易〉经济思想初探》提出《易大传》中有一套完整的财富观:一曰重财,二曰生财,三曰理财,四曰用财。还认为《易大传》主张农工商三业并重。⑤ 他的另一篇论文《〈周易〉与古代经济政策》基于资料分析,"论证了《周易》的宏观管理思想对中国古代经济政策的指导作用和深刻影响,揭示了《周易》经国治世的实用价值。主要包括五个方面:一、唯变所适、革故鼎新的改革思想;二、'哀多益寡、称物平施'的宏观调控原则;三、'损上益下、民悦无疆'的治国方略;四、'易则易知、简则易从'的决策方法;五、'通其变,使民不倦'的货贿流通观

① 参见朱岚:《论〈易传〉的政道观与治道观》,《周易研究》1998 年第 2 期。

② 陈德述:《〈周易·易传〉中的治国理论与德治思想》,《中华文化论坛》2003 年第 3 期。

③ 陈来:《马王堆帛书〈易传〉的政治思想——以〈缪和〉〈昭力〉二篇之义为中心》,《北京大学学报》(哲学社会科学版)2008 年第 2 期。

④ 李大用:《从〈易经〉看武王克商后统治殷人的策略》,《河北学科》1985 年第 6 期。

⑤ 参见牛占珩:《〈周易〉经济思想初探》,《周易研究》1988 年第 1 期。

念"①。龚曼群《论〈周易〉中的商业思想》认为《周易》中包括了丰富的商业思想：崇尚诚贾，讲求信誉的思想；发展生产，保护资源的思想；重视信息，合理经营的思想；审时度势，出奇制胜的思想。② 关玉惠《浅析〈易经〉中的经济思想》对《易经》中反映出的经济思想作了归纳和分析，包括生产观念、蓄积观念、节俭观念、商旅观念。③ 唐明邦《太极思维方式与东方管理原则——〈周易〉的治国理财之道》从四个方面论述了《周易》的治国理财之道：崇德与广业并重，备物与聚人兼顾，自强与合众结合，进取与忧患同步。④

3. 社会思想

有学者联系以人为本、和谐社会之建设及教育问题，对《周易》中相关内容作了阐发。如陈恩林《论〈周易〉的社会和谐思想》基于文本分析，论述了《周易》的社会和谐思想，提出："《周易》的社会和谐思想以'天人合一'为理论基础，阴阳和谐是它的本质；圣人君子在位是实现它的首要条件；社会财富是实现它的物质保证，有等级的和谐是它的根本特点；礼义刑罚是实现它的制度保证；道德修养是实现它的必备条件；由家庭和谐、国家和谐到天下和谐是实现它的发展模式。"⑤崔波《试论〈周易〉的民本思想》从为民、养民、保民、教民、爱民等几个方面阐述了《周易》中的民本思想：要保住统治地位，就必须为民谋利益；使民众得到实惠，体味生活的乐趣；蓄养兵众，保护人民安全；养贤及民，完善民风；要不断调整政策。⑥ 陈望衡《〈周易〉"神道"析》提出"神道"可分为神明之道、自然之道、道德之道三个层次，《周易》提出"神道"这一概念，落脚点是设教，即设置政教。⑦

4. 勤政廉政

有的学者认为《周易》蕴含着勤政、廉政的思想，并对之作了阐发和论述。

① 参见牛占珩：《〈周易〉与古代经济政策》，《周易研究》1999 年第 2 期。
② 参见龚曼群：《论〈周易〉中的商业思想》，《求索》1991 年第 3 期。
③ 参见关玉惠：《浅析〈易经〉中的经济思想》，《南开经济研究》1986 年第 4 期。
④ 参见唐明邦：《太极思维方式与东方管理原则——〈周易〉的治国理财之道》，《孔子研究》1993 年第 4 期。
⑤ 参见陈恩林：《论〈周易〉的社会和谐思想》，《吉林大学社会科学学报》2007 年第 2 期。
⑥ 参见崔波：《试论〈周易〉的民本思想》，《中州学刊》1996 年第 4 期。
⑦ 参见陈望衡：《〈周易〉"神道"析》，《周易研究》1999 年第 2 期。

如宋定国《〈周易〉中的勤廉思想》认为《周易》中蕴含着勤政廉政的思想,并从十一个方面做了分析:(1)"履帝位而不疚,光明也";(2)"以申命行事";(3)以"继明照于四方";(4)"进以正,可以正邦也";(5)排除私利;(6)不可贪图安乐;(7)惩治腐败;(8)"节以制度";(9)自我节制;(10)节制应以身作则;(11)该节不节,自取其咎。① 崔波《试论〈周易〉的勤政、廉政思想》认为《周易》的勤政思想表现在"为政者要认真从事自己的工作,在其位谋其政,并能团结协作,厚待下属,以贵下贱,深入民众,能做到有错必改,有始有终,止于至善等几个方面"。提出《周易》的廉政思想"在于它要求统治者清正廉明,普照四方;通过民意,反省自身;克勤克俭,建立制度,节制欲望,不伤则,不害民;及时清除隐患,转变工作作风等几个方面"。在如何做到勤政、廉政方面,作者指出:"《周易》强调勤政、廉政,多处告诫执政者勿贪婪,不要因小失大;要保持气节,不可同流合污;要不断调整政策,并进行改革,治理自身的腐败问题。进行改革过程中,要合乎规律,慎重而行,这样做才能达到国治民安。"②

5. 法律思想

《周易》中有多个卦涉及法律问题,有学者就此作出论述。如陈汉生《〈周易〉的法律思想及其影响》从"师出以律"、"刚中而柔外"、"明罚敕法,讼以中正"、"节以制度"、"以讼受服,不足敬"阐发《周易》中蕴含的法律思想。③ 方云宝、王小丹《〈周易〉之法律观探微》提出:"刑"是殷周时代奴隶主阶级的统治工具;《周易》提出"明罚敕法"的主张;《周易》寓刑于"礼",寓礼于"刑",礼刑结合。④ 黄震《20世纪的〈周易〉法律文化研究——以中国法学文献为中心的实证考察》对20世纪学者研究《周易》中蕴含的法律现象和法律思想情况作了梳理和综述,概括了20世纪学界对《周易》法律文化研究发展的基本态势:"从点缀式的引用,发展到专题式的研究;从解释中国古代法的材料,转变

---

① 参见宋定国:《〈周易〉中的勤廉思想》,《中国青年政治学院学报》1993年第5期。

② 崔波:《试论〈周易〉的勤政、廉政思想》,《周易研究》1997年第2期。

③ 参见陈汉生:《〈周易〉的法律思想及其影响》,《上海大学学报》(社会科学版)1990年第2期。

④ 参见方云宝、王小丹:《〈周易〉之法律观探微》,《法学评论》1991年第6期。

为中国法律文化研究的对象;从中国法律史的一维视角扩展到中外比较、古今交错的多维研究视野中。"①于语和《〈周易〉"无讼"思想及其历史影响》提出:"《周易》在诉讼观上集中体现了儒家主张的'无讼'思想,对后世影响极大。"②杨永林《〈周易·讼卦〉与中国古代的诉讼观念》基于对讼卦及相关资料的分析,提出中国古代的诉讼观念主要包括贱讼观念、清官情结以及诉讼中的尊卑不犯。③

6. 刑罚制度

刑罚惩处也是《周易》关注的重要问题,有学者联系相关卦象、卦爻辞分析《周易》中蕴含的刑罚思想。如陈汉生《〈周易〉中的刑法思想和刑法制度述略》对《周易》中蕴含的刑事法律思想和制度等方面作叙述,不仅从刑罚的必要性、君子议狱缓死、明慎用刑不留狱、轻刑的刑罚思想几个方面论述了《周易》中的刑法思想,而且介绍《周易》中的刑罚种类和刑具。④ 从希斌《〈易经〉与周代的刑罚适用原则》指出西周的刑罚适用原则,是在"明德慎罚"法制思想的指导下制定实施的。⑤ 林明、徐艳云《〈周易〉古经"明德慎罚"观辨析》,提出"以德配天"、"敬天保民"说是对"天罚"观的修正;分析了"明德慎罚"思想在《周易》古经中的体现;论述《周易》古经的"慎罚"观在刑罚适用原则中的具体表现:恤刑原则、区分故意过失原则、疑罪从轻原则、用刑"中正"原则、"息讼"原则。⑥

7. 军事问题

《周易》中的《师》卦专论军事问题,有学者探讨了《周易》中的军事思想。如李笑野、蒋凡《〈周易〉的军事思想》对《周易》的军事思想进行探讨,认为"其较突出的是:以怀邦安民为核心,以朴素的军事人道主义为纲领的军事原

① 黄震:《20世纪的〈周易〉法律文化研究——以中国法学文献为中心的实证考察》,《周易研究》2006年第1期。
② 于语和:《〈周易〉"无讼"思想及其历史影响》,《政法论坛》1999年第3期。
③ 参见杨永林:《〈周易·讼卦〉与中国古代的诉讼观念》,《周易研究》2008年第6期。
④ 参见陈汉生:《〈周易〉中的刑法思想和刑法制度述略》,《上海大学学报》(社会科学版)1991年第2期。
⑤ 参见从希斌:《〈易经〉与周代的刑罚适用原则》,《天津师范大学学报》(社会科学版)1994年第3期。
⑥ 参见林明、徐艳云:《〈周易〉古经"明德慎罚"观辨析》,《周易研究》2007年第6期。

则。对统帅的要求,既要守持正义,又要聪明睿智、凛然威严,这样才能吉祥而无凶险。《周易》还突出严肃纪律的治军思想、审时度势的战略战术观念等。"①任蕴辉《论〈师〉卦》认为"《师》卦是我国最早论述兵法的历史文献",提出《师》卦蕴含兴兵作战的某些基本原则:第一,要有一支英勇善战的军队;第二,要选择一位有勇有谋、文武兼备的三军统帅;第三,军事统帅受到君王的绝对信任;第四,"行险以顺,以此毒天下而民从之"。②

三、本书主要内容和创新

本书对《周易》之治道作了系统的研究和论述。下面对主要内容和创新做一说明。

(一)本书主要内容

1. 论述了《周易》治道之本质

《周易》治道的本质为何?《周易》治道的依据是什么?《周易》号称"天人之学",其主旨乃是推天道以明人事。《周易》认为人作为大自然的产物,人的行为要有个标准和准则,这个标准和准则就是天道。而究竟何为天道? 天道有哪些具体的表现? 天道是怎样和人道实现联结的? 人又要如何去效法之? 对此,本书作了回答和阐述。

笔者认为《周易》治道的本质是圣人"推天道以明人事"的结果,是人道效法天地之道的结果。而实现天地之道和人道之连通的是《周易》的几位圣人作者:伏羲氏、周文王、周公、孔子。

天道,即是天文地理之规律,天地自然运行之道。物理世界的客观规律,如何指导人类生活? 或者说天与人的同构关系如何实现联结? 又或者说天地之道指导人道是如何可能的? 这本是一个十分艰难的问题,既需要人们对于天地运行之道进行反复地研究和思考,深入领悟其道,又能洞悉人情,通达事理,明了人道,方能学达性天,穷究天人,实现天、地、人三道的联结。而这种人也就是后世所称的圣人。

---

① 李笑野、蒋凡:《〈周易〉的军事思想》,《学术月刊》1995 年第 9 期。
② 任蕴辉:《论〈师〉卦》,《周易研究》1991 年第 2 期。

《周易》中的人道教训实则是天地自然之道在人类社会中的显化,而实现这个显化的中介,就是《周易》的几位圣人作者:伏羲氏、周文王、周公、孔子。这个天地之道显化为人道或者说治道的过程,本质上就是圣人"推天道以明人事"的过程。

圣人伏羲观察和体悟天地之道,画出阴阳二爻和六十四卦,已经和人道实现了联结。但彼时尚无文字,其包括的治道意涵尚未显露。西周时期,文王、周公父子给六十四卦系上卦爻辞,这样六十四卦就由天地之道直指人事。其表现为卜筮,但其实质是为了教化民众,使之能够反躬自省,积极培养德行。春秋时期,孔子深刻认识到《易经》中蕴含着的精髓和深蕴就是其中的人道教训,述作《易传》,将蕴含在《易经》中的天地之道和人道进行了更为系统的发挥和阐释。天地自然之道经过四位圣人的努力,已经和人道实现了联结。

可以说,四位圣人通过《周易》将"天、地、人"三道进行了会通和联结,并对《易经》所蕴含的天人之道作了系统的推阐和发挥。因此,本书认为《周易》治道的本质就是圣人"推天道以明人事"的结果,是人道效法天地之道的结果。

2. 阐发了《周易》修身之道

本书第二章论述了德行修养的必要性,对《周易》的心性修养作了系统研究,指出德行修养的具体方法。

一般人谈论德行修养,多是侧重于方法的论述,并没有阐明其必要性,也就是说没有指出为何要修养德行。对此,本书作了具体的研究,从四个方面论述了德行修养之必要性:一是殷周时期天命观的改变;二是忧患意识的驱动;三是趋吉避凶的需要;四是厚德方能载物。

《周易》中心性修养之道有着重要理论意义和实践价值。《周易》中有哪些心性范畴?其中,"洗心"之意涵为何?"孚"究竟为何义,如何修养"孚"?为何要修养心志,又要如何修养?对此,本书试着作出了解答。

本书对于《周易》文本中出现的心性范畴作了数量上的统计:69 次"孚"、68 次"志"、57 次"悔"、32 次"恒"、28 次"心"、23 次"信"、16 次"疑"、15 次"忧"、14 次"情"、10 次"慎"、9 次"惕"、9 次"恤"、9 次"感"、8 次"敬"、8 次"息"、7 次"惧"、6 次"愿"、6 次"性"、6 次"意"、5 次"忘"、5 次"患"、3 次

"闷"、3次"恐"、3次"快"、3次"恭"、2次"诚"、2次"慢"、2次"憧"、1次"怨"、1次"忿"、1次"怠"、1次"忠"。对《周易》如此重视心性修养之成因作了分析:一是周朝的天命观发生了改变,主张敬德保民,以德配天。认为道德修养关乎国家之兴衰,惟有修养德行、爱护百姓的有德者方可承受天命,获得上天的护佑。二是德行修养的根基乃在于内心。并对主要心性范畴作了归类:第一类是"心"字系统;第二类是"孚"字系统;第三类是"恒"字系统;第四类是"敬"字系统。

论述了"洗心"的意涵及其目的,并分析了《周易》中"洗心"的方法。认为"洗心"是指修养己心,涤除妄念,使内心恢复安宁,其目的在于净化己心,使内心归于无思无为的寂然状态,以具备"神明"之德。洗心方法有二:一曰,"退藏于密";二曰,"齐戒"。认为"退藏于密"是要营造"洗心"的环境,其目的是要斩断外缘,获得一个清净的氛围。"齐戒"指限制自己的言行,遵守礼法。

阐发了"孚"的修养理致。对于"孚"之理解,今人众说纷纭。本书经过仔细的研究和分析,认为"信"侧重于言行,而"孚"则侧重于内心。《周易》经文中的"孚"并不仅仅是言行上的"信"、"诚",而主要是指一种发自内心的精诚不二、"大信"的状态。论述了修养"有孚"的必要性:"有孚"可以趋吉避凶,"有孚"是成就事业的保证,"有孚"是实现天人合一的纽带。指出实现"有孚"有两个重要方法:一是有节、知止;二是虚静己心。

研究了《周易》心志修养的问题。指出修养心志的必要性:《易传》认为修养心志可以趋吉避凶;"志穷则凶","志"修则吉。不能修养心志,无"志"或"志"散乱无伦,不能始终如一,其结果是凶、吝;若能认真修养心志,合于正道,则会获得好的结果。论述了修"志"的方法:"正志"、"信以发志"、"固志"。

六十四卦皆有修养之旨。学界研究《周易》修身之道,建立系统之构架者不多。本书"秉要执本",建立了富有逻辑的《周易》德行修养体系。指出《周易》德行修养有两个主要方法:一是学习;二是反省。并联系卦爻象、卦爻辞,对这两个主要方法作了深入的阐发和论述。提出德行修养的重要标准是"敬、慎、仁",并阐发了"三陈九德"的修养意涵。

3. 研究了《周易》齐家之道

本书按照时间顺序,即婚前恋爱阶段、婚姻生活阶段、子女家庭教育阶段,系统、深入研究了《周易》齐家之道:婚恋原则、《周易》家庭生活之道及家庭教育之道。

本书基于易理的分析,提出了《周易》婚恋的五个原则:一是观"阳"识"阴",婚恋须慎始;二是《咸》卦与男女恋爱之道;三是与时偕行,婚恋要适龄;四是"勿用取女"与娶女的标准;五是女归宜渐,嫁女的循序渐进之道。

《周易》家庭生活之道,也有五个方面的内容:一是《恒》卦与婚姻贵恒久;二是《家人》卦与治家之道;三是《归妹》卦与夫妻生活和生儿育女;四是《蛊卦》和规劝父母之道;五是积善之家,必有余庆。尤其是《归妹》卦之夫妻性生活、《蛊》卦之规劝父母之道,多有所发明。

在家庭教育中,富有创见地提出了《蒙》卦中蕴含着的启蒙教育的五个方面的内容,发前人所未发。《蒙》卦,为上艮下坎,其互卦为上坤、下震。由内外两经卦及互体经卦可以构成五个不同的别卦,分别是:《解》卦、《师》卦、《复》卦、《剥》卦、《颐》卦。此五卦分别对应于危机处理、人生之道、因果报应、生命教育、养生之道。启示父母在对孩子进行启蒙和教育的时候,要着力在这五个方面下功夫。

4. 探讨了《周易》治国之道

从教育、刑狱、军事三个方面系统地研究了《周易》的治国之道,并对《大象传》与卦爻辞、卦爻象的义理关系作了富有创见的论述。

《周易》有着十分丰富的治国理政思想。但就目前学术界的研究来看,对《周易》治国之道的论述,不少还是泛泛而谈,头绪也并不是很清楚。本书基于对《周易》卦义、卦理的分析和研究,提出了一个合乎逻辑的理论框架,认为教育、刑狱、军事是《周易》基本的治国之道。

教育,即国民教育。认为《周易》把教育视为最为重要的治国之道。教育的内容包括科学文化教育和道德伦理教育两个方面:前者曰"神道设教";后者曰"作乐崇德",曰"振民育德"。教育又要因材施教、因地制宜,曰"观民设教"。教育的目的是希望人民遵纪守法,立身行道。

刑狱,即刑罚治狱。在《周易》看来,刑罚惩处,一方面可以化解纠纷,打击邪恶，惩治犯罪；但更重要的是，刑狱乃是一种特殊教育，是为了教化人、挽救人、归正人，促进人修养德行，走向正道，从而获得平安的人生。可以说，德政、教化才是治国之根本，刑法、惩处只是辅助和补充。故《周易》言"折狱"，言"致刑"：曰"明"，曰"慎"，曰"赦过"，曰"宥罪"，曰"议狱"，曰"缓死"，无非是仁民、爱民之心也。

军事，即行师作战。军队维护国家安全，战争是国之大事。《周易》专门辟出一个《师》卦，论述行师用兵之道。指出在迫不得已的情况下，要兴正义之师、仁义之师，讨伐无道，归正天下；在行师过程中，要严肃军规军纪，还要选贤任能，遵守用兵之道，以保证战争的胜利和成功。

《周易》卦爻象、卦爻辞与《大象传》之间的关系，有些很明确，但有些就显得晦涩，难以理解。本书基于对《大象传》的分析，试图找寻其与卦理、卦义的内在联系，并将之作为治国理政的义理支撑。如分析《解》卦《大象传》为何会有"赦过宥罪"之论时，就着重分析了《解》卦的卦理。指出《解》卦的义理：即排除险难主要靠自己，靠自己修养德行，而不可过度依赖他人，自己能够反躬自省，立身行道，自然可以化解过恶，避免祸患。正是基于这种理解，《大象传》指出要"赦过宥罪"，提醒执法者对于有过恶，但又能忏悔、迁善改过者，给予宽大处理。这就为《大象传》之政治实践找到了义理上的依据，实现了知其然，又知其所以然。类似的还有《旅》卦、《中孚》卦等。

另外，基于对《周易》治道的分析，结语部分试图用两个范畴统贯本书。认为《周易》治道中，有一个方法能够贯穿修身、齐家、治国之始终，是为"学"。有一个目标也贯穿了修身、齐家、治国之始终，其为"正"。

（二）本书创新

1. 选题具有合理性，研究思路颇有新意

古人对于《周易》义理之研究，虽亦多从修身、齐家、治国入手，但其表现形式多是随文释义，即对经、传进行注释和阐发，有关《周易》治道专论性、系统性的研究并不多。今人对于《周易》之研究，虽对其管理思想有了较多关注，但多结合现代管理实践，联系企业管理、政治管理、教育管理等，阐发其管理意义。即便是有些论文（如上述研究综述所云）对《周易》的修身、齐家、治国之思想作了论述，但亦是"独木不成林"，专论性、系统深入的研究著作亦不多见。本书从修身、齐家、治国三个方面,对于《周易》的治道作了专题性和系统性的论述,补充和加深了《周易》治道之研究。

为了证明以上所言,这里有必要介绍一下《周易》管理思想的研究概况。《周易》管理思想之研究有两大系统:古人系统和今人系统。

(1)古人系统

今天所称之"《周易》管理思想",古人称为"《周易》之治道",也就是"修、齐、治、平"之道。因此,古人多从修身、齐家、治国等方面来研究和阐发《周易》的思想,但其表现的样态多是随文注释,著名的有《周易正义》、《周易程氏传》等等,《周易》治道专题性的研究并不多。

(2)今人系统

今人系统有两个方面的表现:一是对《周易》的传统解读。这一点类似于古人(如上述《周易》治道研究综述的内容),但有关《周易》治道系统、深入之研究也不多见。二是《周易》的现代管理解读。这部分内容是现代研究《周易》的"新增长点",须做一番介绍。"随着 20 世纪 80 年代《周易》热的兴起,越来越多的人开始从管理学的角度来理解、阐释和发展《周易》,学者们纷纷认定《周易》是一部管理之书。"①学者联系现代管理学,论述《周易》的管理思想,并且得出了一大批研究成果:①据不完全统计,《周易》管理思想研究的专著、著作有 8 部,如成中英《C 理论:中国管理哲学》②、王仲尧《易学与中国管理艺术》③、穆晓军《学〈易经〉通管理》④、曾仕强《洞察〈易经〉的奥秘:〈易经〉的管理智慧》⑤、陈树文《〈周易〉中的领导指挥》⑥、虞祖尧《管理的智慧——〈周易〉管理正义》⑦、庞钰龙《〈易经〉管理大智慧》⑧、黎红雷主编的《中国管

---

① 高原:《〈周易〉管理学综述》,《周易研究》2008 年第 4 期。
② 成中英:《C 理论:中国管理哲学》,中国人民大学出版社 2006 年版。
③ 王仲尧:《易学与中国管理艺术》,中国书店 2001 年版。
④ 穆晓军:《学〈易经〉通管理》,北京大学出版社 2008 年版。
⑤ 曾仕强:《洞察易经的奥秘:易经的管理智慧》,北京大学出版社 2010 年版。此书又名《大易管理》(东方出版社 2005 年、2008 年两个版本)、《易经管理的奥秘》(北京大学出版社 2010 年版)。
⑥ 陈树文:《周易中的领导智慧》,大连理工大学出版社 2008 年版。
⑦ 虞祖尧:《管理的智慧——〈周易〉管理正义》,复旦大学出版社 2009 年版。
⑧ 庞钰龙:《易经管理大智慧》,中国文联出版社 2004 年版。

理智慧教程》①。②据不完全统计,关于《周易》管理思想的硕博学位论文有 6 篇:2 篇博士学位论文,4 篇硕士论文。博士论文有杨恺钧《〈周易〉管理思想研究》②、黄新根《〈周易〉管理哲学研究》③;硕士论文有阎洁《从象数角度谈〈周易〉的管理思想》④、朱茂峰《〈易经〉管理模式研究》⑤、秦博雅《基于〈周易〉的环境管理模式研究》⑥、高亮《〈周易〉与现代教育管理》⑦。③关于《周易》管理思想的一般研究论文,据不完全统计,有七十余篇。

仔细阅读这些作品,可知大多数学者还是偏向于从企业管理的角度来谈《周易》管理思想,而缺乏对于《周易》修身、齐家、治国之道的系统研究。易道广大,无所不包,阐发《周易》的现代意义,本无可厚非,甚至是值得提倡的。但另一方面,《周易》文本中鲜有直接涉及企业管理问题的。

《周易》经由孔子及其后学的诠释,其德行修养的成分大大增强。六十四卦里,每一卦都蕴含着道德修养的原则和方法。此外,《周易》中《咸》、《恒》、《家人》、《归妹》等卦中还谈到了婚姻、家庭问题,这就涉及治家的内容。再者,《周易》文本中还多次提到教育、刑狱、军队等问题,涉及古代治国理政的内容。从这个意义上说,笔者认为从修身、齐家、治国等角度来论述《周易》的管理思想会更符合《周易》的文本及其原旨,也更为合理。

另外,本书参考《大学》之"八目",从修身、齐家、治国三个角度梳理和研究《周易》,研究思路亦颇具新意。

2. 对《周易》文本中出现的心性范畴作了数量上的统计和分析

基于数量统计,可知《易经》中出现次数最多的心性范畴是"孚",共有 69 次。《易传》中出现次数最多的心性范畴是"志",共有 68 次。本书对《周易》如此重视心性的成因作了分析:周朝主张敬德保民,以德配天,故十分重视修养德行。而德行修养的根基乃在于内心。并对主要心性范畴作了归类:第一

① 黎红雷:《中国管理智慧教程》,人民出版社 2006 年版。
② 杨恺钧:《〈周易〉管理思想研究》,复旦大学 2004 年博士学位论文。
③ 黄新根:《周易管理哲学研究》,山东大学 2010 年博士学位论文。
④ 阎洁:《从象数角度谈周易的管理思想》,山东大学 2006 年硕士学位论文。
⑤ 朱茂峰:《易经管理模式研究》,山西财经大学 2011 年硕士学位论文。
⑥ 秦博雅:《基于周易的环境管理模式研究》,北京师范大学 2008 年硕士学位论文。
⑦ 高亮:《周易与现代教育管理》,曲阜师范大学 2006 年硕士学位论文。

类是"心"字系统;第二类是"孚"字系统;第三类是"恒"字系统;第四类是"敬"字系统。

3. 对《周易》"洗心"、"孚"、"志"的修养理致作了考证和论述

从"是什么"、"为什么"、"怎么样"三个维度,对《周易》"洗心"、"孚"、"志"的修养之道作了论述。

4. 构建了具有逻辑性的《周易》德行修养体系

本书指出《周易》德行修养有两个主要方法:学习和反省,这在后世被荀子表述为"君子博学而日参省乎己"。提出德行修养的重要标准是"敬、慎、仁"。

5. 在家庭教育中,提出了《蒙》卦中蕴含着启蒙教育五个方面的内容

《蒙》卦上艮下坎,其互卦为上坤、下震。由内外两经卦及互体经卦可以构成五个不同的别卦,分别是《解》卦、《师》卦、《复》卦、《剥》卦、《颐》卦。此五卦分别对应危机处理、人生之道、因果报应、生命教育、养生之道。启示父母在对孩子进行启蒙和教育的时候,要着力在这五个方面下功夫。并对《归妹》卦和《蛊》卦的治家意涵,作了阐发。

6. 认为教育、刑狱、军事是《周易》基本的治国之道

基于对《周易》卦义、卦理的分析和研究,提出了一个合乎逻辑的框架,认为教育、刑狱、军事是《周易》基本的治国之道。认为《周易》把教育视为最为重要的治国之道。基于对《大象传》的分析,试图找寻其与卦理、卦义的内在联系,为《大象传》之政治实践找到了义理上的依据,实现了知其然,又知其所以然。

7. 用"学"和"正"统贯本书

基于对《周易》治道的分析,认为《周易》治道中,有一个方法能够贯穿修身、齐家、治国之始终,是为"学"。有一个目标也贯穿了修身、齐家、治国之始终,是为"正"。

第一章 《周易》及其治道之本质

本章主要探讨了两个问题:第一,《周易》的编纂及其性质;第二,《周易》治道之本质。

"《易传》十篇,汉儒所传旧说以为是孔子赞《易》所作。宋世以下,始有疑其晚出者;下迄清代以至民初以还,疑者渐多。唯自近时出土文献盛兴,又转有回归传统旧说之概。"①关于《周易》之作者,近代一些学者提出颇多异论,但随着相关文献的出土,很多异论都是不驳自倒,因此本书谨从传统之说。认为八卦、六十四卦系伏羲氏所作;卦、爻辞分别是周文王和周公所作;《易传》乃孔子述作。关于《易经》的性质,本书认同马王堆帛书《易传·要》载孔子之说,认为《易经》是一部德义修养之书。《周易》(《易经》和《易传》)中蕴含着丰富的"修、齐、治、平"之道。

《周易》中蕴含着的治道,其本质是圣人"推天道以明人事"的结果,是人道效法天地之道的结果。天道即是天文地理之规律,天地自然运行之道。物理世界的客观规律,如何指导人类生活? 或者说天与人的同构关系如何实现联结? 又或者说天地之道指导人道是如何可能的? 这本是一个十分艰难的问题,既需要人们对于天地运行之道进行反复研究和思考,深入领悟其道,又能洞悉人情,通达事理,明了人道,方能学达性天,穷究天人,实现天、地、人三道的联结。而这种人也就是后世所称的圣人。《周易》中的人道教训实则是天地自然之道在人类社会中的显化,而实现这个显化的中介,就是《周易》的几位圣人作者:伏羲氏、周文王、周公、孔子。这个天地之道显化为人道或者说治道的过程,本质上就是圣人"推天道以明人事"的过程。

---

① 何泽恒:《杂论楚竹书〈周易〉异文的可能价值》,《周易研究》2012 年第 1 期。

第一节 关于《周易》几个重要问题的说明

因本书认为实现天地之道和人道联结的是《周易》的几位圣人作者,故须对"经"和"传"之创作及其作者做一说明。认为《周易》是寓理于筮的义理之作,故又须对其性质做一梳理和界定。另外,历史上对《周易》之研究分成两派:义理派和象数派。义理派侧重于对《周易》治道之阐发,因此还有必要对易学研究的主要脉络做一论述。

一、《周易》的创作和编纂

《周易》的形成主要经历三个阶段:第一,画出八卦阶段。第二,八卦重为六十四卦及系卦爻辞阶段。第三,作《易传》阶段。

(一)八卦的作者

《系辞传》认为八卦的作者是伏羲:"古者包羲氏之王天下也,仰则观象于天,俯则观法于地,观鸟兽之文,与地之宜,近取诸身,远取诸物,于是始作八卦,以通神明之德,以类万物之情。""孔安国、马融、王肃、姚信等并云:'伏羲得《河图》而作《易》'。"①孔颖达也认为"伏羲初画八卦"②。

(二)六十卦及卦爻辞的作者

一般认为,六十卦的作者有两种说法,伏羲说和文王说。

1. 伏羲说。关于重卦之人,《淮南子》认为是伏羲,《淮南子·要略》:"然而伏戏为之六十四变。"③陆德明也认同此说,曰:"宓犠氏之王天下……始画八卦,因而重之为六十四。"④孔颖达在《周易正义》中记载了四种说法:"王辅嗣等以为伏羲重卦,郑玄之徒以为神农重卦,孙盛以为夏禹重卦,史迁等以为文王重卦。"⑤孔颖达赞同王弼的观点,并又作了论证,认为重卦之人就是

---

① (魏)王弼、(晋)韩康伯注,(唐)孔颖达疏:《周易正义》,中国致公出版社2011年版,第5页。
② (魏)王弼、(晋)韩康伯注,(唐)孔颖达疏:《周易正义》,中国致公出版社2011年版,第5页。
③ (汉)刘安、陈广忠译注:《淮南子》,中华书局2012年版,第1261页。
④ (唐)陆德明:《经典释文》,上海古籍出版社1985年版,第15—16页。
⑤ (魏)王弼、(晋)韩康伯注,(唐)孔颖达疏:《周易正义》,中国致公出版社2011年版,第5页。

伏羲。

2. 文王说。司马迁以为重卦者是周文王,《史记·周本纪》:"西伯盖即位五十年。其囚羑里,盖益《易》之八卦为六十四卦。"①班固也持此观点,《汉书·艺文志》:"文王以诸侯顺命而行道,天人之占可得而效,于是重《易》六爻,作上下篇。"②

另外,关于卦爻辞的作者,陆德明说:"文王拘于羑里,作卦辞,周公作爻辞。"③孔颖达也认为周文王作卦辞,周公作爻辞,他说:"《左传》:韩宣子适鲁,见《易象》云'吾乃知周公之德'。周公被流言之谤,亦得为忧患也。验此诸说,以为卦辞文王,爻辞周公。马融、陆绩等并同此说,今依而用之。"④朱子也持有此论,指出:"文王重卦作《繇辞》,周公作《爻辞》。"⑤

又,顾炎武说:"大卜掌《三易》之法,其经卦皆八,其别皆六十有四。考之《左传·襄公九年》:穆姜迁于东宫,筮之,遇《艮》之《随》,姜曰'是于《周易》',曰'《随》,元亨利贞,无咎'。独言'是于《周易》',则知夏、商皆有此卦。而重八卦为六十四卦者,不始于文王矣。"⑥再又,近现代一些学者,否认卦爻辞为文王、周公所作,笔者认为其臆测、推想成分较多,论据和论证并不充分,结论并不可取。故本书依古说,认为八卦、六十四卦作者为伏羲,卦爻辞作者为文王、周公父子。

(三)《易传》的作者

《易传》,共十篇七种,分别是《彖传》上下篇、《象传》上下篇、《文言传》、《系辞传》上下篇、《说卦传》、《序卦传》、《杂卦传》。关于《易传》的作者,司马迁、班固、陆德明、孔颖达及大多数古代学者都认为是孔子。如《史记·孔子世家》:"孔子晚而喜《易》,序《彖》、《系》、《象》、《说卦》、《文言》。"⑦《汉书·

---

① (汉)司马迁、韩兆琦译注:《史记》,中华书局 2012 年版,第 216 页。
② (汉)班固撰,陈焕良、曾宪礼标点:《汉书》,岳麓书社 2008 年版,第 678 页。
③ (唐)陆德明:《经典释文》,上海古籍出版社 1985 年版,第 16 页。
④ (魏)王弼、(晋)韩康伯注,(唐)孔颖达疏:《周易正义》,中国致公出版社 2011 年版,第 7 页。
⑤ (宋)黎靖德:《朱子语类》,中华书局 1986 年版,第 1622 页。
⑥ (清)顾炎武著,(清)黄汝成集释,秦克诚点校:《日知录集释》,岳麓书社 1994 年版,第 2—3 页。
⑦ (汉)司马迁、韩兆琦译注:《史记》,中华书局 2012 年版,第 3818 页。

艺文志》:"孔氏为之《彖》、《象》、《系辞》、《文言》、《序卦》之属十篇。"①陆德明:"孔子作《彖辞》、《象辞》、《文言》、《系辞》、《说卦》、《序卦》、《杂卦》。"②孔颖达:"其《彖》、《象》等《十翼》之辞,以为孔子所作,先儒更无异论。"③至宋代,欧阳修首出异议,认为《易传》的部分内容并非是孔子所作。④ 之后,宋人赵汝楳,元人王申子,清代姚际恒、康有为、崔述,近现代郭沫若、钱玄同、李镜池、钱穆等人均认为《易传》非孔子所作。尚秉和先生认为《易传》是孔子的思想,记录者应是他的学生。他说:"孔子之《易》即《十翼》,故《十翼》非孔子不能为,不敢为。而纪录《十翼》者,则孔子之门人也。"⑤黄寿祺、张善文认为《易传》的作者"当属孔门弟子们,而创作时代当在春秋、战国之间"⑥。朱伯崑经过考辨,认为"《易传》七种十篇的下限都不出战国"⑦。又说:"今本《易传》与孔子有着密切的关系,可能出于战国时期的孔子后学之手。"⑧刘大钧先生认为,《易传》主要是孔子的思想,是其弟子对于孔子解易的整理、总结和记录。他说:"孔子在前人说《易》的基础上,曾经对《周易》作过一些口头阐释,他的弟子及后人把这些阐释记录下来,并加工补充,到战国初期至中期,形成了《彖》《象》《文言》《系辞》的主要篇章。这些篇章反映了孔子思想,但却是后人托孔子之名而作。"⑨陈鼓应先生则认为,《易传》是道家学派的作品,"不仅打破了学界公认的看法,也推翻了二千年来经学传统的旧说"⑩。可以说,关于《易传》的作者和成书年代,众说纷纭,莫衷一是。⑪ 当然,细细考证,认

① (汉)班固撰,陈焕良、曾宪礼标点:《汉书》,岳麓书社 2008 年版,第 678 页。
② (唐)陆德明:《经典释文》,上海古籍出版社 1985 年版,第 16 页。
③ (魏)王弼、(晋)韩康伯注,(唐)孔颖达疏:《周易正义》,中国致公出版社 2011 年版,第 7 页。
④ 欧阳修认为《易传》中的《系辞传》《文言传》《说卦传》《序卦传》《杂卦传》非孔子所作,他在《易童子问》中说:"余之所以知《系辞》而下非圣人之作者,以其言繁衍丛脞而乖戾也。"(参见(宋)欧阳修:《欧阳修全集》(上),中国书店 1986 年版,第 571 页。)但欧阳修仍相信《彖传》、《象传》为孔子所作。
⑤ 尚秉和:《周易尚氏学》,九州出版社 2011 年版,第 8 页。
⑥ 黄寿祺、张善文:《周易译注》,上海古籍出版社 2011 年版,第 9 页。
⑦ 朱伯崑:《易学基础教程》,昆仑出版社 2011 年版,第 57 页。
⑧ 朱伯崑:《易学基础教程》,昆仑出版社 2011 年版,第 58 页。
⑨ 刘大钧:《周易概论》,齐鲁书社 1986 年版,第 148—149 页。
⑩ 陈鼓应:《易传与道家思想》,生活·读书·新知三联书店 1996 年版,第 1 页。
⑪ 相关的问题还可以参考郭沂:《〈易传〉成书与性质若干观点平议》,《齐鲁学刊》1998 年第 1 期。

为《易传》非孔子所述作者所持之论据或论证,多数不足为凭,许多方面还值得进一步商榷和探讨,本书不予采信。另外,随着长沙马王堆帛书、安徽阜阳双古堆汉简、上海博物馆藏战国楚竹书《周易》的出土和发现,可以判断《易传》的思想源于孔子。因此,本书依照学术传统,认为《易传》乃孔子述作。

二、《易经》的性质

关于《易经》的性质,古往今来,也是争论不休。主要有两种观点:一说《易经》为义理著作;二说《易经》为占筮之书。

(一)《易经》为义理著作

"义理",按照张善文《周易辞典》,是指"《周易》六十四卦、三百八十四爻所蕴含的象征意义及哲学理致"①。"义理",是侧重于人文而言的,可包括哲学思想、经义名理、人生智慧、伦理道德、历史经验等。

《易传》首倡《易经》乃是讲述天人之学的著作,如其言:"开物成务,冒天下之道";"与天地准,故能弥纶天地之道";"广大悉备,有天道焉,有人道焉,有地道焉。"孔子还认为《易经》是德义修养之书,如马王堆帛书《易传·要》载孔子曰:"《易》,我后其祝卜矣!我观其德义耳也……君子德行焉求福,故祭祀而寡也。仁义焉求吉,故卜筮而希也。"②又如《论语·述而》载孔子曰:"加我数年,五十以学《易》,可以无大过矣。"③《礼记·经解》载孔子曰:"洁静精微,《易》教也。"④庄子认为《周易》是哲学之书,《庄子·天下》说:"《易》以道阴阳。"⑤

西汉以降,学者们把《易传》也尊为经,把《易经》(狭义)与《易传》合在一起,统称为《易经》(广义)或《周易》。此后,把《易经》(广义)视为义理之作的有两个学派:一是象数学派,侧重从象和数上理解《周易》;另一个是义理学

---

① 张善文:《周易辞典》,中国大百科全书出版社2005年版,第59页。
② 丁四新:《楚竹书与汉帛书〈周易〉校注》,上海古籍出版社2011年版,第529页。
③ 陈晓芬、徐儒宗译注:《论语·大学·中庸》,中华书局2012年版,第80页。
④ 刘波、王川注释:《礼记》,东南大学出版社2010年版,第310页。
⑤ 方勇译注:《庄子》,中华书局2012年版,第568页。

派,侧重于卦名、卦意上解释《周易》。象数学派如汉代的孟喜、京房和虞翻,宋代的陈抟、邵雍、朱震,明代的来知德、方孔照、方以智等。义理学派有三组代表:"王弼尽黜象数,说以老庄。一变而胡瑗、程子,始阐明儒理,再变而李光、杨万里,又参证史事。"①王弼、韩康伯认为《周易》以言说象、以象表意,是"讬象以明义,因小以喻大"②的义理之书,认为《周易》六十四卦包含天下之理。程颐亦持此论,认为《周易》"假象以显义"③,"因象以明理"④。张载、杨万里、朱熹、杨简、王畿、王夫之等易学家的一些易学观点虽不尽一致,但都认为《周易》是义理之作。朱伯崑说:"无论是象数派和义理派,由于它们把《易经》和《易传》混同起来,因此,都有把《易经》一书哲理化的倾向。即都倾向于认为《易经》是一部义理之书。"⑤

近现代的学者,也多持有此论。如黄寿祺、张善文指出:"冠居'群经'之首的《周易》,是我国古代现存最早的一部奇特的哲学专著。"⑥又说:"《周易》的'经'部分,虽以占筮为表,实以哲学为里,应当视为一部独具体系的哲学著作。"⑦吕绍刚指出:"《易》自产生而发展到《周易》,已是一部哲学著作。卜筮只是它的死的躯壳而已。它产生于卜筮,保留着卜筮的形式而实质是哲学。"⑧笔者赞同先贤之言,认为《周易》乃是寓理于筮的义理之作。

(二)《易经》是卜筮之书

朱子认为《易经》(狭义)本是卜筮之书,后来经过孔子作《易传》才推演出义理来。

据《朱子语类》记载,朱子说:

《易》本为卜筮而作。⑨

---

① (清)纪昀总纂:《四库全书总目提要》,河北人民出版社2000年版,第50页。
② (魏)王弼、(晋)韩康伯注,(唐)孔颖达疏:《周易正义》,中国致公出版社2011年版,第294页。
③ (宋)程颐:《周易程氏传》,九州出版社2011年版,第1页。
④ (宋)程颢、(宋)程颐:《二程遗书》,上海古籍出版社2000年版,第325页。
⑤ 朱伯崑:《易学基础教程》,昆仑出版社2011年版,第15页。
⑥ 黄寿祺、张善文:《周易译注》,上海古籍出版社2011年版,第1页。
⑦ 黄寿祺、张善文:《周易译注》,上海古籍出版社2011年版,第13页。
⑧ 吕绍纲:《周易阐微》,吉林大学出版社1990年版,第33页。
⑨ (宋)黎靖德:《朱子语类》,中华书局1986年版,第1620页。

又说：

> 古人淳质，遇事无许多商量，既欲如此，又欲如彼，无所适从。故作易示人以卜筮之事，故能通志、定业、断疑，所谓"开物成务"者也。①

又说：

> 八卦之画，本为占筮。方伏羲画卦时，止有奇偶之画，何尝有许多说话！文王重卦作《繇辞》，周公作《爻辞》，亦只是为占筮设。到孔子，方始说从义理去。②

这里，朱子提出三个观点：第一，《易经》（狭义）之八卦、六十四卦本来是为了卜筮而作的。理由是古人"淳质"、"蠢然而已，事事都晓不得"③，遇到难的问题，不知道该如何决策，所以圣人就作出《易经》来教人占卜，以作出趋吉避凶的决断。第二，周文王作卦辞、周公作爻辞是为了卜筮而写。第三，到孔子作出《易传》，才从《易经》（狭义）中推阐出义理来。朱子曰："《易》乃是卜筮之书，古者则藏于太史、太卜，以占吉凶，亦未有许多说话。及孔子始取而敷绎为《文言》《杂卦》《彖》《象》之类，乃说出道理来。"④"《易》只是个卜筮之书。孔子却就这上依傍说些道理教人。虽孔子也只得随他那物事说，不敢别生说。"⑤

近现代的一些学者也有类似的说法，如高亨先生指出："《易经》本是筮书。"⑥刘大钧先生也说："归根到底，《周易》是一部筮书。"⑦

三、易学研究的主要脉络

易学是解说和研究《周易》（包括《易经》和《易传》）的学问，"通过这样或那样的解释，揭示《周易》的奥秘，发扬周孔之道"⑧。易学主要分为两大派：

---

① （宋）黎靖德：《朱子语类》，中华书局 1986 年版，第 1620 页。
② （宋）黎靖德：《朱子语类》，中华书局 1986 年版，第 1622 页。
③ （宋）黎靖德：《朱子语类》，中华书局 1986 年版，第 1620 页。
④ （宋）黎靖德：《朱子语类》，中华书局 1986 年版，第 1626 页。
⑤ （宋）黎靖德：《朱子语类》，中华书局 1986 年版，第 1626 页。
⑥ 高亨：《周易大传今注》，清华大学出版社 2010 年版，第 383 页。
⑦ 刘大钧：《周易概论》，齐鲁书社 1986 年版，第 93 页。
⑧ 朱伯崑：《易学基础教程》，昆仑出版社 2011 年版，第 105 页。

象数学派和义理学派。下面以历史为主线①,简要说明一下历代易学的发展情况。

(一)汉代易学

两汉易学主要偏向于象数,义理学亦有所发展。

西汉时期,易学有三个传授系统。第一,田何传授系统。这个系统由齐人田何首传,后至孟喜、梁丘贺、京房而名声大振。此派列于学官,亦是今文易学系统,侧重于象数之学,主要以卦象、卦气、飞伏等解经。第二,费、高(费直和高相)传授系统。费直传给王璜,高相传给子康和毋将永。费、高属于民间易学,是古文易学系统,费氏易学注重以义理解易,高氏专以阴阳灾异说《易》。第三,黄老易学系统。这个系统主要以黄老之道解易,其代表有刘安、严君平、扬雄、刘向和刘歆等人。西汉末,还出现了《易纬》之类的著作,如《乾凿度》、《稽览图》、《是类谋》等。东汉时期,费氏义理之学兴盛,并与孟、京易学合流。此时,郑玄、荀爽作为费氏易学的优秀代表,融合孟、费二氏之学解《易》,注重义理,而不弃象数。王肃解易,重义理,略象数,成为王弼之先导。虞翻以卦变解易,发展了象数之学。东汉末年,魏伯阳作《周易参同契》,推动了黄老易学的发展。

(二)晋唐易学

魏晋隋唐时期的易学重义理,玄学派成为易学之主流。

王弼作《周易注》,抛开烦琐的象数之学,主要以义理解易,开玄学易学之先河。韩康伯承王弼之说,补注《系辞》、《说卦》、《序卦》、《杂卦》等传,亦有所发明。唐代孔颖达作《周易正义》,推阐王弼、韩康伯之说,亦有所创见。李鼎祚作《周易集解》,汇编前代易学家对《周易》的注解,保存了大量珍贵文献。陆德明的《易经释文》对《周易》文字进行笺注,是《周易》文本训诂、考据学之先驱。

---

① 此处谨按朱伯崑先生对于古代易学发展时期的划分,即"汉易时期,晋唐易学时期,宋易时期,清代汉学时期"(参见朱伯崑:《易学基础教程》,昆仑出版社 2011 年版,第 109 页)。另外,"易学研究的主要脉络"部分内容也参考了朱伯崑先生的《易学哲学史》,特此说明(朱伯崑:《易学哲学史》,昆仑出版社 2009 年版)。

（三）宋明易学

宋明易学重义理，象数易学亦发展迅速。

宋朝易学大体有两大流派。第一，象数学派。宋初，陈抟运用图式解读《周易》，首开图书学派，其后传给种放，种放传给刘牧和李之才。刘牧主于河洛之学，李之才侧重卦变说，此二人又影响周敦颐。周敦颐提出太极图说，阐发宇宙生成和演化模式，为儒家修养提供形上依据。邵雍作《皇极经世》，提出先天学，构建易学的数学推算体系。象数学派其他代表人物还有朱震、蔡元定、蔡沉等。第二，义理学派。义理学派发展至宋代，"一变而胡瑗、程子，始阐明儒理，再变而李光、杨万里，又参证史事"①。胡瑗《周易口义》、程颐《周易程氏传》成为义理学派的经典之作。张载《横渠易说》、《正蒙》亦颇有影响。朱子承程颐之说，融象数之学，融会各家之长，作《周易本义》、《易学启蒙》，广为流传。李光《读易详说》、杨万里《诚斋易传》，以史证易，开史事易之宗。杨简《杨氏易传》、《己易》，以心解易，成为心易学派的代表。另外，吕祖谦《周易音训》，主以文字学解易，薛季宣、叶适立足事功，解读《周易》，亦对易学之研究有所推进。义理学派的代表还有李觏《易论》、王安石《易解》、欧阳修《易童子问》、苏轼《东坡易传》、司马光《易说》等。

元明两代，两大流派继续发展。第一，象数学派。元代雷思齐作《易筮通变》和《易图通变》，推阐大衍之数、河洛之学。另外，王申子《大易缉说》、余琰《易外别传》、吴澄《易纂言》和《易纂言外翼》、张理《大易象数钩深图》和《易象图说》、萧汉中《读易考原》、黄泽《易学滥觞》、钱义方《周易图说》，也都推动了象数易学的发展。明代，象数之学发展日盛，学者们以河洛之学、邵子先天学、后天学解读《周易》，并对卦象、解易体例多有发明和创见。代表人物及作品有来知德《周易集注》、熊过《周易象旨决录》、黄道周《易象正》、陈士元《易象钩解》、方以智《周易时论合编》等。第二，义理学派。元代，义理派创见不多，大抵承袭程朱易学，出现了一批注疏之作，如元代胡一桂《易本义附录纂疏》和《易学启蒙翼传》、胡炳文《周易本义通释》、熊良辅《周易本义集成》、董真卿《周易会通》、赵汸《周易文诠》等。明代，胡广奉命编纂《周易大全》，

---

① （清）纪昀总纂：《四库全书总目提要》，河北人民出版社 2000 年版，第 50 页。

仍以程朱易学为主。蔡清《周易蒙引》虽主要以《周易本义》为宗,但亦有所发明。另外,明代易学心学派有所发展,主以心性解易,代表人物有湛若水、王畿、真可、智旭等。

(四)清代易学

清代学术有两个特点:①重视训诂考据;②重视经世致用。在这种学术氛围的影响下,清代学者通过严谨的考证,指出纬书、图书之学,陈抟邵子之学,并非《周易》之本旨,而辟之甚力,其代表有黄宗羲《易学象数论》、黄宗炎《图书辨惑》、王夫之《周易稗疏》、毛奇龄《仲氏易》、胡渭《易图明辨》等。清代易学,义理建树不多,但重训诂考辨,汉易兴盛,代表人物有惠栋、张惠言、焦循等。另外,清代官方还主导编纂《御纂周易折中》、《御纂周易述义》、《日讲易经解义》三部著作,虽参采众家,但仍以程朱易学为主。明末清初王夫之《周易内传》、《周易外传》等著作,对宋明以来的易学作了系统总结。

(五)近现代易学

20世纪以来,易学研究有几个方面的内容:第一,对《周易》经传的解读。如尚秉和《周易尚氏学》、高亨《周易古经今注》和《周易大传今注》、黄寿祺和张善文合著的《周易译注》、金景芳和吕绍刚合著的《周易全解》等。第二,侧重于对《周易》的考证,包括《周易》经传的作者、成书年代、性质及"三易"等相关问题。此部分当以古史辨派与唯物史观派为代表,如闻一多、顾颉刚、钱玄同、胡适、李镜池、郭沫若等。近些年,随着文物、古籍的出土,相关问题得到了更深刻的认识。第三,《周易》的现代诠释,把《周易》与科学、管理、人文等现代学科联系起来,进行推阐和发挥,形成诸如"科学易"、"管理易"、"人文易"等。

四、易学家对《周易》治道的肯定和发挥

对于《易经》治道的推阐和发挥,早在《易传》中就已经开始了。汉代,《易传》也被尊为经后,与《易经》合称为《周易》,这种情形更是明显。魏晋时期,王弼虽以老庄解易,但已经注入了儒家的气息;唐代孔颖达作疏,亦以儒为宗;李鼎祚《周易集解》虽主要收录象数学文献,但其案语亦涉及德行修养之旨。北宋程颐继王弼义理学之大端,主从儒理阐发《周易》,论述其中蕴含的"修

身、齐家、治国、平天下"之理。此后,儒门中人更是视《周易》为"修、齐、治、平"之宝典,对其中蕴含的治道进行了不遗余力的论述和阐发。

王弼作《周易注》,多以"人事明之"①,开启以人事推阐义理的传统。王弼虽"说以老庄"②,但在注解《周易》过程中,同样凸显了儒家德行修养和治国理政之道。如其释《乾》卦九四爻,曰:"用心存公,进不在私,疑以为虑,不谬于果,故'无咎'也。"③就是从德行修养的角度,阐发爻辞。注解《观》卦九五爻,曰:"上之化下,犹风之靡草,故观民之俗,以察己道,百姓有罪,在予一人。"④引用《论语》"君子之德风,小人之德草。草上之风,必偃"⑤和"朕躬有罪,无以万方。万方有罪,罪在朕躬"⑥,来论述该爻蕴含的德行修养和治国之道。孔颖达《周易正义》"以仲尼为宗"⑦,"以辅嗣为本"⑧,认为《周易》是圣人效天法地而作,包含天地之理,但圣人作《易》的本意在于教化民众。孔颖达谓:"盖以圣人作《易》,本以垂教。"⑨如其注解《乾》卦之"四德"曰:"但圣人以人事托之,谓此自然之功,为天之四德,垂教于下,使后代圣人法天之所为,故立天'四德'以设教也。"⑩注解《坤》卦辞曰:"此亦圣人因'坤,元、亨、利牝马之贞'自然之德以垂教也。"⑪他引《乾凿度》,指出圣人作易垂教的目的就是要"继天地,理人伦,而明王道","正君臣、父子、夫妇之义",还要"度时制

---

① (魏)王弼、(晋)韩康伯注,(唐)孔颖达疏:《周易正义》,中国致公出版社 2011 年版,第25 页。

② (清)纪昀总纂:《四库全书总目提要》,河北人民出版社 2000 年版,第 50 页。

③ (魏)王弼、(晋)韩康伯注,(唐)孔颖达疏:《周易正义》,中国致公出版社 2011 年版,第13 页。

④ (魏)王弼、(晋)韩康伯注,(唐)孔颖达疏:《周易正义》,中国致公出版社 2011 年版,第103 页。

⑤ 陈晓芬、徐儒宗译注:《论语·大学·中庸》,中华书局 2012 年版,第 146 页。

⑥ 陈晓芬、徐儒宗译注:《论语·大学·中庸》,中华书局 2012 年版,第 238 页。

⑦ (魏)王弼、(晋)韩康伯注,(唐)孔颖达疏:《周易正义》,中国致公出版社 2011 年版,第 1 页。

⑧ (魏)王弼、(晋)韩康伯注,(唐)孔颖达疏:《周易正义》,中国致公出版社 2011 年版,第 1 页。

⑨ (魏)王弼、(晋)韩康伯注,(唐)孔颖达疏:《周易正义》,中国致公出版社 2011 年版,第 5 页。

⑩ (魏)王弼、(晋)韩康伯注,(唐)孔颖达疏:《周易正义》,中国致公出版社 2011 年版,第19 页。

⑪ (魏)王弼、(晋)韩康伯注,(唐)孔颖达疏:《周易正义》,中国致公出版社 2011 年版,第31 页。

宜"，"以赡民用"。① 如此则可阴阳有序，国泰民安。基于这种理解，孔颖达在疏解《周易》过程中，多从卦爻象、卦爻辞中推阐君臣上下、治国理政之道，道德人伦、修身齐家之理，以发明圣人之训诫。

李鼎祚以儒为宗，认为《周易》深藏圣人之意，可以作为修身、齐家、治国之正道。他在《周易集解·原序》中指出："（《周易》）实开国承家修身之正术也。"②在《周易集解》中，李鼎祚的"案语"有一百一十多处。如其注《乾》卦上九爻曰："以人事明之，若桀放于南巢，汤有惭德，斯类是也。"③又注上九《象传》曰："此当桀、纣失位之时。亢极骄盈，故致悔恨穷毙之灾祸也。"注《乾》卦用九《文言传》曰："此当三皇五帝礼让之时，垂拱无为，而天下治矣。"④解释"与天地合其德，与日月合其明，与四时合其序"，曰："谓抚育无私，同天地之覆载也。维恩远被，若日月之照临也。赏罚严明，顺四时之序也。"⑤李鼎祚对于《乾》卦之文义的解释，多联系人事，从社会、政治、历史入手，阐发其中蕴含的为君、治国、理政之道，具有较为鲜明的现实意义。又注"积善之家，必有余庆。积不善之家，必有余殃"，曰："理国修身，积善为本。"⑥可见，其对《周易》的修身之旨亦有所推阐。

程颐《周易程氏传》"阐明儒理"⑦，运用"假象以显义"⑧，"因象以明理"⑨的释经范式，立足德行修养、家庭人伦、治国安邦，来阐明易理。程颐认为，《周易》本身包括着天理，谓"其义周尽万物之理，其道足以济天下，故无过差"⑩，但只有将之落实于"修、齐、治、平"中，才算是践行了天理。⑪ 故在解易过程中，

---

① （魏）王弼、（晋）韩康伯注，（唐）孔颖达疏：《周易正义》，中国致公出版社2011年版，第5页。
② （唐）李鼎祚：《周易集解》，中央编译出版社2011年版，第2页。
③ （唐）李鼎祚：《周易集解》，中央编译出版社2011年版，第3页。
④ （唐）李鼎祚：《周易集解》，中央编译出版社2011年版，第12页。
⑤ （唐）李鼎祚：《周易集解》，中央编译出版社2011年版，第15页。
⑥ （唐）李鼎祚：《周易集解》，中央编译出版社2011年版，第23页。
⑦ （清）纪昀总纂：《四库全书总目提要》，河北人民出版社2000年版，第50页。
⑧ （宋）程颐：《周易程氏传》，九州出版社2011年版，第1页。
⑨ （宋）程颢、（宋）程颐：《二程遗书》，上海古籍出版社2000年版，第325页。
⑩ （宋）程颐：《周易程氏传》，九州出版社2011年版，第265页。
⑪ 二程说："易是个甚？易又不只是这一部书，是易之道也。不要将易又是一个事，即事尽天理，便是易也。"（参见（宋）程颢、（宋）程颐：《二程遗书》，上海古籍出版社2000年版，第81页。）这里，二程指出《周易》虽然形式上是一部书，但他是载道之书，包含了宇宙之间的大道，囊括了天理，学习《周易》主要是为了体会和践行其中的天理。

他处处推阐卦爻所蕴含的"修、齐、治、平"之旨。如他解释《乾》卦《文言传》，曰："或问：'乾之六爻皆圣人之事乎？'曰：'尽其道者圣人也。得失则吉凶存焉，岂待乾哉？诸卦皆然也。'"①指出《周易》六十四卦、三百八十四爻皆阐述立身行道之旨。因此，在解经过程中，他力图挖掘卦爻背后的修养之义。如解《坤》六三爻："为臣之道，当含晦其章美，有善则归之于君，乃可常而得正。"②以六三的爻位、爻辞，说明处世之道。值得注意的是，程颐还以心性修养来解读《周易》。如他解《颐》卦，指出初九爻"求颐，人所欲也，上应于四，不能自守，志在上行，说所欲而朵颐者也。心既动，则其自失必矣。迷欲而失己，以阳而从阴，则何所不至？是以凶"③。爻辞"舍尔灵龟，观我朵颐，凶"本是一种意象，程颐则从心性分析入手，解读爻辞，指出不能控制自己的私心欲望，就会被欲望牵着鼻子走，而有致凶之灾。此是从反面设诫，推阐"人心私欲，故危怠。道心天理，故精微。灭私欲则天理明矣"④之修养意旨。又如他解读《否》卦《象传》之旨："夫天地之气不交，则万物无生成之理。上下之义不交，则天下无邦国之道。建邦国所以为治也。上施政以治民，民戴君而从命，上下相交，所以治安也。今上下不交，是天下无邦国之道也。"⑤《否》卦本是阴阳二气不相交的状态，程颐则以之为象，阐发治国理政之道，指出君民相交，上下和谐，国家才能安定。否则，则有失治国之正道。

朱子《周易本义》立足"《易》本为卜筮而作"⑥的观点，主要解释卦爻辞的卜筮、吉凶之义。但在《朱子语类》中，朱子又师法程颐，对《周易》作出了哲理性的解释。他说："《易》，只则是个空底物事"⑦，"《易》如一个镜相似，看甚物来，都能照得"⑧，指出《周易》本是取象比类的结果，其中包含了天地万物之理；卦爻辞亦只是帮助人们理解卦象的，并不一定实指其事。因此在学习《周

---

① （宋）程颐：《周易程氏传》，九州出版社 2011 年版，第 7 页。
② （宋）程颐：《周易程氏传》，九州出版社 2011 年版，第 11 页。
③ （宋）程颐：《周易程氏传》，九州出版社 2011 年版，第 108 页。
④ （宋）程颢、（宋）程颐：《二程遗书》，上海古籍出版社 2000 年版，第 369 页。
⑤ （宋）程颐：《周易程氏传》，九州出版社 2011 年版，第 50 页。
⑥ （宋）黎靖德：《朱子语类》，中华书局 1986 年版，第 1620 页。
⑦ （宋）黎靖德：《朱子语类》，中华书局 1986 年版，第 1631 页。
⑧ （宋）黎靖德：《朱子语类》，中华书局 1986 年版，第 1647 页。

易》中,重在稽考卦爻所蕴含的义理,并将之推演到具体事项中去,不可拘泥于文辞。朱子说:"《易》只是虚设之辞,看事如何应耳。"①又说:"'执古',古便是《易》书里面文字言语。'御今',今便是今日之事。"②基于这种易学观念,在解读《周易》过程中,朱子同样推阐卦爻中蕴含的"修、齐、治、平"之道、为人处世之理。

继王弼开《周易》义理学派之先河,在程朱"阐明儒理"的引领之下,儒门人士"无所不用其极"③地论述《周易》中蕴含的"修身、齐家、治国、平天下"之理。比较有代表性的还有④胡瑗《周易口义》、司马光《温公易说》、张载《横渠易说》、苏轼《东坡易传》、李光《读易详说》、杨万里《诚斋易传》、王宗传《童溪易传》、清代官编《日讲易经解义》、黄宗炎《周易象辞》、王夫之《船山易学》⑤等等。

第二节 《周易》治道的本质

《四库全书总目提要·经部一·易类一》曰:

> 圣人觉世牖民,大抵因事以寓教。《诗》寓于风谣,《礼》寓于节文,《尚书》、《春秋》寓于史,而《易》则寓于卜筮。故《易》之为书,推天道以明人事者也。⑥

这里四库馆臣提出,《易经》本是"圣人觉世牖民"之作,但其表现的形式是卜筮。《易经》有卜筮之用,史载昭然,如《周礼·春官宗伯·大卜》:"大卜……掌三易之法,一曰连山,二曰归藏,三曰周易。其经卦皆八,其别皆六十有四。"⑦《周礼·春官宗伯·筮人》:"筮人掌三易。以辨九筮之名,一曰连山,二曰归藏,三曰周易……以辨吉凶。"⑧另外,《左传》、《国语》也记载了二十余处用

---

① (宋)黎靖德:《朱子语类》,中华书局 1986 年版,第 1656 页。
② (宋)黎靖德:《朱子语类》,中华书局 1986 年版,第 1656 页。
③ 陈晓芬、徐儒宗译注:《论语·大学·中庸》,中华书局 2012 年版,第 254 页。
④ 胡瑗、司马光、张载、苏轼与程颐系同时代之人,其学说亦互有借鉴。
⑤ 《船山易学》包括《周易内传》、《周易内传发例》、《周易外传》、《周易稗疏》、《周易考异》、《周易大象解》等著作。
⑥ (清)纪昀总纂:《四库全书总目提要》,河北人民出版社 2000 年版,第 50 页。
⑦ 陈铁民等译注:《十三经·周礼》,三秦出版社 2004 年版,第 465 页。
⑧ 陈铁民等译注:《十三经·周礼》,三秦出版社 2004 年版,第 466 页。

《易》卜筮之例。可见《易经》确有占卜吉凶及辅助人们作出决策的功能。但据《易传》所载,《易经》共有"辞"、"变"、"象"、"占"四种用途,卜筮只是其中的一种功能而已。更重要的是,卜筮只是圣人设教的外在形式,其本质还是要"推天道以明人事",即用阴阳二爻、八卦、六十四卦,描摹天地、万物的运行变化之道,以此让人明晓人类社会的发展规律和做人的道理。《郭店楚简·语丛》言:"易,所以会天道、人道者也。"又《系辞传》云:"易之为书也,广大悉备,有天道焉,有人道焉,有地道焉。"吕洞宾说:"圣人于是作《易》,以明天道于六爻之中;著阴阳之变化、盈虚消息、进退存亡皆寓于其内,其示人以趋避也,至矣。"①据此,《易经》包含了天道、人道、地道,并且将"天、地、人"三道进行了会通和联结。《易传》更是对《易经》所蕴含的天人之道作了推阐和发挥。因此,本书认为《周易》治道的本质就是圣人"推天道以明人事"的结果,是人道效法天地之道的结果。

一、《周易》中的天地之道

"道",本义是道路,引申为"道理"、"法则"、"规律",《重修广韵》:"理也。"②"天道",即"天之道",是指自然万物的变化规律,包括宇宙的生成和演化过程、日月星辰运行轨迹、一年四节的更替规律、气候的变迁周期节律等。"地道",即"大地之道",是指大地形态特征和变化规律,及大地上万物生长规律、生命轨迹等。《周易》中的天地之道,有两种形式的表达:第一,天地之象;第二,天地之数。

(一)天地之象

"象",犹言"形象"、"样貌",如《左传·僖公十五年》载韩简曰:"物生而后有象。"③"天地之象"即指天地万物运行的形态和样貌,是天地之道的外在表现,亦即朱子所谓的"天地自然之《易》"④,其包括日月星辰、天地运行之状态和规律,雪霜雨露、四时变化之形态和节律,飞禽走兽、五谷丝麻生长之状态和规律等。

---

① (唐)吕岩:《吕子易说》,《四库未收书辑刊》第 3 辑第 1 册,北京出版社 2000 年版,第 2 页。

② (宋)陈彭年等:《重修广韵》,景印文渊阁《四库全书》第 236 册,台湾商务印书馆 1986 年版,第 335 页。

③ 陈铁民等译注:《十三经·春秋左传》,三秦出版社 2004 年版,第 1132 页。

④ (宋)朱熹撰,李一忻点校:《周易本义》,九州出版社 2004 年版,第 14 页。

自从有了人类,就有了对天地自然之象的观察和记录。如《周髀算经》言:"天象盖笠,地法覆槃。"①又顾炎武在《日知录·卷三十·天文》中指出:"三代以上,人人皆知天文。'七月流火',农夫之辞也;'三星在天',妇人之语也;'月离于毕',戍卒之作也;'龙尾伏晨',儿童之谣。后世文人学士,有问之而茫然不知者矣。"②据史载,早在帝尧时代,就有"观象授时"的记录。殷周以降,天文现象的记录更加丰富。如《诗经》"子兴视夜,明星有烂"③,"昏以为期,明星煌煌"④,记载的是对星辰的观测,提到的"明星"是启明星,即金星。《诗经》"月离于毕"⑤、《汉书·天文志》"荧惑守心"⑥,记录的是"二十八宿"的运行情况。另外,对于大地之象,典籍亦有记载,如《尚书·洪范》论述了大地上五种物象的样貌和特征,曰:"水曰润下,火曰炎上,木曰曲直,金曰从革,土爰稼穑。"⑦描述了水具有滋润万物、流动趋下的特征;火有发光发热,蒸腾上升的特征;树木具有能屈能伸,生长向上的特征;金属具有熔化可变、冷凝坚刚的特征;土具有生育五谷、承载万物之特征。

基于对大自然的观察和体悟,《周易》也对天地之象作了描述,主要有两个方面的表现:第一,六十四卦之象。六十四卦本是对天地之中六十四种物象的描述。如《乾》为天之象,《坤》为地之象,《蒙》卦为山下流出泉水之象,《晋》卦描述的是太阳升出地面之象,《涣》为风吹拂水面之象,《渐》卦为山上树木生长之象。第二,是经传中记载的物象。如《剥》卦初六"剥床以足",描述床体剥落之象。《大过》卦九二"枯杨生稊",描述枯萎的蒲柳生出嫩芽之象;九五"枯杨生华",描述枯萎的蒲柳重新开花之象。《离》卦九三"日昃之

---

① (汉)赵爽注,(北周)甄鸾重述,(唐)李淳风注:《周髀算经(及其他一种)》,中华书局 1985 年版,第 54 页。

② (清)顾炎武著,(清)黄汝成集释,秦克诚点校:《日知录集释》,岳麓书社 1994 年版,第 1049 页。

③ 《诗经·郑风·女曰鸡鸣》,邓启铜注释,殷光熹审读:《诗经》,东南大学出版社 2010 年版,第 79 页。

④ 《诗经·陈风·东门之杨》,邓启铜注释,殷光熹审读:《诗经》,东南大学出版社 2010 年版,第 132 页。

⑤ 《诗经·小雅·渐渐之石》,邓启铜注释,殷光熹审读:《诗经》,东南大学出版社 2010 年版,第 273 页。

⑥ (汉)班固撰,陈焕良、曾宪礼标点:《汉书》,岳麓书社 2008 年版,第 538 页。

⑦ 王世舜、王翠叶译注:《尚书》,中华书局 2012 年版,第 146 页。

离",描述太阳偏西、落日之象。《大壮》卦上六"羝羊触藩",描述公羊顶撞篱笆之象。《鼎》卦初六"鼎折足",描述鼎器折断鼎足之象。《震》卦初九"震来虩虩",描述雷声轰鸣之象。《中孚》卦九二"鸣鹤在阴,其子和之",描述隐蔽处的仙鹤发出鸣叫、幼鹤鸣叫相应之象。《小过》卦六五"密云不雨",描述阴雨密布,但未降雨之象。《易传》中也有类似的描述。如《乾》卦《文言传》"水流湿,火就燥;云从龙,风从虎",描述的是水向湿处流,火向干燥处烧之象。《系辞传》谓:"鼓之以雷霆,润之以风雨,日月运行,一寒一暑。""日往则月来,月往则日来,日月相推而明生焉。寒往则暑来,暑往则寒来,寒暑相推而岁成焉。"描述的是天地之间的雷霆风雨、日月运行及寒暑相易之象。

(二)天地之数

"数"就是天地之道呈现出来的数学特征,包括天地运行的周期、节律等等。《周易》中出现两个重要的数,第一个是《复》卦的卦辞"七日来复",第二个是《系辞传》中提出的"天地之数"。

1."七日来复"

《复》卦:"亨。出入无疾,朋来无咎。反复其道,七日来复,利有攸往。"《彖传》解释说:"反复其道,七日来复,天行也。""天行",犹言"天道运行",王引之:"天行,天道也。"[1]"七日来复",指出天道运行的周期是七,揭示出天地阴阳循环的规律,孔颖达谓:"此乃天之自然之理。"[2]但究竟是何种天体运行的周期是七?"七日"是实指还是虚指?历来说法不一。

《易纬稽览图》把卦象与历法结合,指出《中孚》卦至《复》卦,须六日七分,故曰"七日来复"。又说:"坎常以冬至日始效,复生坎七日。"[3]《周易集

---

① 清朝王引之的《经义述闻》"乾行也"条云:"《尔雅》:'行,道也。'天行谓天道也。《晋语》:'岁在大梁,将集天行。'韦昭《注》曰:'集,成也。行,道也。言公将成天道也。'是古人谓天道为天行也。'天行健','地势坤',相对为文,言天之为道也健,地之为势也顺耳……若解为运行之行,则与地势之势文不相当矣。《蛊·彖传》:'终则有始,天行也';《剥·彖传》:'君子尚消息盈虚,天行也';《复·彖传》:'反复其道,七日来复,天行也';皆谓天道。"(参看(清)王引之:《经义述闻》,《传世藏书·经库·经学史2》,海南国际新闻出版中心1996年版,第1819页。)

② (魏)王弼、(晋)韩康伯注,(唐)孔颖达疏:《周易正义》,中国致公出版社2011年版,第114页。

③ (汉)郑玄注:《易纬稽览图》,《易纬通卦验·易纬稽览图·易纬辨终备·尚书中侯郑注》,又称《易纬通卦验(及其他三种)》,中华书局1991年版,第14页。

解》引虞翻曰："谓乾成坤,反出于震而来复,阳为道,故'复其道'。刚为昼日。消乾六爻。为六日。刚来反初,故'七日来复,天行也'。"①《乾》卦变为《坤》卦后,一阳来复之时,正好是第七个阶段,也恰至《复》卦;又"阳为道",故"反复其道,七日来复"。又侯果引《豳诗》证明此处的"日"指的是"月","七日来复",即是说"七月来复"。他说:"五月天行至午阳复而阴升也;十一月天行至子,阴复而阳升也。天地运往,阴阳升复,凡历七月,故曰'七日来复'。此天之运行也。"②一年有四季:春夏秋冬,春夏属阳,秋冬属阴。侯果认为从"阳"运行至下一个"阳"的复归,需要经过七个月,因此称为"七日来复"。高亨进一步解释说:"盖至七而复,乃天道运行循环之数,如正月阴气始退,至八月而复,八月阳气始退,至正月而复是也。"③

侯果以一年的阴阳二气运行变化来解释"七日来复",颇为可取。笔者认为,"七日来复"包含了两层含义:第一,天道运行是循环往复的。"复",《说文》:"往来也",《广韵》:"返也。"《周易集解》引何妥曰:"复者,归本之名。群阴剥阳,至于几尽,一阳来下,故称反复。"④天地之道的循环往复有多种表现形态,如四季及气候的周期性更替、昼夜之循环、潮汐的周期性涨落、人体生命节律性变化、动物的周期性迁徙、植物周期性的开花等等。第二,"七"是天道自然的运行周期。但这里的"七日"究竟是实指还是虚指,要根据具体的情况来判断,亦如朱子所言:"'七日'只取七义。犹'八月有凶'只取八义。"⑤如侯果以一年四季的变迁来解释之,"七"就是七个月。仿此,一天 24 个小时也有"春夏秋冬",这时的"七"就指七个小时。但就我们身体而言,是七日一个周

---

① (唐)李鼎祚:《周易集解》,中央编译出版社 2011 年版,第 96 页。

② (唐)李鼎祚:《周易集解》,中央编译出版社 2011 年版,第 96 页。

③ 参见高亨:《周易大传今注》,清华大学出版社 2010 年版,第 180 页。高亨又说:"《象传》以为天道至七而复,盖以天道之四时为据。以古代之气候学言之,春夏为阳处于统治地位时期,共为六个月。秋冬为阴处于统治地位时期,共为六个月。阴气自正月起退出统治地位,至七月(正月后第七个月)又进入统治地位,是阴气至七而复。阴阳二气皆至七个月而复,终则又始,循环不已,即《象传》所指'终则有始,天行也'。复卦辞曰:'反复其道,七日来复。'《象传》曰:'反复其道,七日来复,天行也。'亦以天道释至七而复,义与此同。"(高亨:《周易大传今注》,清华大学出版社 2010 年版,第 152 页。)

④ (唐)李鼎祚:《周易集解》,中央编译出版社 2011 年版,第 95 页。

⑤ (宋)黎靖德:《朱子语类》,中华书局 1986 年版,第 1789 页。

期性的变化,"七"就是指七日。其他的诸如"七"的倍数也可以算作"七日"的范畴,故刘道超指出:"我国古人总结出了日月天体、阴阳五行以及人的生、老、疾病、痊愈等发展变化的七日(或七月、七年)规律,并由此得出了'天之道唯七'的结论。"①

2."天地之数"

《系辞传》提出"天地之数"的观念,曰:"天一地二,天三地四,天五地六,天七地八,天九地十。天数五,地数五,五位相得而各有合,天数二十有五,地数三十。凡天地之数五十有五,此所以成变化而行鬼神也。"②

"天地之数五十有五",历来也是众说纷纭。"天数"是一、三、五、七、九,经过"各有合",也就是求和后是二十五;"地数"是二、四、六、八、十,合计是三十。这是容易理解的。但"天一地二,天三地四,天五地六,天七地八,天九地十"究竟是指什么,也就成了"天地之数"的关键问题。对此,旧说分歧,未臻一致,兹录三说,以备参考。

第一,郑玄的天地之数系五行说。他说:"天地之气各有五。五行之次,一曰水,天数也;二曰火,地数也;三曰木,天数也;四曰金,地数也;五曰土,天数也。此五者阴无匹,阳无耦,故又合之。地六为天一匹也,天七为地二耦也,地八为天三匹也,天九为地四耦也,地十为天五匹也。二五阴阳各有合,然后气相得,施化行也。"③这里取五行与五个数字相配合,应是来源于《尚书·洪范》"一曰水,二曰火,三曰木,四曰金,五曰土"之说。郑玄以五行配合天地生成之数,于意可通。

第二,虞翻的天地之数系五行、天干说。《周易集解》引虞翻曰:"天一水甲。地二火乙。天三木丙。地四金丁。天五土戊。地六水己。天七火庚。地八木辛。天九金壬。地十土癸。"④其数字与五行的配合,亦与《尚书·洪范》

---

① 刘道超:《大衍之数其用四十有九之我见》,《广西右江民族师专学报》2004年第1期。

② 这段文字引自金景芳、吕绍刚的《周易全解》。金景芳、吕绍刚先生认为此段文字的通行本"既有错简,又有脱文"。(参见金景芳、吕绍刚:《周易全解》,上海古籍出版社2011年版,第539—550页。)

③ (宋)王应麟著,郑振峰等点校:《周易郑康成注·六经天文编·通鉴答问》,中华书局2012年版,第58页。

④ (唐)李鼎祚:《周易集解》,中央编译出版社2011年版,第252页。

一致,天干则从"甲"至"癸"正好十数,配合妥帖,但似乎未能凸显天地之数的真实意涵。

第三,朱子的"河图"、"洛书"说。他说:"此言天地之数,阳奇阴偶,即所谓河图者也。其位一六居下,二七居上,三八居左,四九居右,五十居中。"①《系辞传》:"河出图,洛出书,圣人则之。"此是把天地之数与"河图"相配合,虽然为天地之数找到了文本上的依据,数字上亦能够匹配得上,但是并没有回答天地之数所对应的天地自然究竟为何的问题。

先贤对于"天地之数"的认识虽然不一,但多试图找到其对应的天地物象。郑玄以天地之数匹配五行生成之数,于诸说之中,颇为合理。其说取于《尚书·洪范》五行之数,但对五行前面的数字究竟只是序数,还是另有深意,并未作出说明。对此,孔安国作出了解释,他把五行与生成之数联系起来,所谓"皆其生数"②。孔颖达则作出更进一步的推阐,认为五行是按照由微至著的次序排列的,其顺序不容紊乱,他说:"五行之体,水最微,为一;火渐著,为二;木形实,为三;金体固,为四;土质大,为五,亦是次之宜。"③他又引大刘与顾氏之说:水、火、木、金乃得土数而成,"故水成数六,火成数七,木成数八,金成数九,土成数十"④。这样就能够把五行和数字紧密地结合在一起。《汉书·五行志》亦有此说,把天地生成之数与五行相匹配,"天以一生水,地以二生火,天以三生木,地以四生金,天以五生土"⑤。至于"六、七、八、九、十"的匹配,《汉书·五行志》参照春秋时期"妃以五成"之说,阴阳易位,得出"水之大数六,火七、木八、金九、土十"⑥的结论。这里的"大数"即上述之"成数"。这样从"一"到"十",就和五行生成之数匹配完整。郑玄亦认同此说。另外,孔颖达在《周易正义》中进一步阐明了这一观点,他解释"五位相得而各有

① (宋)朱熹撰,李一忻点校:《周易本义》,九州出版社2004年版,第275页。
② (汉)孔安国传,(唐)孔颖达正义,黄怀信整理:《尚书正义》,上海古籍出版社2012年版,第452页。
③ (汉)孔安国传,(唐)孔颖达正义,黄怀信整理:《尚书正义》,上海古籍出版社2012年版,第453页。
④ (汉)孔安国传,(唐)孔颖达正义,黄怀信整理:《尚书正义》,上海古籍出版社2012年版,第453页。
⑤ (汉)班固撰,陈焕良、曾宪礼标点:《汉书》,岳麓书社2008年版,第550页。
⑥ (汉)班固撰,陈焕良、曾宪礼标点:《汉书》,岳麓书社2008年版,第550页。

合",说:"若天一与地六相得,合为水,地二与天七相得,合为火,天三与地八相得,合为木,地四与天九相得合为金,天五与地十相得,合为土也。"①可以说,天地之数与五行生成之数相互对应,确实能够解决天地之数的物理根据问题。

二、"推天道以明人事"

"人道",顾名思义,是指为人之道,包括生活之道、社会道德、伦理规范、法律法规等。如孟子:"是故诚者,天之道也;思诚者,人之道也。"②《礼记·丧服小记》:"亲亲,尊尊,长长,男女之有别,人道之大者也。"③《中庸》:"人道敏政。"④很明显,人道是关乎人文的伦理道德和行为规范,似乎与天道并不相干涉。但《周易》中,天道是如何与人道联系起来的,或者说天道指导人道是如何成为可能的?

两个不相干的事物,如果想取得联系,必定需要中介的力量。同样,天道与人道的联系和结合,也需要中介,《周易》指出这个联系的中介就是圣人。《观》卦《彖传》说:"观天之神道,而四时不忒,圣人以神道设教,而天下服矣"。指出圣人体悟天地运行之道,联系人事,以此设立教化,人民信服。那么,圣人有哪些独到的品质,为何能够领悟天地之道?圣人又是怎么连通天道与人道,设立教化的?

(一)圣人的品质

儒家的圣人是指德行至善、智慧圆满之人,《资治通鉴》:"才德全尽谓之'圣人'。"⑤《汉书·古今人表》把人分为"九等之序",把伏羲、炎帝、黄帝、少昊、颛顼、帝喾、尧、舜、禹、商汤、周文王、周武王、周公、孔子皆列为"上上圣人"⑥。

首先需要说明的是,圣人也是人,也是我们大众中的一员,《孟子·告子

---

① (魏)王弼、(晋)韩康伯注,(唐)孔颖达疏:《周易正义》,中国致公出版社 2011 年版,第 269 页。
② 方勇译注:《孟子》,中华书局 2012 年版,第 138 页。
③ 刘波、王川注释:《礼记》,东南大学出版社 2010 年版,第 206 页。
④ 陈晓芬、徐儒宗译注:《论语·大学·中庸》,中华书局 2012 年版,第 324 页。
⑤ (宋)司马光:《资治通鉴》(一),岳麓书社 2010 年版,第 4 页。
⑥ (汉)班固撰,陈焕良、曾宪礼标点:《汉书》,岳麓书社 2008 年版,第 363—412 页。

上》："圣人与我同类者。"①其特质乃在于"圣"。"圣"金文写作，左边像人的耳朵，右边则有口的形状。"圣"的繁体字是"聖"，左上边是"耳"，右上方是"口"，下面是"王"。董仲舒解释"王"曰："古之造文者，三画而连其中，谓之王。三画者，天、地与人也，而连其中者，通其道也。"②这就是说，圣人耳聪目明，能够通天达地，连通天、地、人三道。又"圣"，《说文》："圣，通也。"又"通，达也"，"达，行不相遇也"。段玉裁注曰："圣从耳者，谓其耳顺。"又说："声圣字古相叚借。"唐代欧阳询《艺文类聚》引《风俗通》曰："圣者，声也，通也，言其闻声知情，通于天地，条畅万物也。"③李孝定《甲骨文字集释》："听、声、圣三字同源，其始当本一字。"④又《古文字诂林》指出："耳具敏锐之听闻之功效是为圣。"⑤可见，"圣"与"声音"及听觉官能密切相关，指的是听觉敏锐、畅通无阻，能够通达天地之道。故班固《白虎通·圣人》指出："圣者：通也，道也，声也；道无所不通，明无所不照，闻声知情。"⑥

从"圣"的本义来看，早期的圣者形象，应该是能够通达天地之道的觋巫。《国语·楚语下》言："民之精爽不携贰者，而又能齐肃衷正，其智能上下比义，其圣能光远宣朗，其明能光照之，其聪能听彻之，如是则明神降之，在男曰觋，在女曰巫。"⑦又《尚书·洪范》"听曰聪"，可见这里的"聪能听彻之"，即是说听觉官能十分敏锐，能够听彻天地。但很明显，此处的圣者是通神而圣，带有较强的宗教神学色彩。

春秋以降，儒家逐步摆脱神学意义上的圣者，开始重新界定圣人的形象。主要说来，儒家之圣人有两个重要特质。第一，德行至善。孟子曰："圣人，人伦之至也。"⑧《荀子·儒效》："圣人也者，本仁义，当是非，齐言行，不失豪厘，

① 方勇译注：《孟子》，中华书局 2012 年版，第 220 页。
② （汉）董仲舒著，张世亮、钟肇鹏、周桂钿译注：《春秋繁露》，中华书局 2012 年版，第 421 页。
③ （唐）欧阳询撰，汪绍楹校：《艺文类聚》，上海古籍出版社 2007 年版，第 358 页。
④ 于省吾主编：《甲骨文字诂林》，中华书局 1999 年版，第 664 页。
⑤ 李圃主编，古文字诂林编纂委员会编纂：《古文字诂林》（第 9 册），上海教育出版社 2005 年版，第 573 页。
⑥ （汉）班固：《白虎通（及其他一种）》，中华书局 1985 年版，第 175 页。
⑦ （春秋）左丘明著，熊蓉、邓启铜点校：《国语》，东南大学出版社 2010 年版，第 337 页。
⑧ 方勇译注：《孟子》，中华书局 2012 年版，第 130 页。

无它道焉,已乎行之矣。"①这是从仁、义、礼、智、信等道德人伦角度,来界定圣人的特质,指出圣人是在人伦道德方面做得十分完备之人。第二,智慧圆满。《荀子·哀公》载孔子之言:"所谓大圣者,知通乎大道,应变而不穷,辨乎万物之情性者也。"②是说圣人能够通达天地之德,又能够随着时空的变化而作出相应的调整,亦即《乾》卦《文言传》"与天地合其德,与日月合其明,与四时合其序,与鬼神合其吉凶。先天而天弗违,后天而奉天时⋯⋯知进退存亡,而不失其正者"。又如《豫》卦《彖传》"圣人以顺动",指出圣人能够明了和掌握自然万物发展变化的法则和规律。对此,《中庸》也作出了界定,其言:"唯天下至圣,为能聪明睿知。"③"睿"指的是思想之深邃和敏锐。孔安国注《尚书·洪范》"思曰睿",引马曰睿"通也"④。注"睿作圣",曰:"于事无不通谓之圣。"⑤也就是说圣人是智慧通达、思虑深远之人。另外,《孔子家语·五仪解》还记载了孔子对于圣人一个比较完备的描述,他说:"所谓圣人者,德合于天地,变通无方。穷万事之终始,协庶品之自然,敷其大道而遂成情性。明并日月,化行若神。下民不知其德,睹者不识其邻,此谓圣人也。"⑥从上述孔子、孟子、荀子等对于圣人的界定可以看出,儒家的圣人既有德行圆满,又能够通达天地之德、明晓自然万物变化之理的特质。

(二)"天道"与人道的联结

上文指出圣人能够"知通乎大道"⑦、"德合于天地"⑧,是可以通乎天地之大道的人。因此,圣人就具备了沟通天地之道和人道的素质和能力。《荀子·儒效》曰:"圣人也者,道之管也"⑨。指出圣人就像联结天和人之间的管

---

① 方勇、李波译注:《荀子》,中华书局2011年版,第109页。
② 方勇、李波译注:《荀子》,中华书局2011年版,第497页。
③ 陈晓芬、徐儒宗译注:《论语·大学·中庸》,中华书局2012年版,第353页。
④ (汉)孔安国传,(唐)孔颖达正义,黄怀信整理:《尚书正义》,上海古籍出版社2012年版,第454页。
⑤ (汉)孔安国传,(唐)孔颖达正义,黄怀信整理:《尚书正义》,上海古籍出版社2012年版,第454页。
⑥ 王国轩、王秀梅译注:《孔子家语》,中华书局2011年版,第58页。
⑦ 方勇、李波译注:《荀子》,中华书局2011年版,第497页。
⑧ 王国轩、王秀梅译注:《孔子家语》,中华书局2011年版,第58页。
⑨ 方勇、李波译注:《荀子》,中华书局2011年版,第102页。

道一样,天地之道经由圣人而得以在人类社会中显现,亦即《文心雕龙·原道》所谓的"道沿圣以垂文"①。

前面谈到天地之象和天地之数,也就是朱子所言的"天地自然之《易》"②。此天地自然之象、数中,包含有天地之道。此天地之道,经过四位圣人的阐发,就显现为《周易》中的人道教训。这四位圣人就是伏羲氏、周文王、周公、孔子,他们分别从天地之道中汲取精华,联系人事,推阐"修、齐、治、平"之道,从而形成了"三《易》",即朱子《周易本义》所言的"有伏羲之《易》,有文王周公之《易》,有孔子之《易》"③。下面分述之。

1."伏羲之《易》"

"伏羲",是古代的圣王,也是中华民族的人文始祖,又被后世尊为"百王之先"。《汉书·律历志》言:"炮牺继天而王,为百王先,首德始于木,故为帝太昊。"④

按照《系辞传》所言,伏羲是第一位将天地之道和人道进行联结的圣人,他的一个重要贡献是"设卦观象":基于对自然万物的深度观察和体悟,用取象比类的方式,把天地之道抽象为阴阳二爻,并作出八卦和六十四卦,以之表现天地万物之象及其变化之道。《系辞传》言:"古者包羲氏之王天下也,仰则观象于天,俯则观法于地,观鸟兽之文,与地之宜,近取诸身,远取诸物,于是始作八卦,以通神明之德,以类万物之情。"

伏羲作出六十四卦,就把天地之象和天地之数进行了抽象,概括出其蕴含的天地之道,并将之与人道进行了有机的联结。具体说来,有两个方面的表现:第一,六十四卦能够表现自然万物之象。如其以《乾》卦的六根阳爻,喻指天的刚健纯粹;六根阴爻,象征大地的厚重卑顺;以艮下巽上,象征山上树木的生长之象;以巽上坎下,象征风吹拂水面之象。当然这些自然之物只是原始物象,是"拟诸其形容,象其物宜"的结果,经过"引而伸之,触类而长之",可以把

---

① (南北朝)刘勰著,郭晋稀译注:《文心雕龙译注十八篇》,甘肃人民出版社1963年版,第10页。

② 《周易本义图目》,(宋)朱熹撰、李一忻点校:《周易本义》,九州出版社2004年版,第14页。

③ 《周易本义图目》,(宋)朱熹撰、李一忻点校:《周易本义》,九州出版社2004年版,第14页。

④ (汉)班固撰、陈焕良、曾宪礼标点:《汉书》,岳麓书社2008年版,第439页。

天地万物之象全部囊括其中。另外,每卦还以六爻的阴阳属性和不同位置,来展示每种物象的变化规律和运动过程。此即《系辞传》所谓的:"易者,象也。象也者,像也。彖者,材也。爻也者,效天下之动者也。"第二,六十四卦不但涵摄了天地万物之象,还联结了天地之道和人道。六十四卦,每卦六爻可以分为三组,每组两爻,可以把天、地、人三道全部包含其中。天道有阴阳,地道有柔刚,人道有仁义。《说卦传》:"昔者圣人之作易也,将以顺性命之理。是以立天之道,曰阴与阳;立地之道,曰柔与刚;立人之道,曰仁与义。"这样就把天、地、人之道有机地结合在一起,实现了天地之道和人道联结的第一次飞跃。

2."文王周公之《易》"

天地之道经过圣人伏羲的观察和体悟,已经和人道实现了联结,其表现的形态就是阴阳二爻和六十四卦。但彼时尚无文字,其包括的治道意涵尚未显露。西周时期,文王、周公父子给六十四卦系上卦爻辞,《系辞传》谓之曰"系辞焉而明吉凶",进一步显明了其中蕴含的人道教训。

六十四卦被系上卦爻辞以后,产生了一个重要功能,就是卜筮,以至于朱子发出"《易》本为卜筮而作"[1]的感慨。但卜筮毕竟只是《易经》的一种用途而已。仔细考察卦爻辞,还可以有新的发现。

关于卦爻辞的情况,李镜池先生在《周易筮辞考》中曾做过研究,他把卦爻辞分为六种:①"纯粹的定吉凶的占词";②"单叙事而不示吉凶";③"先叙述而后吉凶";④"先吉凶而后叙述";⑤"叙事,吉凶;又叙事,吉凶";⑥"混合的;或先吉凶,叙事,又吉凶。或先叙事,吉凶;又叙事"。[2] 高亨先生对《周易》的卦爻辞也做了分析,不过他分为四类:"(一)'记事之辞',乃采用古代故事,来指示卦爻的吉凶;(二)'取象之辞',乃采用一种事物作为象征,来指示卦爻的吉凶;(三)'说事之辞',乃直说人的行事,来指示卦爻的吉凶;(四)'断占之辞',乃论断卦爻吉凶的语句。"[3]李、高二位先生对于卦爻辞的归类固然有其道理。但仔细考察《周易》经文,还会发现一个重要规律:卦爻辞绝大部分是谈论人事的,即便有对自然物象的描写,也多是夹杂着人事的叙

---

① (宋)黎靖德:《朱子语类》,中华书局 1986 年版,第 1620 页。
② 李镜池:《周易探源》,中华书局 2007 年版,第 22~23 页。
③ 高亨:《周易古经今注》,清华大学出版社 2010 年版,第 5 页。

述。从这个特点来说,本来囊括天道、地道、人道的六十四卦经过文王、周公所系的卦爻辞,就直指人事了。另外,还有相当数量的爻辞对人之言行,作出了评定和警示。如《讼》卦初六"不永所事,小有言,终吉",告诫人们不要长久陷入争讼之中,及时停止,虽会有些口舌之争,甚至受到批评,但结果是吉利的。又如《无妄》卦上九"无妄,行有眚,无攸利",告诫人们不要妄行;妄行会有灾祸,没有好处。再如《恒》卦九三"不恒其德,或承之羞,贞吝",是说不能恒久地保持德行,就可能蒙受羞辱,结果有所吝惜。不难发现这些爻辞有一个固定的结构,就是"如果……,那么……",这是一种因果的逻辑关系。也就是说,结果的吉凶好坏,是与事先的行为密切相关的。很明显,这就不能单纯从卜筮上解释了。因为卜筮所问是一些具体的问题,有时卜出来的爻辞与要问的事件直接相关性并不强。比如,某人要问外出旅行是否可以,如果说卜出来的爻辞是《无妄》卦上九"无妄,行有眚,无攸利",尚可解释的话;那么卜出的是《咸》卦上六"咸其辅、颊、舌",单从字面而言似乎就说不通了。从这个意义上说,卦爻辞不仅仅是卜筮之断语,其背后还隐藏着人道之训诫,只不过这种人道训诫是以一种卜筮的形式表现出来的而已,这正如《礼记·曲礼上》所指出的那样:"卜筮者,先圣王之所以使民信时日、敬鬼神、畏法令也。"①又如顾炎武所说:"卜筮者,先王所以教人去利怀仁义也。"②也就是说,《易经》虽用于卜筮,但其更为真实的目的是为了教化民众,训诫他们培养德行,立身行道;引导人们合理生活劳作,遵守时令规则;有所敬畏,而不要妄为;遵守法令,而不要违法乱纪。从这一点上说,《易经》所具备的卜筮功能,实则是一种教化民众的"方便法门",亦如吕洞宾所言:"《易》非为卜筮而设也,即卜筮以明理也。"③

其实,《易经》中蕴含着的人道训诫,《左传》中就已有所认识。《左传·襄公九年》记载穆姜被软禁于东宫时,曾经卜筮,占问吉凶。占到是《随》卦,

---

① 刘波、王川注释:《礼记》,东南大学出版社 2010 年版,第 14 页。
② (清)顾炎武著,(清)黄汝成集释,秦克诚点校:《日知录集释》,岳麓书社 1994 年版,第 30 页。
③ (唐)吕岩:《吕子易说》,《四库未收书辑刊》第 3 辑第 1 册,北京出版社 2000 年版,第 143 页。

《随》卦有出离之义,故太史告诉她,她能够顺利地离开东宫。但是穆姜自己作了一番解读:她说《随》卦卦辞是"元亨利贞,无咎"。"元、亨、利、贞"代表四种好的德行,但是她作为妇人却参与变乱;处于下位,而不仁善,不可谓之"元";破坏国家安定,不可谓之"亨";为非作歹,而伤害自身,不可谓之"利";不守贞洁而淫乱,不可谓之"贞"。有了"元、亨、利、贞"这四德的人,才有"无咎"的结果。她说她并不具备这四种德行,则难免无咎,"必死于此,弗得出矣"①。后来果然如此。穆姜虽然占到"无咎",但因为德行欠缺,而不能应验。又,《左传·昭公十二年》记载南蒯准备叛变,他也进行了卜筮,得到的结果是"黄裳元吉",认为是大吉之兆。子服惠伯却不以为然,他指出:"外内倡和为忠,率事以信为共,供养三德为善,非此三者弗当。"②也就是说对于忠信之事、为善之事,"黄裳元吉"是吉兆;但像叛乱这种不忠不义之事,就不灵验了。后来果然如此,南蒯叛变失败。分析《左传》的这两则卜筮之例,我们可以得出这样的结论:一个人的兴衰成败关键要看其德行,如果德行不好,即便是占到好的结果,也不会应验。因此,人要趋吉避凶,必须培养和提高自己的德行。

综上所述,文王、周公给六十四卦系上卦爻辞后,六十四卦就由天地之道直指人事,并且有了"观民设教"的功能,正所谓"圣人之情见乎辞"。六十四卦表现为卜筮,但其实质是为了教化民众,使之能够反躬自省,积极培养德行。

3."孔子之《易》"

天地之道经过伏羲六十四卦之"立象以尽意,设卦以尽情伪",文王、周公卦爻辞之"系辞焉以尽其言,变而通之以尽利,鼓之舞之以尽神",已经逐步联结上了人道,并且有了德行教化之功能。但其表现的形式却是卜筮。即便这种卜筮的背后蕴含着深刻的人道训诫,并且为有识之士所认知,但却不为一般人所理解。

春秋时期,孔子也对《易经》产生了十分浓厚的兴趣。经过反复阅读和体悟,孔子认识到了《易经》内在的精髓和深蕴,深感《易经》仅用于卜筮,真是大

---

① 陈铁民等译注:《十三经·春秋左传》,三秦出版社 2004 年版,第 1266 页。
② 陈铁民等译注:《十三经·春秋左传》,三秦出版社 2004 年版,第 1374 页。

材小用了。于是,系统阐发《易经》中蕴含着的人道教训之历史使命就落到了孔子身上,按照蒙培元先生的说法就是,"孔子起了关键性的作用,是一位启蒙式的人物"①。

这还要从孔子读《易》的经历说起。孔子何时正式学《易》?《论语·述而》载孔子之言:"加我数年,五十以学《易》,可以无大过矣。"②对于这段话的理解,历来也是众说纷纭。③ 如郑玄认为此时孔子四十五六岁④,南朝皇侃亦持此论⑤,朱子则认为此时孔子已年近 70 岁⑥。据《史记·孔子世家》记载:孔子 56 岁时,离开鲁国,周游列国。"孔子之去鲁凡十四岁而反乎鲁"⑦,也就是说,孔子大约在 68 岁的时候才返回鲁国,"然鲁终不能用孔子,孔子亦不求仕"⑧。这样孔子就把主要精力投到教学和整理古代文献上了,"追迹三代之礼,序《书传》"⑨,正乐,编诗,"喜《易》"⑩。由此可知,孔子约 68 岁时才开始系统研读《易经》。这时的孔子,已经积累了大量的学识,人生阅历也十分丰富,思想成熟,修养也日臻完善。《论语·为政》也印证了这一点,孔子"六十而耳顺,七十而从心所欲,不逾矩"⑪。"耳顺",《论语注疏》引郑玄曰:"耳闻其言,而知其微旨。"⑫皇侃《论语集解义疏》引李充云:"耳顺者,听先王之法

---

① 蒙培元:《孔子是怎样解释〈周易〉的》,《周易研究》2012 年第 1 期。
② 陈晓芬、徐儒宗译注:《论语·大学·中庸》,中华书局 2012 年版,第 80 页。
③ 参见郭沂:《孔子学易考论》,载于《孔子研究》1997 年第 2 期。
④ 王素编著的《唐写本论语郑氏注及其研究》引郑玄注曰:"加我数年,年至五十以学此《易》,其义理可无大过。孔子时年卌五六,好《易》,玩读不敢懈倦,汲汲然,自恐不能究竟其意,故云然也。"(王素:《唐写本论语郑氏注及其研究》,文物出版社 1991 年版,第 78 页。)
⑤ 皇侃义疏言:"此孔子重《易》,故欲令学者加功于此书也。当孔子尔时,年已四十五六。故云加我数年,五十而学易也。所以必五十而学《易》者,人年五十,是知命之年也。"(参见(魏)何晏集解,(梁)皇侃义疏:《论语集解义疏》,中华书局 1985 年版,第 92 页。)
⑥ 朱熹《四书集注》:"此章之言,《史记》作'假我数年,若是我于《易》,则彬彬矣'。'加'正作'假',而无'五十'字。盖是时孔子年已几七十矣,'五十'字误无疑也。学《易》则明乎吉凶消长之理、进退存亡之道,故可以无大过。"[(宋)朱熹:《四书集注》,凤凰出版传媒集团、凤凰出版社 2006 年版,第 102—103 页。]
⑦ (汉)司马迁著,韩兆琦译注:《史记》,中华书局 2012 年版,第 3809 页。
⑧ (汉)司马迁著,韩兆琦译注:《史记》,中华书局 2012 年版,第 3811 页。
⑨ (汉)司马迁著,韩兆琦译注:《史记》,中华书局 2012 年版,第 3812 页。
⑩ (汉)司马迁著,韩兆琦译注:《史记》,中华书局 2012 年版,第 3818 页。
⑪ 陈晓芬、徐儒宗译注:《论语·大学·中庸》,中华书局 2012 年版,第 17 页。
⑫ 李学勤主编:《十三经注疏·论语注疏》,北京大学出版社 1999 年版,第 15 页。

言,则知先王之德行;从帝之则,莫逆于心。心与耳相从,故曰耳顺也。"①刘宝楠《论语正义》曰:"闻人之言而知其微意,则知言之学,可知人也。"②可知,"耳顺"是指听取别人的言语或阅读前人之作品时,能够辨别和领会其中蕴含的奥义,哪怕是非常微妙的意旨也能体悟到,亦即朱子所谓的"众物之表、里、精、粗无不到,而吾心之全体大用无不明矣"③,所闻皆通达明了。又段玉裁《说文解字注》释"圣,通也",曰:"圣从耳者,谓其耳顺。"据此,"耳顺"指"通也",亦即圣人之域。另一方面,此时孔子读《易》也是非常勤奋的。帛书《易传·要》称:"夫子老而好《易》,居则在席,行则在橐。"④孔子读《易》,平时就手不释卷,认真研究;出门时,还要把《易经》带在身上,一有空就翻阅。《史记·孔子世家》谓孔子读《易》,韦编三绝。孔子读《易》之勤,甚至连编缀书本的皮条都被磨断多次。此时孔子德行和思想已臻于圣人之境,又如此勤奋,已经能够和伏羲、文王、周公等圣人产生共鸣了。经过一段时间的阅读和研究,他已经领悟到《易经》中蕴含的天地之道和人情事理,从而达到了"从心所欲,不逾矩"⑤的圣人境界,亦如《乾》卦九五《文言传》所言的"与天地合其德,与日月合其明,与四时合其序,与鬼神合其吉凶。先天而天弗违,后天而奉天时"。

经过系统研读,孔子深刻认识到《易经》中蕴含着的精髓和深蕴就是其中的人道教训,于是述作《易传》,将蕴含在《易经》中的天地之道和人道进行了更为系统的发挥和阐释,亦即:"前者开之,隐者推之,略者广之,微者阐之,而其理始著。"⑥

孔子认为《易经》中蕴含有德行修养之义。帛书《易传·要》载子曰:

> 《易》,我后亓(笔者按:"亓"是"其"的古字,下同)祝卜矣! 我观亓

---

① (魏)何晏集解,(梁)皇侃义疏:《论语集解义疏》,中华书局1985年版,第15页。

② (清)刘宝楠:《论语正义》,河北人民出版社1988年版,第24页。

③ 此是朱子给《大学》之"格物致知"所作补传之一部分。(参见陈晓芬、徐儒宗译注:《论语·大学·中庸》,中华书局2012年版,第262页。)

④ 丁四新:《楚竹书与汉帛书〈周易〉校注》,上海古籍出版社2011年版,第528页。

⑤ 《论语·为政》,陈晓芬、徐儒宗译注:《论语·大学·中庸》,中华书局2012年版,第17页。

⑥ 参见(明)焦竑:《刻〈两苏经解〉序》,(宋)苏轼著,龙吟注评:《东坡易传》,吉林文史出版社2002年版,第394页。

德义耳也。幽赞而达乎数,明数而达乎德,又仁[守]者而义行之耳。赞而不达于数,则亓为之巫;数而不达于德,则亓为之史。史巫之筮,乡之而未也,好之而非也。后世之士疑丘者,或以《易》乎? 吾求亓德而已(笔者按:原文写作"巳",应为"已"),吾与史巫同涂而殊归者也。①

这里,孔子指出了人们对于《易经》三种不同层次的认识:其一,"赞而不达于数",只是单纯地用《易经》进行卜筮,而不明晓其中的数理和德义,所谓只知其表不知其里,这是"巫"对《易》的认知。其二,"数而不达于德",明白《易经》中包含的天文地理之数理关系,但不能体悟其中蕴含的德义伦理,这是"史"对《易》的认知。其三,"求亓德而已",不但能够认识《易经》中蕴含的卜筮之功能和天地之数理关系,更重要的是还能领悟到《易经》中蕴含的德行修养之义,这是圣人孔子对于《易经》的认知。也就是说,孔子在《易经》中发现了"德义",他用《易》的目的是"观亓德义耳也",主要以之修养和提高德行。这也同孔子一生所提倡的"道德"、"仁义"是一以贯之的。诚如蒙培元先生指出的,孔子"揭开了这层外衣,直接诉之于人的德性,将人的主体实践提到首要地位,从而确立了人的德性主体地位"②。

孔子还指出《易经》中蕴含着治国安邦之道。圣人作《易经》,"弥纶天地之道",其本质是对天地自然运行规律的模拟,但目的是为了教化民众,治国安邦——"崇德而广业"。《系辞传》:"夫易,圣人所以崇德而广业也。""崇",犹言"发扬"、"兴盛",《六臣注文选》引薛综注张衡《东京赋》"进明德而崇业",曰:"崇,犹兴也。"③"德",指"德行",《篇海类编》:"德,德行。"④"广",用作动词,指"发扬"、"扩大"、"拓展",又如《诗经·鲁颂·泮水》:"克广德心。"⑤"业",又见于《坤》卦《文言传》"畅于四支,发于事业";《系辞传》"富有之谓大业",指"事业"、"功业"。又《系辞传》言:"举而错之天下之民,谓之事

---

① 丁四新:《楚竹书与汉帛书〈周易〉校注》,上海古籍出版社 2011 年版,第 529 页。
② 蒙培元:《孔子是怎样解释〈周易〉的》,《周易研究》2012 年第 1 期。
③ (梁)萧统编,(唐)李善、吕延济、刘良、张铣、吕向、李周翰注:《六臣注文选》,中华书局 1987 年版,第 75 页。
④ (明)宋濂撰,(明)屠龙订正:《篇海类编》,《续修四库全书》第 230 册,上海古籍出版社 2002 年版,第 278 页。
⑤ 邓启铜注释,殷光熹审读:《诗经》,东南大学出版社 2010 年版,第 386 页。

业。""崇德而广业",即是说圣人以《易经》反映出来的天地之道,结合人道,修养和完善自己的德行,并施用于天下之民,教之建立合理、正确的人生观念、价值准则、伦理道德、行为规范、社会秩序等,以实现国泰民安。

孔子曰:"周监于二代,郁郁乎文哉!吾从周。"①又说:"周之德,其可谓至德也已矣。"②文王、武王、周公重视德行修养,主张王道,推行仁政,德泽广被,国泰民安。很明显,孔子已经读懂了文王、周公之卦爻辞中蕴含的真实意涵,述作《易传》,把《易经》中的天、地、人之道进一步明晰化,并且着重凸显其中的德行修养及治国安邦之旨,这也就是《大学》中提出的"修齐治平"之道也。孔子对《易经》的判摄和解读,可谓是明察。后世吕洞宾也说:"然其义显矣而又甚隐,其辞明矣而又甚微。浅者或以为占筮之书,深者或以为天机之秘,京房、辅嗣、焦生、子云之流所见尚如是,矧下焉者乎。孰知大而邦国之治乱,小而身家之盛衰,与夫持躬涉世、处人接物,均不越乎《易》焉。大哉《易》乎!利用安身之道,达天知命之学,舍《易》何适哉!"③甚是。

4.《周易》"修齐治平"之道的显现

天地自然之道经过四位圣人的努力,已经和人道实现了联结。特别是经过孔子的阐发,《易经》中蕴含的人道训诫,特别是"修齐治平"之治道亦越发显明和清晰。

《大学》指出:

> 古之欲明明德于天下者,先治其国;欲治其国者,先齐其家者,先修其身;欲修其身者,先正其心;欲正其心者,先诚其意;欲诚其意者,先致其知;致知在格物。④

又说:

> 自天子以至于庶人,壹是皆以修身为本。⑤

既然孔子把《易经》视为"德义"之书,而"欲明明德于天下者",则有治国、齐

---

① 《论语·八佾》,陈晓芬、徐儒宗译注:《论语·大学·中庸》,中华书局2012年版,第32页。
② 《论语·泰伯》,陈晓芬、徐儒宗译注:《论语·大学·中庸》,中华书局2012年版,第96页。
③ （唐）吕岩:《吕子易说》,《四库未收书辑刊》第3辑第1册,北京出版社2000年版,第2页。
④ 陈晓芬、徐儒宗译注:《论语·大学·中庸》,中华书局2012年版,第250页。
⑤ 陈晓芬、徐儒宗译注:《论语·大学·中庸》,中华书局2012年版,第250页。

家、修身等之内容和次第。因此,挖掘和实践《易经》中蕴含的"修齐治平"之道,则是实现"求亓德"①的不二法门。而在"修齐治平"中,修身又是根本。因此,还须着重发掘《易经》中蕴含的修身之旨。在《易传》中,孔子很好地贯彻了这两个原则,对《易经》中蕴含的修身、齐家、治国之道进行了不遗余力地阐发。

第一,《周易》的修身之道。从广义上说,《周易》六十四卦都是在谈论德行修养之旨。但因其文辞古奥,义理微妙,并不容易全面、精准地把握其蕴含的修养意涵。故《礼记·经解》用"洁静精微"来形容"易之教"。② 但经过孔子的阐发,其修养意涵已逐渐明朗。从《周易》文本来看,其德行修养之旨主要体现在以下几个方面:其一,卦爻辞中的修养意蕴。如《需》卦上六:"入于穴,有不速之客三人来,敬之终吉。"告诫人们保持恭敬的状态,可以避免危难。《益》卦九五:"有孚惠心,勿问元吉。有孚惠我德。"是说要以诚修身。第二,《大象传》的修身理致。《大象传》是对整个卦象修养意涵的阐发。如《乾》卦之"自强不息"、《坤》卦之"厚德载物"、《晋》卦之"自昭明德"、《蹇》卦之"反身修德"等等。第三,《系辞传》中对爻辞修养义旨的阐发。如"言行,君子之枢机。枢机之发,荣辱之主也。言行,君子之所以动天地也,可不慎乎?"告诫人们要谨言慎行,不可妄为。《系辞传》三陈九德,重点推阐《履》、《谦》、《复》、《恒》、《损》、《益》、《困》、《井》、《巽》九卦德行修养之道。第四,《文言传》论述《乾》、《坤》二卦的修养精韵。如其言:"君子学以聚之,问以辩之,宽以居之,仁以行之",提出了博学、深思、宽居、笃行的修养方法。

第二,《周易》的齐家之道。《周易》中有多个卦谈论了家庭治理之道,如《咸》卦、《恒》卦、《家人》卦、《渐》卦、《归妹》卦等。这些卦或指出婚姻恋爱之道,或推阐家庭生活之理。如《咸》卦以少男少女相感为象,指出男女恋爱须以守正为原则,按照礼法正道循序渐进地进行。《家人》卦则论述治理家庭之道,要求家人各安其位,敦伦尽份,恒守正道,这样家庭才能和谐稳定。另外,在其他的卦中也或直接或间接提出治理家庭的原则和方法。如《蛊》卦本为

① 丁四新:《楚竹书与汉帛书〈周易〉校注》,上海古籍出版社 2011 年版,第 529 页。
② 参见刘波、王川注释:《礼记》,东南大学出版社 2010 年版,第 310 页。

治理混乱之义，但其爻辞却以儿女对父母的规劝为喻，指出儿女对父母的劝谏之道。《蒙》卦通论启蒙之旨，但爻辞言及"童蒙"，可知其对家庭教育亦颇有启发。又如，卦爻辞中还有两处特别提到了"勿用取女"，即《蒙》卦六三"勿用取女，见金夫，不有躬，无攸利"和《姤》卦"女壮，勿用取女"，则从侧面体现了《周易》择偶之标准。

第三，《周易》的治国之道。儒家讲求以德治国，注重教化，孔子言："为政以德，譬如北辰居其所而众星共之。"①这在《周易》中亦有着清晰的表达。如《豫》卦之"作乐崇德"、《蛊》卦之"振民育德"、《临》卦之"教思无穷"、《观》卦之"神道设教"，无不体现着以德教化民众的治国理念。儒家重视德行教化，但并不否认法律和刑罚的作用。不过，儒家认为刑罚惩处只是德政的另一种表现，其目的是为了辅助教化，正如《尚书·大禹谟》所言："明于五刑，以弼五教。"②基于这种理念，《周易》也提出了刑罚治狱之道：《噬嗑》卦"明罚敕法"、《贲》卦"明庶政，无敢折狱"、《解》卦"赦过宥罪"、《丰》卦"折狱致刑"、《旅》卦"明慎用刑，而不留狱"、《中孚》卦"议狱缓死"。《孙子兵法》指出："兵者，国之大事，死生之地，存亡之道，不可不察也。"③军队在抵御侵略、除暴安民、保家卫国中发挥着重要作用，也是国家政权的重要组成部分。《周易》还专门辟出一个《师》卦，阐述行师用兵之道。

---

① 《论语·为政》，陈晓芬、徐儒宗译注：《论语·大学·中庸》，中华书局 2012 年版，第 15 页。
② 王世舜、王翠叶译注：《尚书》，中华书局 2012 年版，第 358 页。
③ （春秋）孙武撰，（三国）曹操注，郭化若今译：《孙子兵法》，上海古籍出版社 2011 年版，第 2 页。

第二章 《周易》修身之道

《周易》中有着深沉的忧患意识,这种忧患意识主要体现在担忧自己德行修养不够,不能立身行道上;亦即夫子所言,是担忧自己"德之不修,学之不讲,闻义不能徙,不善不能改"①。正是在这种忧患意识的驱动下,《周易》经文、传文"无所不用其极"地推阐六十四卦修身立德之道,这也使得《周易》成为一本德行修养之书。可以说《周易》中一言一字,皆藏修身之指南;亦如孔颖达所言:"六十四卦悉为修德防患之事。"②因此,《周易》也开启了中华文化重视修身之传统。

《中庸》说:"自诚明,谓之性;自明诚,谓之教。"③指出了修身的两种路径:第一种,自诚至明,是直接由心性下手,格除物欲,保心存诚,亦即王阳明之"破心中贼","致良知"的过程,从而达到心诚的状态,本性显现,合于天道。第二种,自明至诚,是从后天之学习上入手,亦即朱子意义上的"格物"之过程,通过日积月累的学习和研究,通晓道理,达到"众物之表、里、精、粗无不到,而吾心之全体大用无不明矣"④的境界,发明本心,而与天合一。这两种方法,一种是反求于内,直指心性本身;另一种是以外促内,主张格物穷理,豁然贯通,从而发明本心。路径虽然不同,但最终目的却是一致的,都是为了达到光明心性之显现,亦即佛家所言的"明心见性"。这两种方法后来经由宋明理学的推阐,更加发扬光大。

其实,这两种修身方法,不管是"自诚而明",还是"自明而诚",在《周易》

---

① 《论语·述而》,陈晓芬、徐儒宗译注:《论语·大学·中庸》,中华书局 2012 年版,第 75 页。

② (魏)王弼、(晋)韩康伯注,(唐)孔颖达疏:《周易正义》,中国致公出版社 2011 年版,第 296 页。

③ 陈晓芬、徐儒宗译注:《论语·大学·中庸》,中华书局 2012 年版,第 333 页。

④ 此是朱子给《大学》之"格物致知"所作补传之一部分。(参见陈晓芬、徐儒宗译注:《论语·大学·中庸》,中华书局 2012 年版,第 262 页。)

中业已相当成熟,只不过因其文辞古奥,言语简略,而不为人所发掘。直至宋明时期,理学家们援佛老入儒,构建理学思想体系时,才对《周易》之修养意涵大加推阐和论述。

本章即以《中庸》提出的"自诚而明"、"自明而诚"为逻辑构架,发掘其在《周易》中的体现。"自诚而明"侧重于心性之修养,对应于本章第二节《周易的心性修养之道》;"自明而诚"侧重于学习研究,对应于本章第三节《周易与德行修养》。当然了,人之身、心、灵是一个统一的整体,本不能分开,因此上述两部分也只是一个大体的划分,内容不是决然分离的,也是互有交叉和融合的。

《周易》十分强调德行之修养,但原因为何? 下面就先从德行修养的必要性谈起。

第一节 "厚德载物"与德行修养的必要性

《周易》是德行修养之书,其对于德行的重视达到了无以复加的地步。不论是卦辞、爻辞还是《大象传》、《小象传》、《系辞传》都极力推阐修养之义。但是《周易》为何如此重视德行之修养呢? 一曰,殷周时期天命观的改变;二曰,忧患意识的驱动;三曰,趋吉避凶的需要;四曰,厚德方能载物。下面详述之。

一、殷周时期天命观的改变

殷周时期,天命观发生了重要转变。《礼记·表记》记载:

> 殷人尊神,率民以事神,先鬼而后礼……周人尊礼尚施,事鬼敬神而远之,近人而忠焉……①

与殷商的尊神尚鬼之天命观不同,周朝人提出德性天命观。认为前朝的败灭,在于"不敬厥德"②。认识到天命的改变不取决于祭祀的多寡,而在于德行的

① 刘波、王川注释:《礼记》,东南大学出版社 2010 年版,第 354 页。
② 《尚书·召诰》,王世舜、王翠叶译注:《尚书》,中华书局 2012 年版,第 224 页。

好坏、人事的兴衰,所谓"皇天无亲,惟德是辅"①。亦诚如王国维所言:"殷周之兴亡,乃有德与无德之兴亡,故克殷之后,尤兢兢以德治为务。"②这就说明,上天不会一直保佑某个人,除非他始终合于天道、遵纪守法并且始终保持优良的德行。换言之,上天保佑的是有德者。人若想获得上天的垂青,就必须遵道守德,《尚书》谓之曰:"王其德之用,祈天永命。"③反之,当人违道失德时,上天就会收回成命,不再保佑他了。在这种大背景下,周人特别强调德行之修养。

德性天命观在成书于殷周之际的《易经》中亦有着明确的体现,并特别表现于其由卜筮之书向修身之书的转变上。《易经》本用于卜筮,朱子曰:"《易》本为卜筮而作。"④然在卦爻辞中已凸显对修身之旨的重视,如《讼》卦六三、《小畜》卦上九、《恒》卦九三和六五、《益》卦九五爻辞中已经出现"德"字。其后,《易传》的出现,弱化了《周易》的卜筮功能,而进一步发掘出其蕴含的德义之旨:《系辞传》有"三陈九德"的道德训诫,《文言传》提出"修辞立其诚"的修身之道,《大象传》之"君子以",更是把《周易》修养之宏旨发挥得淋漓尽致。帛书《易传·要》载孔子之言:"后世之士疑丘者,或以《易》乎? 吾求亓(笔者按:"亓"是"其"的古字)德而已(笔者按:原文写作"巳",应为"已"),吾与史巫同涂而殊归者也。"⑤进一步表明孔子重视《周易》修身之旨,而把卜筮功能降到次要地位,他说:"《易》,我后亓祝卜矣! 我观亓德义耳也。"⑥由此可见,随着周人对于德性的重视及《易传》的出现,《周易》已逐步超越卜筮功能,从一本占卜凶吉之书,转变为一部推阐修身之道的著作。

二、忧患意识的驱动

《周易》中有着深沉的忧患意识,其表现在忧国忧民,更表现在担忧自己

---

① 《尚书·蔡仲之命》,王世舜、王翠叶译注:《尚书》,中华书局 2012 年版,第 462 页。
② 王国维:《观堂集林(外二种)》,河北教育出版社 2001 年版,第 303 页。
③ 《尚书·召诰》,王世舜、王翠叶译注:《尚书》,中华书局 2012 年版,第 225 页。
④ (宋)黎靖德:《朱子语类》,中华书局 1986 年版,第 1620 页。
⑤ 丁四新:《楚竹书与汉帛书〈周易〉校注》,上海古籍出版社 2011 年版,第 529 页。
⑥ 丁四新:《楚竹书与汉帛书〈周易〉校注》,上海古籍出版社 2011 年版,第 529 页。

的德行。正是这种担忧，促使人们时时警醒自己，恒守正念，提高修养。

《易经》成书于殷朝灭亡，周朝兴起之际："《易》之兴也，其当殷之末世，周之盛德邪？当文王与纣之事邪？"此乃是忧患之时，《系辞传》："《易》之兴也，其于中古乎？作《易》者，其有忧患乎？"《史记》载："昔西伯拘羑里，演《周易》"①，文王被关在羑里，心忧天下，推演《周易》。面对商纣王的昏庸无道，他担心政事兴衰、民众疾苦，"欲吊伐，则恐失君臣之大义，欲服事，则忧民之毒痛，以健顺行乎时位者难，故忧之"②；又反省自己早耀文德，以蒙大难；此种心情跃然纸上，系于卦辞之中。其后，周公怀着沉重的心情反思人事之兴衰成败，总结历史经验教训，故爻辞中亦充满了忧患之情、戒惧之辞，故《系辞传》谓："明乎忧患与故，是故其辞危。"

《周易》中的忧患意识，一方面表现于对存亡之道的认识，警示人们时时保持警惕，谨慎自处，防患于未然。《系辞传》："是故君子安而不忘危，存而不忘亡，治而不忘乱，是以身安而国家可保也。此之谓《易》之道也。"不论对于自身还是国家，安全时不忘记危险，生存时不忘记灭亡，处于安稳时不忘记动乱；有备无患，这样自身才可平安，国家也方能长治久安，这些就是《易》的道理啊。又说："其出入以度，外内使知惧"，告诉人们不论在内、在外，都要有所畏惧，保持谨慎，遵守法度。另一方面，也是最为重要的，是《易经》作者担忧自己德之不修，业之不广。《系辞传》谓："惧以终始，其要无咎"，是说若能够始终保持一颗警惕、忧惧之心；谦虚谨慎，修养德行，立身行道，大概不会引来祸患。亦如张栻所言："既惧其始，使人防微杜渐；又惧其终，使人持盈守成。其要之，以无咎而补过，乃《易》之道也。"③《系辞传》在"作《易》者，其有忧患乎"后，紧接着用了"是故"一词，着力陈述培养九种德行的重要意义。可见，《周易》作者对于自己德行十分担忧，怕自己存心不诚，无德失道，故而时时警惕，不断地提醒自己要戒慎警惧，积极修养德行。亦如唐明邦先生所指出：

---

① （汉）司马迁著，韩兆琦译注：《史记》，中华书局 2012 年版，第 7672 页。
② （清）王夫之著，（清）曾国藩校刊：《船山易学》，中央编译出版社 2011 年版，第 278 页。
③ （宋）张栻：《南轩易说》，景印文渊阁《四库全书》第 13 册，台湾商务印书馆 1986 年版，第 659 页。

"《周易》宣扬的个人忧患意识,重在提升人们的高尚情操"①。

三、趋吉避凶的需要

《周易》认为只有修养德行,方能趋吉;而无道失德,则自取凶险。

《系辞传》曰:"善不积不足以成名,恶不积不足以灭身。"这是说声名荣耀乃是积累善行的结果,败亡则是违天背道、作恶多端所致。又《国语·晋语》指出:"善,德之建也"②,善行是德行的表现。可知,积累德行可以获得良好的名声和结果。《诗经·大雅·文王》也说:"永言配命,自求多福"③,是说自己要谨顺天道,积累德行,才能感召福禄的到来。《中庸》更加明确了这一点:"大德必得其位,必得其禄,必得其名,必得其寿……故大德者必受命。"④反之,行恶则可招致自我毁灭的后果。《尚书·太甲》曰:"天作孽,犹可违;自作孽,不可逭。"⑤是说大自然造成的灾害,尚且可以躲避、救援和挽回;但自己恣意妄为,违法乱纪,败坏德行,就难逃祸患了。在帛书《易传·要》篇中,孔子亦指出,君子应以修养德行和实行仁义来获得福祉和吉祥,而很少靠祭神、卜筮之术来得之,曰:"君子德行焉求福,故祭祀而寡也。仁义焉求吉,故卜筮而希也。"⑥孟子也说:"仁则荣,不仁则辱。"⑦又说:"祸福无不自己求之者。"⑧这都说明遵纪守法、遵天道、行仁义者,能够感召平安吉祥之结果;丧德失道,违法乱纪则自取羞辱和祸患;而主宰这一切的并非是天地鬼神,而主要在于自己之德行。

四、厚德方能载物

《坤》卦《大象传》曰:"地势坤,君子以厚德载物。""厚",指的是"增厚"、

① 唐明邦:《〈周易〉的忧患意识与自强精神》,《中国青年政治学院学报》1992年第2期。
② (春秋)左丘明著,熊蓉、邓启铜点校:《国语》,东南大学出版社2010年版,第189页。
③ 邓启铜注释,殷光熹审读:《诗经》,东南大学出版社2010年版,第280页。
④ 陈晓芬、徐儒宗译注:《论语·大学·中庸》,中华书局2012年版,第315页。
⑤ 王世舜、王翠叶译注:《尚书》,中华书局2012年版,第402页。
⑥ 丁四新:《楚竹书与汉帛书〈周易〉校注》,上海古籍出版社2011年版,第529页。
⑦ 《孟子·公孙丑上》,方勇译注:《孟子》,中华书局2012年版,第56页。
⑧ 《孟子·公孙丑上》,方勇译注:《孟子》,中华书局2012年版,第57页。

"增加"之意。是说要效法大地的敦厚,提高自己的德行以承载万物。林希元《易经存疑》:"惟其厚,故能无不持载。故君子以之厚德,以承载天下之物多矣。"①《周易》谓大地有博厚之象,博厚才能载物、容物。《中庸》:"博厚,所以载物也。"②又说:"今夫地,一撮土之多,及其广厚,载华岳而不重,振河海而不泄,万物载焉。"③正因为大地的广博深厚,故能承载、生发万物。同样地,人也需要修养德行,方能承载万物,佛教所谓承载福报,故《大象传》引申出"厚德载物"之义。

反之,若缺乏德行,则不能载物。对此,《系辞传》作出了详细的说明,其云:"子曰:德薄而位尊,知小而谋大,力小而任重,鲜不及矣!《易》曰:'鼎折足,覆公𫗧,其形渥,凶。'言不胜其任也。"这是孔子对于《鼎》卦九四爻"鼎折足,覆公𫗧,其形渥,凶"的解释和发挥。盛装食物的鼎,折断了鼎脚,里面的食物都倾倒出来了。孔子由象立意,认为这是一个"不胜其任"的象,并作出了人事上的发挥:德行浅薄,而地位尊贵;智慧低下,而谋略宏大;力量微小,而承担重任,这样的人很少有不遭遇凶险的。这就说明,若人德行不够,但位高权重,就会发生不能胜任的后果,而自取灾祸。《国语·晋语六》载范文子之言,也同样说明了这一点,曰:"吾闻之,唯厚德者能受多福,无福而服者众,必自伤也。"④又说:"夫德,福之基也,无德而福隆,犹无基而厚墉也,其坏也无日矣。"⑤又《淮南子·人间训》指出天下有三种危险之事,曰:"少德而多宠,一危也;才下而位高,二危也;身无大功而有厚禄,三危也。"⑥《汉书·景十三王传》:"亡德而富贵,谓之不幸。"⑦又王符《潜夫论·贵忠》也称:"德不称其任,其祸必酷;能不称其位,其殃必大。"⑧这些都进一步说明了"言不胜其任"

① (明)林希元:《易经存疑》,景印文渊阁《四库全书》第30册,台湾商务印书馆1986年版,第235页。
② 陈晓芬、徐儒宗译注:《论语·大学·中庸》,中华书局2012年版,第340页。
③ 陈晓芬、徐儒宗译注:《论语·大学·中庸》,中华书局2012年版,第341页。
④ (春秋)左丘明著,熊蓉、邓启铜点校:《国语》,东南大学出版社2010年版,第246页。
⑤ (春秋)左丘明著,熊蓉、邓启铜点校:《国语》,东南大学出版社2010年版,第248页。
⑥ (汉)刘安、陈广忠译注:《淮南子》,中华书局2012年版,第1038页。
⑦ (汉)班固撰,陈焕良、曾宪礼标点:《汉书》,岳麓书社2008年版,第933页。
⑧ (汉)王符撰,陈克艰整理,钱杭审阅,朱维铮复审:《潜夫论》,《传世藏书·子库·诸子1》,海南国际新闻出版中心1996年版,第557页。

之旨。

俗话说"德不配位，必有灾殃"。有了良好的德行才能承载事业，也才能避免凶险的发生。《坤》卦《大象传》之"厚德载物"，《系辞传》之"言不胜其任也"，从正反两方面启示人们务必要培养良好的德行，以承载家庭事业之福报。

第二节 《周易》的心性修养之道

对于心性修养的极度重视，古今中外概莫能外。如《尚书·大禹谟》谓："人心惟危，道心惟微，惟精惟一，允执厥中。"①指出心体微妙，一不小心，就会生出邪念，故而对心性的存养要谨而又谨，慎而又慎。《傅子·正心》言："立德之本，莫尚乎正心……心者，神明之主，万理之统也。"②认为德行修养的根本在于正心，心体是全身之主宰。《华严经》言："应观法界性，一切唯心造。"③又《圣经·箴言》："你要保守你心，胜过保守一切（或作"你要切切保守你心"），因为一生的果效，是由心发出。"④指出心是一切的根源，外在的言语、行为以及各种生活境遇都源于内心。因此，要进行德行修养，关键还要从心性入手。故《了凡四训》言："过有千端，惟心所造……过由心造，亦由心改……大抵最上者治心，当下清净。"⑤

其实，对于心性修养的重视早在《周易》古经中就已经开始了，如在经文中频频出现的一个词——"孚"，就是一个心性修养的范畴；又如悔、恒、心等，都直指心性之修养。在《易传》中，又出现了一个新的心性范畴——"志"，其出现的频率达 68 次之多；另外，《易传》还多以"信"来释"孚"。可以说，古经重视心性修养之传统在《易传》中得到了继承和发挥。

本节立足于《周易》文本，对其心性修养思想作出了论述，主要论述了四

① 王世舜、王翠叶译注：《尚书》，中华书局 2012 年版，第 361 页。
② （晋）傅玄撰，王东杰整理，朱维铮审阅：《傅子》，《传世藏书·子库·诸子 2》，海南国际新闻出版中心 1996 年版，第 1559 页。
③ （唐）实叉难陀编译，宗文点校：《华严经》，宗教文化出版社 2012 年版，第 315 页。
④ 《圣经·箴言》第 4 章第 23 节，南京爱德印刷有限公司 2005 年版。
⑤ （明）袁了凡著，林志云编校：《了凡四训——安身立命之学浅释》，四川大学出版社 1999 年版，第 132—140 页。

个问题:第一,《周易》心性修养概说。主要对于《周易》文本中出现的心性范畴作了数量上的统计,对《周易》重视心性修养之成因作了分析,并对这些心性范畴作了分类。第二、三、四部分是对于心性修养的论述。第二,"圣人以此洗心"与寂然己心。论述了"洗心"的意涵及其目的,并分析了《周易》中"洗心"的方法。第三,"有孚惠心"与虚心致诚。解读了经文中"孚"的含义,认为"孚"并不仅仅是言行上的"信"、"诚",而主要是指一种发自内心的精诚不二、"大信"的状态,并对修养"有孚"之必要性及实现"有孚"之方法作了论述。第四,志的修养。论述了"志"的意涵及修养心志之必要性,并阐述了修"志"的方法。下面具体阐述这几个问题。

一、《周易》心性修养概说

《周易》中有着大量的心性范畴,下文对这些范畴作了统计,论述了《周易》重视心性的原因,并对主要的心性范畴作了总结和归类。

(一)《周易》中的心性范畴

对《周易》心性之学的发掘,自古有之。宋明理学中即出现心学易学派,以心性说《易》。盖自程颢、陆九渊起,已发其大端;后至王宗传、杨简则初成规模。《四库全书总目提要》说:"考自汉以来,以老庄说《易》始魏王弼。以心性说《易》始王宗传及简。"[1]王宗传著《童溪易传》,杨简作《杨氏易传》、《己易》,以心解《易》,构建了《周易》的心性系统。明代心学颇为流行,一批易学家,如湛若水、王畿等以心性解易,发挥"洗心"、"藏密"之说,视《周易》为心性修养之宝典。佛教亦援"禅"入《易》,如真可《解易》、智旭《周易禅解》,借《易》阐发明心见性之说。今人徐仪明著《易学心理学》,立足经传"心"之解读,探究易学心理在占筮、心理治疗、人格形成、气质变化等方面的作用和影响。[2]

前人对《周易》心性问题的研究,可谓是多方求索,用心颇诚。然"巧妇难为无米之炊",对于《周易》心性之研究须言之有据。按《说文》"心字部",考

---

[1] (清)纪昀总纂:《四库全书总目提要》,河北人民出版社2000年版,第84页。
[2] 参见徐仪明:《易学心理学》,中国书店2007年版。

经传文本,发现其心性范畴比比皆是,可知前贤所论并非空谈。

今统计《周易》文本中出现的心性范畴①如下:69 次"孚"、68 次"志"、57 次"悔"、32 次"恒"、28 次"心"、23 次"信"、16 次"疑"、15 次"忧"、14 次"情"、10 次"慎"、9 次"惕"、9 次"恤"、9 次"感"、8 次"敬"、8 次"息"、7 次"惧"、6 次"愿"、6 次"性"、6 次"意"、5 次"忘"、5 次"患"、3 次"闷"、3 次"恐"、3 次"快"、3 次"恭"、2 次"诚"、2 次"慢"、2 次"憧"、1 次"怨"、1 次"忿"、1 次"怠"、1 次"忠"。通行本《周易》分为《易经》和《易传》两部分。经传分别撰于不同时期,出于不同作者。故对上述范畴再做分类统计,并以表格示之如下:

《周易》心性范畴统计

序列	范畴	《易经》中出现的次数	《易传》中出现的次数	总计
1	孚	43	26	69
2	志	0	68	68
3	悔	33	24	57
4	恒	9	23	32
5	心	8	20	28
6	信	2	21	23
7	疑	2	14	16
8	忧	2	13	15
9	情	0	14	14
10	慎	0	10	10
11	惕	4	5	9
12	恤	6	3	9

---

① 按,"志、悔、恒、心、忧、情、慎、惕、恤、感、息、惧、愿、性、意、忘、患、闷、恐、快、恭、慢、憧、怨、忿、怠、忠",共 27 个字皆属于《说文》"心部字",都与"心性"有关。"孚、信、疑、敬、诚"5 个字虽不属"心字部",但考察其意,亦皆与"心性"有关。按《说文》,"孚",属"爪部",释为"一曰信也"。"诚"属"言部",释为"信也"。而"信"属于"言部",释为"诚也"。又说:"訫,古文信。"可知"信"古写为"訫",与"心性"有关。故可知"孚、信、敬"皆与"心"有关。"疑"属"子部",释为"惑也"。"敬"属"苟部",释为"肃也"。"心部"曰:"忠,敬也。"可知"疑、敬"亦皆与"心性"有关。此外,本书的范畴统计借助了计算机辅助统计,特此说明。

续表

序列	范畴	《易经》中出现的次数	《易传》中出现的次数	总计
13	感	0	9	9
14	敬	2	6	8
15	息	1	7	8
16	惧	0	7	7
17	愿	0	6	6
18	性	0	6	6
19	意	0	6	6
20	忘	0	5	5
21	患	0	5	5
22	闷	0	3	3
23	恐	0	3	3
24	快	2	1	3
25	恭	0	3	3
26	诚	0	2	2
27	慢	0	2	2
28	憧	2	0	2
29	怨	0	1	1
30	忿	0	1	1
31	怠	0	1	1
32	忠	0	1	1

《易经》中出现的心性范畴次数排序

序列	范畴	次数
1	孚	43
2	悔	33
3	恒	9
4	心	8
5	恤	6
6	惕	4
7	信	2

序列	范畴	次数
8	疑	2
9	忧	2
10	敬	2
11	快	2
12	憧	2
13	息	1

《易传》中出现的心性范畴次数排序

序列	范畴	次数
1	志	68
2	孚	26
3	悔	24
4	恒	23
5	信	21
6	心	20
7	疑	14
8	情	14
9	忧	13
10	慎	10
11	感	9
12	息	7
13	惧	7
14	愿	6
15	意	6
16	性	6
17	敬	6
18	忘	5
19	惕	5
20	患	5
21	恤	3

序列	范畴	次数
22	闷	3
23	恐	3
24	恭	3
25	慢	2
26	诚	2
27	忠	1
28	怨	1
29	快	1
30	忿	1
31	怠	1
32	憧	0

(二)《周易》中心性范畴成因分析

上文统计了经传中的心性范畴。问题是,《周易》为何如此重视心性范畴? 经传不同,故分论之。

首先看经文部分。经文卦爻辞为周初文王、周公所作。笔者认为其之所以如此重视心性问题,原因有二:一是周朝的天命观发生了改变,主张敬德保民,以德配天。认为道德修养关乎国家之兴衰。惟有修养德行,爱护百姓的有德者方可承受天命,获得上天的护佑。《尚书·周书·梓材》曰:"先王既勤用明德,怀为夹,庶邦享作,兄弟方来,亦既用明德。"[1]《尚书·周书·旅獒》曰:"明王慎德,西夷咸宾。"[2]《尚书·周书·毕命》载王若曰:"呜呼! 父师,惟文王、武王敷大德于天下,用克受殷命。"[3]都突出有德者方能管理好国家,才可承受天命。在这种情况下,人们必然对于德行修养极为重视。然而德行修养的关键是什么呢? 这就涉及第二个原因。二是德行修养的根基乃在于内心。殷周时期,人们认为"心"不仅仅是生理器官,更是掌控情感和道德的力量之

---

① 王世舜、王翠叶译注:《尚书》,中华书局 2012 年版,第 213 页。
② 王世舜、王翠叶译注:《尚书》,中华书局 2012 年版,第 451 页。
③ 王世舜、王翠叶译注:《尚书》,中华书局 2012 年版,第 481 页。

源。这可以由文字上的考察来佐证。罗志翔分析甲骨文"心字部"发现,最多的一类是"心之情",其次是"心之德",并指出:"'心之德'一类也说明殷周时期的古人已认为道德是受思维所控制的,所以也是与'心'息息相关。"①这就说明,德行是由内心控制的。所谓"君子务本,本立而道生"②,要提高德行,须先从内心入手;内心的修养才是根本,外在的言行只是心性修养之表现而已。总之,周人重德,同时又认为德行修养之根本在于内心,于是在卦爻辞中频频出现心性范畴,这应是经文如此重视心性的重要原因。

《易传》部分重视心性范畴,应该是容易理解的。《易传》为孔子述作。孔子是十分重视道德修养的。心性在殷周时期即被认为是道德修养的核心,发展至孔子时期,这种意味更加浓厚。"殷周甲骨文、金文的心,从表示心脏的原始意义,引申出表示思维器官、精神意识和道德观念多种含义,这便显示了其未来的发展路向:心作为思维器官,便表示主体的思维特性和认识活动;作为精神意识,便表示人的思想、情感、欲望等精神心理状态;作为道德观念,便表示人通过认识和修养而具有的伦理道德精神。"③心性范畴的伦理道德作用,颇为孔子所强调,这在《论语》中也有着明显的体现。其载有 38 处"信"、18 处"志"、6 处"心"、3 处"悔",这些都表明孔子对于心性修养是十分重视的。值得一提的是,《易传》中常出现"信"、"志"等范畴,多用来解释经文中的"孚",这也显示了当时心性范畴的发展路向。

(三)《周易》的心性修养意涵

明晓《周易》心性范畴的概况及其产生的原因后,接下来需要看看这些范畴有着怎样的修养意涵。

徐仪明分析《周易》经文的"心",指出:"虽然其中的'心'范畴的含义各有不同,但都具有一种共同的特点,那就是表现为自觉的主体心理意识,而且这种自觉的主体心理意识已初步形成了概念化的形态。"④这说明了周人已经认识到了"心"所具有的主体意识。然而这种主体意识表现在哪些方面呢?

① 罗志翔:《〈说文〉"心部字"研究及溯源》,黑龙江大学 2002 年硕士学位论文,第 45 页。
② 《论语·学而》,陈晓芬、徐儒宗译注:《论语·大学·中庸》,中华书局 2012 年版,第 8 页。
③ 张立文主编:《心》,中国人民大学出版社 1993 年版,第 26 页。
④ 徐仪明:《〈周易〉"心"范畴心理学疏解》,《周易研究》2005 年第 6 期。

笔者认为其表现至少有二：一是心之情，即感情由心所发出。如经文中常出现的"悔"、"恤"等可作说明。二是心之德，表现为心性的道德属性。如经文经常出现的"孚"、"恒"等范畴可为例证。《易传》中进一步发挥了经文心性范畴，特别是对心性修养作了更多的阐释和引申。

站在心性修养和道德伦理的立场，可以对《周易》中出现的主要心性范畴做一归类。

第一类是"心"字系统。情生于心，德发于心。"心"是感情和道德的主宰。经文出现"心"字8次，传文出现20次。心在道德修养中占有核心地位。

第二类是"孚"字系统。经文中出现"孚"字43次。《易传》中出现26次，其还以"志"（68次）、"信"（21次）、"诚"（2次）、"忠"（1次）等释"孚"。足见"孚"在道德修养中地位重大。

第三类是"恒"字系统。"恒"在《周易》中也是高频词汇，经文中出现9次，传文中出现23次，其重要性可见一斑。

第四类是"敬"字系统。经文中出现"敬"字2次，传文中出现6次。与之相关的还有"慎"、"惧"、"恭"、"忿"、"怠"等，这些范畴或从正面阐述或从反面警醒，以说明"敬"的修养意涵。

下文会联系卦象、卦爻辞及《易传》来分析相关范畴的修养意涵。

二、"圣人以此洗心"与寂然己心

"心"是象形字，甲骨文写为◊，金文写为◊，形状像心脏。"心"本指动物心脏，后专指人心。《说文》："心，人心，土藏，在身之中。"这种生理上的"心"又延伸出情感、道德的意义。"心"作为情感和道德的承载者在《周易》中有着清晰的体现。

《周易》经文中共出现8次"心"，这些"心"有两种含义：一种是表示心之情，指心的某种感受。如《明夷》卦"获明夷之心"，《井》卦"为我心恻"，《艮》卦"其心不快"、"厉熏心"，《旅》卦"我心不快"。另一种是表示心之德，有道德修养的意涵。如《坎》卦"维心亨"，《益》卦"有孚惠心"、"立心勿恒"。《易传》共有20处"心"。如《泰》卦《象传》"不戒以孚，中心愿也"，《谦》卦《象传》"鸣谦贞吉，中心得也"等。通观经传所谈之"心"，多是于"孚"、"恒"立论,这在后文将有专论。但《系辞传》中谈到的"洗心"却与众不同。因此,这里就重点探讨"洗心"的修养意涵。

(一)"洗心"释义

《系辞传》云:"圣人以此洗心,退藏于密,吉凶与民同患。"

何谓"洗心"?前人主要有三种说法。一是韩康伯"洗濯万物之心"①说,孔颖达②认同此说。二是朱子"洗濯自家心"③说。认为"洗心"乃是"洗"自己之心。王宗传"洗去夫心之累"④,钱钟书"'洗濯'己之心"⑤,黄寿祺、张善文"净化己心"⑥,等皆持有此论。三是王引之"先心"⑦说。王氏引《经典释文》云:"京、荀、虞、董、张、蜀才作'先',石经同。"认为"洗心"应作"先心"。引《周易集解》载虞翻注"先心"为"知来"。认为"先"有前导的意思。"先心"即"心所欲至而卜筮先知,若为之前导然"⑧。主张心未来之动向,通过卜筮可以知晓。

按尚秉和之说,古代"先"与"洗"通用。⑨ 又钱钟书指出:"王盖不究义理,并弗照文理,而祇知字之通假耳。'以此先心'既甚不词,训'先心'为'知来'又文义牵强。"⑩可知即便有版本把"洗心"写作"先心",仍须以"洗心"来解。

"洗",《说文》释为"洒足"。段玉裁引《内则》曰:"面垢,燂潘请靧。足垢,燂汤请洗。此洒面曰靧,洒足曰洗之证也。"证"洗"本指洗脚,后又有除

----

① (魏)王弼、(晋)韩康伯注,(唐)孔颖达疏:《周易正义》,中国致公出版社 2011 年版,第 274 页。
② 孔颖达说:"圣人以此易之卜筮,洗荡万物之心。"[参见(魏)王弼、(晋)韩康伯注,(唐)孔颖达疏:《周易正义》,中国致公出版社 2011 年版,第 274 页。]
③ (宋)黎靖德:《朱子语类》,中华书局 1986 年版,第 1925 页。
④ (宋)王宗传:《童溪易传》,吉林出版集团有限责任公司 2005 年版,第 357 页。
⑤ 钱钟书:《管锥编》(第一册),中华书局 1979 年版,第 46 页。
⑥ 黄寿祺、张善文:《周易译注》,上海古籍出版社 2011 年版,第 393 页。
⑦ (清)王引之:《经义述闻》,《传世藏书·经库·经学史 2》,海南国际新闻出版中心 1996 年版,第 1830 页。
⑧ (清)王引之:《经义述闻》,《传世藏书·经库·经学史 2》,海南国际新闻出版中心 1996 年版,第 1830 页。
⑨ 参见尚秉和:《周易尚氏学》,九州出版社 2011 年版,第 247 页。
⑩ 钱钟书:《管锥编》(第一册),中华书局 1979 年版,第 46—47 页。

污、洁净之意。"心",按《说文》,单用时应专指"人心"。又,朱子对于韩康伯等"洗万物之心"作了批判。① 再联系上下文意,可知《易传》之"洗心"并非"洗濯万物之心"或"先心",而应指"洗"己之心。此一义,在年代相近之文献中亦常出现。如《庄子·山木》"洒心去欲"②,"洒心"可训为"洗心"。《老子道德经河上公章句》:"洗心濯垢,恬泊无欲。"③《傅子》:"人皆知涤其器,而莫知洗其心。"④这些"洗心"都有涤除杂念、妄念,使内心恢复安宁之意。

（二）"洗心"之目的

《易传》谈"洗心",可是为什么要"洗心"。对此,理学家们提出了颇有价值的观点。

朱子:

> "以此洗心",都只是道理。圣人此心虚明,自然具众理。⑤

王宗传:

> 圣人以此著卦六爻,洗去夫心之累,则是心也,扩然而大公。易即吾心也,吾心即易也。用能退藏于密,而不穷之用,默存于我焉。⑥

《御纂周易折中》引胡居仁:

> 退藏于密,只是其心湛然无事,而众理具在也。⑦

《御纂周易折中》引丘富国:

> 心即神明之舍,人能洗之而无一点之累,则此心静与神明一。⑧

理学家重心性修养,以理修德,认为易道乃天理。"以此洗心"中的"此"即易道亦即天理。上引诸儒所言,皆认为以天理洗濯己心,是为实现与天理合一,

---

① 据《朱子语类·卷七十五》载:"'圣人以此洗心',《注》云:'洗万物之心。'若圣人之意果如此,何不直言以此洗万物之心乎? 大抵观圣贤之言,只作自己作文看。如本说洗万物之心,却止云'洗心',于心安乎?"[参见(宋)黎靖德:《朱子语类》,中华书局 1986 年版,第 1926 页。]

② 方勇译注:《庄子》,中华书局 2012 年版,第 320 页。

③ (汉)河上公著,王卡点校:《老子道德经河上公章句》,中华书局 1997 年版,第 279 页。

④ (晋)傅玄撰,王东铮整理,朱维铮审阅:《傅子》,《传世藏书·子库·诸子 2》,海南国际新闻出版中心 1996 年版,第 1582 页。

⑤ (宋)黎靖德:《朱子语类》,中华书局 1986 年版,第 1926 页。

⑥ (宋)王宗传:《童溪易传》,吉林出版集团有限责任公司 2005 年版,第 357—358 页。

⑦ (清)李光地:《御纂周易折中》,中央编译出版社 2011 年版,第 498 页。

⑧ (清)李光地:《御纂周易折中》,中央编译出版社 2011 年版,第 498 页。

与大道合一。所谓"'以此洗心者',心中浑然此理,别无他物"①。其说可信。

按,"圣人以此洗心"前文为"蓍之德圆而神;卦之德方以知;六爻之义,易以贡"。也就是说圣人以蓍卜之神妙来"洗心",其效用则是后文所说的"明于天之道"。蓍卜之神妙源于易道。但何谓易道?《系辞传》:"《易》无思也,无为也,寂然不动,感而遂通天下之故。"指出易道乃本乎无思、无为、寂然之态,其用则可感通天下。也就是说易道本体寂然,因寂然,故能如静水明镜一般,有感则应,发用无穷。圣人以易道"洗心",达到内心的寂然,必具蓍卜之德,不必借用卜筮,即可彰往察来。因此,可以说圣人"洗心"之目的就是要净化己心,使内心归于无思无为的寂然状态,以具备"神明"之德。如此,既可"开物成务"、"冒天下之道"、"通天下之志"、"定天下之业"、"断天下之疑",亦可"吉凶与民同患","兴神物以前民用",《中庸》所谓"可以与天地参矣"②。

(三)"洗心"之方法

"洗心"可使人超凡入圣,同于天德。然其法为何? 一曰,"退藏于密";二曰,"齐戒"。

1."退藏于密",营造静谧环境

关于"退藏于密",有几种说法。一是隐藏易道"阴阳不测"的秘密,秘而不发。如韩康伯:"言其道深微,万物日用而不能知其原,故曰'退藏于密',犹藏诸用也。"③王夫之:"必退而藏其用于天道之不测。"④二是认为"密"即心体,是易道发用的主宰。只有诉之于心,方可以同于天道。《二程遗书·卷第十五》:"'退藏于密',密是用之源,圣人之妙处。"⑤三是训"密"为"静",认为洗心的目的是为了使心念归于平静。朱子云:"密是主静处。"⑥四是以"退藏

① (宋)黎靖德:《朱子语类》,中华书局 1986 年版,第 1925 页。
② 陈晓芬、徐儒宗译注:《论语·大学·中庸》,中华书局 2012 年版,第 335 页。
③ (魏)王弼、(晋)韩康伯注,(唐)孔颖达疏:《周易正义》,中国致公出版社 2011 年版,第 274 页。
④ (清)王夫之著,(清)曾国藩校刊:《船山易学》,中央编译出版社 2011 年版,第 256 页。
⑤ (宋)程颢、程颐:《二程遗书》,上海古籍出版社 2000 年版,第 203 页。
⑥ (宋)黎靖德:《朱子语类》,中华书局 1986 年版,第 1926 页。

于密"为"洗心"的环境。杨万里:"退而潜乎静密穆清之中。"①今人羊列荣等亦持有此论,认为"退藏于密"是"指人隐退藏身于隐蔽静寂的地方"②。

按,杨万里、羊列荣之说较为可信。第一种说法认为要隐藏易道,于理不通。圣人告知众人易道,尚忧百姓难以修证。无奈之下,才将易道具体化为卜筮,以助黎民占卜吉凶。若隐藏易道,则与圣人慈悲之心相违背,故此说难以成立。第二种和第三种说法,似可通。但既然前文已谈及"以此洗心",必然是要恢复内心的寂然。这里再说,岂不重复。相比之下,杨万里等人认为"退藏于密"是"洗心"的环境则是比较合理的。

"密",金文写作⊛,好似人在幽深山谷之中,周围群山环绕,只有出入的小门而已。《尔雅》《说文》皆释"密"为"山如堂者"。郭璞注曰:"山形如堂室者,曰密。"又:"堂,殿也。"可知"密"指像被殿堂一样的山包围一般。隐于环山之中,自然安静。故,"密"又有静谧之意。孔安国注《尚书·舜典》:"三载,四海遏密八音",曰"密,静也。"③《玉篇》释为:"止也,静也,默也。"④因此,"退藏于密"应指退归、躲藏于隐蔽安静的地方。另,《佛祖历代通载》云,神秀告别其师,"涕辞而去,退藏于密"。当其看到"寺东七里地坦山雄",曰"此正楞伽孤峰度门兰若,荫松藉草吾将老焉"。⑤"兰若"即"阿兰若",指远离热闹纷杂的"寂静处"。说明神秀"退藏于密"是退隐"地坦山雄"之静谧处修行。此可与《易传》之"退藏于密"互训。

"退藏于密"是要营造"洗心"的环境,其目的是要斩断外缘,获得一个清净的氛围。换言之,"洗心"须在一个安静、隐蔽之处进行。"五色令人目盲,五音令人耳聋。"⑥一般人处在喧嚣之地,易受外在之影响,五官纷扰,心随境

① (宋)杨万里:《诚斋易传》,九州出版社 2008 年版,第 257 页。
② 羊列荣、雷恩海、蒋凡:《从〈周易〉考察道家"心斋"思想的起源》,《学术月刊》1999 年第 3 期。
③ (汉)孔安国传,(唐)孔颖达正义,黄怀信整理:《尚书正义》,上海古籍出版社 2012 年版,第 94 页。
④ (梁)顾野王撰:《玉篇》,《小学名著六种》,中华书局 1998 年版,第 44 页。
⑤ (元)释念常撰:《佛祖历代通载》,《北京图书馆古籍珍本丛刊 77·子部·释家类》,书目文献出版社 1998 年版,第 202 页。
⑥ 靳永、胡晓锐注译:《老子》,崇文书局 2007 年版,第 26 页。

转,不得平静。关闭外缘,退隐于寂静之处,心容易静下来。吕洞宾说:"圣人之退藏于密,所以完其精,而不使盗也;固其气,而不使入也。"①其说颇为精妙。人远离喧嚣,处于寂静之处,志闲少欲,阳气耗散少,身心清净,精气充足,可以引发内心的沉静,这正是"洗心"所要求的。

其实,《易传》所言"洗心"颇似佛教"止观"修行。《佛遗教经·远离》云:"汝等比丘,欲求寂静、无为、安乐,当离愦闹,独处闲居。"②指出修行须远离人烟喧嚣,居于安静之处,以得"寂静、安乐、无为",这与《易传》所云"以此洗心,退藏于密"以获"无思、无为、寂然不动"何其相似!

2. "齐戒",因"戒"得"齐"

"洗心"之目的是"神以知来,知以藏往"。后文又言:"圣人以此齐戒,以神明其德夫!"显然,"齐戒"亦"洗心"法也。故后人注曰:"'斋戒'二字,便是圣人洗心之功"。③

"齐",通"斋","齐戒"亦作"斋戒"。《说文》释"斋"曰:"戒,洁也。"段玉裁注:"齐不齐,以致齐者也。"据此,"斋"本指整肃齐洁之意。按典籍记载,"斋"可分为"祭祀之斋"和"心斋"。《论语·乡党》载孔子讲"齐"曰:

> 齐,必有明衣,布。齐必变食,居必迁坐。④

是说"齐"时要沐浴更衣,穿着布作的明衣,改变平常的饮食和居处,以示洁齐肃敬。又,《庄子·人世间》:"颜回曰:'回之家贫,唯不饮酒不茹荤者数月矣。如此,则可以为斋乎?'曰:'是祭祀之斋,非心斋也'。"⑤准此而言,不论是孔子所说的"明衣"、"变食"、"迁坐",还是颜回的不饮酒不茹荤,都指"祭祀之斋"。很明显,"祭祀之斋"侧重于人的生理方面,如清洁身体、沐浴更衣等。"心斋",则是针对心灵而言:

> 若一志!无听之以耳而听之以心,无听之以心而听之以气。听止于

---

① (唐)吕岩:《吕子易说》,《四库未收书辑刊》第3辑第1册,北京出版社2000年版,第155页。

② 释证严讲述:《佛遗教经》,复旦大学出版社2013年版,第7页。

③ (清)牛钮等撰,宋书功、萧红艳点校:《日讲易经解义》,中医古籍出版社2011年版,第365页。

④ 陈晓芬、徐儒宗译注:《论语·大学·中庸》,中华书局2012年版,第115页。

⑤ 方勇译注:《庄子》,中华书局2012年版,第53页。

耳,心止于符。气也者,虚而待物者也。唯道集虚,虚者,心斋也。①

按此说法,"心斋"是要齐"一志",超越感官,营造心灵的虚静,以待大道的降临,即"夫徇耳目内通而外于心知,鬼神将来舍"②。

又《管子·心术上》:

> 虚其欲,神将入舍。扫除不絜,神乃留处。③

是说扫除内心之欲念,保持内心虚静,可以通于天道。很明显,这与《易传》的"以此齐戒,以神明其德夫"乃同一个过程! 这也就意味着《易传》的"齐"应指"心斋",即扫除嗜欲,保持心灵的寂然虚静之意。故韩康伯谓之"洗心"④,《日讲易经解义》释为"齐在内之思虑"⑤,皆为明训。

既然齐"即"洗心",那么"戒"是否是"洗心"的手段呢?

《礼记·礼运》载人有七情"喜、怒、哀、惧、爱、恶、欲"⑥。人又有六欲。《吕氏春秋·贵生》谓"所谓全生者,六欲皆得其宜也",高诱注曰:"六欲:生、死、耳、目、口、鼻也。"⑦世间凡人,目好五色,耳好五音,口好五味,得之则喜,不得则忧。可以说七情六欲中任何一种发动,人心就难以平静。因此,要获得心灵的无思无为、虚静寂然,就须平息情欲,而其手段乃在于"戒"了。

"戒"有知止之义。《周易·艮》卦专述知止之道,借助此卦可明"戒"矣。《艮》卦辞云:"艮其背,不获其身。行其庭,不见其人,无咎。"程颐评价说:

> 人之所以不能安其止者,动于欲也……外物不接,内欲不萌,如是而止,乃得止之道。⑧

又老子言:

---

① 《庄子·人世间》,方勇译注:《庄子》,中华书局 2012 年版,第 53 页。
② 《庄子·人世间》,方勇译注:《庄子》,中华书局 2012 年版,第 53 页。
③ 黎翔凤撰,梁运华整理:《管子校注》,中华书局 2011 年版,第 759 页。
④ (魏)王弼、(晋)韩康伯注,(唐)孔颖达疏:《周易正义》,中国致公出版社 2011 年版,第 274 页。
⑤ (清)牛钮等撰,宋书功、萧红艳点校:《日讲易经解义》,中医古籍出版社 2011 年版,第 365 页。
⑥ 刘波、王川注释:《礼记》,东南大学出版社 2010 年版,第 143 页。
⑦ (汉)高诱注,(清)毕沅校正、余翔标点:《吕氏春秋》,上海古籍出版社 1996 年版,第 31 页。
⑧ (宋)程颐:《周易程氏传》,九州出版社 2011 年版,第 210 页。

不见可欲,使民心不乱。①

可知外欲对人的心态有着直接的影响。《艮》卦旨在教人守戒知止,不接外物,以平息情欲,从而保持内心的寂然。而《艮卦·象传》云:"时止则止,时行则行。动静不失其时,其道光明。"可知孔子认定"止"并非完全静止,不接外物,而是要与时偕行。止的标准是"时",其内容则是天道,儒家谓之礼法也。据此而言,"齐戒"之"戒",并非隔绝尘世,应指限制自己的言行,遵守礼法,"毋意,毋必,毋固,毋我"②,"非礼勿视,非礼勿听,非礼勿言,非礼勿动"③,亦即王夫之所谓"收敛傲僻"④也。《艮》卦认为若能坚持做到艮趾、艮腓、艮限、艮身、艮辅,最后就可以达到"敦艮"——"极止者也"⑤的寂然虚静状态。如此,即可以通于光明的天道。《日讲易经解义》谓之曰:"能知止则中有定向而日进于清明,如水之不为风荡而万象皆涵也。"⑥准此,凡人若能恒久守"戒",遵守礼法,情欲必常处于平息状态,心不乱,邪已止,积久必有显功,志意会逐步齐一,即"泊然无欲,内宁于极寂,尔丧我,嗒焉丧耦,心无其心,止无其止,是为真止"⑦,而这正是无思无为的状态。如此,心寂然,神乃明。

据上考述,"洗心"主要有两种方法:"退藏于密"和"齐戒"。前者侧重于环境之"静",旨在营造一种静谧的氛围,由之生出心灵的寂然。其路径是:环境之静——身心得定——心灵寂然——神明其德。后者偏向于言行之"戒",由"戒"获得志意的齐一,亦可进入一种寂然之态。其路径是:言行守戒——身心得定——心灵寂然——神明其德。方法不同,却都可以达到"洗心"以"神明其德"的效果,诚可谓"天下同归而殊途,一致而百虑"。值得一提的是,这两种方法都要求坚持,即要有时间的积累。对于这两种方法,兹各举例,以

---

① 靳永、胡晓锐注译:《老子》,崇文书局2007年版,第8页。
② 《论语·子罕》,陈晓芬、徐儒宗译注:《论语·大学·中庸》,中华书局2012年版,第99页。
③ 《论语·颜渊》,陈晓芬、徐儒宗译注:《论语·大学·中庸》,中华书局2012年版,第138页。
④ (清)王夫之著,(清)曾国藩校刊:《船山易学》,中央编译出版社2011年版,第256页。
⑤ (魏)王弼、(晋)韩康伯注,(唐)孔颖达疏:《周易正义》,中国致公出版社2011年版,第211页。
⑥ (清)牛钮等撰,宋书功、萧红艳点校:《日讲易经解义》,中医古籍出版社2011年版,第279页。
⑦ (明)张镜心:《易经增注(附易考)》,中华书局1985年版,第115页。

示说明。

宋朝易学大师邵康节隐居山林,"尝于百原深山中辟书斋,独处其中"①,营造安静的环境,体悟心体,获得心灵的寂然,可彰往察来,作《皇极经世》。朱子赞之曰:"被他静极了,看得天下之事理精明……若不是养得至静之极,如何见得道理如此精明!"②又《朱子语类》载:"康节谓章子厚曰:'以君之才,于吾之学,顷刻可尽。但须相从林下一二十年,使尘虑销散,胸中豁无一事,乃可相授。'"③明朝大儒王阳明亦曾闭关会稽山阳明洞中,隔绝尘世,修养心性,时间一长,亦有预先觉知之能力。此二者盖是由静谧之环境,消除尘世纷扰,身心安定,心灵寂然,通于明德,属于"退藏于密"之"洗心"法。

《荀子·儒效》言:"习俗移志,安久移质,并一而不二则通于神明,参于天地矣。"④是说长久地遵行习俗(礼法)可以改变心志和气质,专心于此,即可以通于天理大道,同天地相参了。这是由遵守"戒"而获得志意齐一、神明其德的情况。

三、"有孚惠心"与虚心致诚

"孚"是《周易》中十分重要的范畴。《周易》中共出现 69 次"孚",其中经文中出现 43 次,《易传》中出现 26 次,但《易传》中的"孚"多是重复经文,并不是其特有范畴。"孚"是侧重心体而言,实为论心之范畴。

"有孚惠心"出自《益》卦九五爻,曰:"有孚惠心,勿问,元吉。有孚惠我德。"《说文》释"惠"为"仁也"。又"仁,亲也。"徐锴曰:"为惠者,心专也。"整句爻辞,前人多释为大君以精诚之心,实行益民之政,民感念其德。于心性修养立论,"有孚惠心"指以"孚"之道修养己心。类似的说法还有《坎》卦的"有孚维心"等。下文,首先阐释"孚"字之义,接着论述"有孚"的必要性,最后提出修养"有孚"的方法。

(一)释"孚"

《周易》中"孚"字之义,有几种说法。

---

① (宋)黎靖德:《朱子语类》,中华书局 1986 年版,第 2543 页。
② (宋)黎靖德:《朱子语类》,中华书局 1986 年版,第 2543 页。
③ (宋)黎靖德:《朱子语类》,中华书局 1986 年版,第 2554 页。
④ 方勇、李波译注:《荀子》,中华书局 2011 年版,第 109 页。

第一,训为"信"。《彖传》、《象传》、《说卦》皆释"孚"为"信"。传统经学家、易学家亦训为"信"。如王弼:"信发于中,谓之中孚。"①《周易集解》引虞翻:"孚,信也。"②《经典释文》:"中孚,芳夫反。信也。"③程颐谓:"孚,信之在中也。"④朱子亦说:"'孚',信也。"⑤黄寿祺、张善文:《周易》中出现的'孚'字,一般均指'心怀诚信'。"⑥

第二,训为"俘"。如李镜池认为其"大多数应作名词或动词俘虏解,作别义的很少"⑦。高亨亦多释"孚"为"俘"或"罚",少数释为"信"。⑧

第三,训为"符合"。杭辛斋:"'孚'者,合也。"⑨黄凡:《周易》中的'孚'及'有孚',大部分可用'符合'来解释。少数可用本义'俘取'、'俘获'等来解释。"⑩

第四,随文生训。认为"孚"没有固定的意思,应随文生义。如吴汝纶认为"孚"可释为"验"、"信任"、"合"、"信"、"躁"等。⑪何新释"孚"为"灾象"、"有疾"、"败也"、"反也"、"美满"等义。⑫陈鼓应、赵建伟等认为"孚"有二义:"一为卦兆、征兆;一为征验、应验。"⑬邓球柏认为"有孚":"或作归来解,或释为报告问筮的结果,也可以解释为复归那诚实善良的本性。"⑭

---

① (魏)王弼、(晋)韩康伯注,(唐)孔颖达疏:《周易正义》,中国致公出版社 2011 年版,第 236 页。
② (唐)李鼎祚:《周易集解》,中央编译出版社 2011 年版,第 218 页。
③ (唐)陆德明:《经典释文》,上海古籍出版社 1985 年版,第 118 页。
④ (宋)程颐:《周易程氏传》,九州出版社 2011 年版,第 35 页。
⑤ (宋)朱熹撰,李一忻点校:《周易本义》,九州出版社 2004 年版,第 166 页。
⑥ 黄寿祺、张善文:《周易译注》,上海古籍出版社 2011 年版,第 40 页。
⑦ 李镜池:《周易探源》,中华书局 1978 年版,第 184 页。
⑧ 高亨谓:《升》九二"孚乃利用禴",《兑》九二"孚兑吉",《萃》六二"引吉,无咎,孚乃利用禴",《中孚》"中孚豚鱼吉",孚皆信义。《周易》孚字,解者皆训为信,实则孚为信义,仅此四处耳。(参见高亨:《周易古经今注》,清华大学出版社 2010 年版,第 254 页。)其他"孚"字,高先生多训为"俘"或"罚"。
⑨ 杭辛斋:《学易笔谈》,岳麓书社 2010 年版,第 139 页。
⑩ 黄凡:《〈周易〉——商周之交史事录》,汕头大学出版社 1995 年版,第 108 页。
⑪ 参见《易说》,(清)吴汝纶:《吴汝纶全集》(第二册),黄山书社 2002 年版,第 48—49 页。
⑫ 参见何新:《大易新解》,时事出版社 2002 年版,第 38—39 页。
⑬ 陈鼓应、赵建伟:《周易今注今译》,商务印书馆 2010 年版,第 72 页。
⑭ 邓球柏:《帛书周易校释》(修订本),湖南人民出版社 1987 年版,第 94 页。

第五,其他训法。如王建慧释"孚"为"覆"。① 刘成春:"'孚'有对神灵的敬供之义,很可能是古代的一种祭祀。"②朱慧芸释"孚"为"辅佑"。③ 谢向荣训"孚"为"保",释"有孚"作"(上天)有所保佑(于人)"。④

"孚",通行本、战国楚竹书本《周易》作"孚",阜阳汉简本、马王堆帛书本作"复",又帛书《缪和》作"中覆"。据张立文考证,"'覆'、'复'、'孚'相通"⑤。可知,虽版本不同,仍可以"孚"为准。关于"孚"的义解,今人提出不同看法,但多是文字上的考辨,并没有深入易理,故互相攻驳,诚如丁四新所言:"'孚'字,今人多异训,疑皆不可取。"⑥

《说文》:"孚,一曰信也。"《尔雅》:"孚,信也。"与《周易》时代相近典籍中,"孚"亦多训为"信"。如毛亨传《诗经·大雅·文王》:"仪刑文王,万邦作孚",曰:"孚,信也。"⑦郑玄笺解《诗经·大雅·下武》:"永言配命,成王之孚",亦曰:"孚,信也。"⑧又《正字通》:"信又有孚义。"⑨再联系到卦象、经文、易理,《周易》中的"孚"释为"信"是合情合理的,谨从《易传》之说。但《易传》之"信"作何解?

《说文》以"信"与"诚"互训。《白虎通·情性》言:"信者,诚也,专一不移也。"⑩可知"信"即"诚","诚"即"信"。又《说文》:"訫,古文信。言必由衷之意。"《墨子》:"信,言合于意也。"《康熙字典》载:《广雅》释"诚"为"敬也",《增韵》释为"纯也,无伪也,真实也"。可知,"信"本指言语真实之义;又指真心诚意、恭敬专一。

"信"虽有心诚之义,但更侧重于外在的言行。《易传》释"孚"为"信",

---

① 王建慧:《马王堆帛书〈周易〉异文考》,《香港中文大学中国文化研究所学报》1988 年第19 期。
② 刘成春:《〈周易〉古经"孚"字解》,《榆林高等专科学校学报》2001 年第 1 期。
③ 朱慧芸:《〈周易〉古经之"孚"新解》,《周易研究》2007 年第 4 期。
④ 谢向荣:《〈周易〉"有孚"新论》,《周易研究》2008 年第 2 期。
⑤ 张立文:《帛书周易注译》,中州古籍出版社 2008 年版,第 33 页。
⑥ 丁四新:《楚竹书与汉帛书〈周易〉校注》,上海古籍出版社 2011 年版,第 8 页。
⑦ 李学勤主编:《十三经注疏·毛诗正义》,北京大学出版社 1999 年版,第 965 页。
⑧ 李学勤主编:《十三经注疏·毛诗正义》,北京大学出版社 1999 年版,第 1046 页。
⑨ (明)张自烈编,(清)廖文英补:《正字通》,国际文化出版公司 1996 年版,第 121 页。
⑩ (汉)班固:《白虎通(及其他一种)》,中华书局 1985 年版,第 209 页。

体现了孔子重视言行的特征。需要说明的是,经文中的"孚",说的不仅是言行,而主要是针对内心而言的;不仅是对外的"信"或"诚",更主要是内心之"大信"、精诚。因此,《易传》还常以"志"来说明"孚"。如《大有》卦六五爻《象传》"厥孚交如,信以发志也",《睽》卦九四爻《象传》"交孚无咎,志行也"。程颐谓"存于中为孚,见于事为信"①,可谓是抓住了"孚"和"信"的本质。

《周易》中有一个专门讲述"孚"义的卦——《中孚》卦☲。其卦象是扩大的《离》卦,《秦简归藏》"中孚"作"大明"。按卦象及五行之说,"离"、"大明"皆为"火","火"为"心"。可知《中孚》卦乃论"心"之卦。又,高亨考证"中借为忠,古字通用"②。据此,"中孚"之"中",即"忠",喻指人的内心。"忠"又有"敬"、"诚"之义,可知"中孚"乃两重的"诚",即内心的精诚。无独有偶,杜预集解《左传·庄公十年》:"小信未孚,神弗福也",曰:"孚,大信也。"③《诗经》亦有是说,谓"孚"是对圣人而言,是"大信";有别于庶民之"小信"。④ 可见,《周易》经文中的"孚"并非是普通的"信"、"诚",而应指一种内心的精诚不二状态。或许经文作者认为"信"、"诚"皆从"言",属于外在的言行,难以表达"孚"那种内心竭诚专一的义味,不足以展现心灵的光明和力量——"大明",这或是经文不称"信"、"诚",而称"孚"的原因。

---

① 按程颐的说法,"孚"和"信"是一体两面,但仍有所侧重。"孚"是侧重于内心而言,"信"则是侧重外事(言行)而言。《朱子语类》载:问:"《中孚》'孚'字与'信'字恐亦有别?"曰:"伊川云:'存于中为孚,见于事为信。'说得极好。"[参见(宋)黎靖德:《朱子语类》,中华书局1986年版,第1867页。]

② 高亨:《周易古经今注》,清华大学出版社2010年版,第307页。

③ (战国)左丘明撰,(西晋)杜预集解:《左传(春秋经传集解)》,上海古籍出版社2007年版,第151页。

④ 按:《诗经》中出现22次"信",若"信"足以表达"孚"的意涵,完全可以之代替"孚"。但《诗经》只出现3次"孚"。《诗经·大雅·文王》:"仪刑文王,万邦作孚。"《诗经·大雅·下武》:"永言配命,成王之孚。成王之孚,下土之式。"很明显,这里"孚"的主体分别是文王和武王,皆为圣人也;其"孚"皆有"大信"之义,能感化万民,为大众效法。段昌武注曰:"圣人之法易信。"又说:"圣人之德为有终,则知合乎天者,圣人之德为可信。知圣人纯乎信足以为天下法,当知圣人纯乎孝足以为天下法。"[参见(宋)段子武撰:《昌武段氏诗义指南》,《诗疑昌武段氏诗义指南》,又称《诗疑(及其他一种)》,中华书局1985年版,第31、36页。]而用"信"的地方,其主体则多是凡人。如《诗经·邶风·击鼓》:"于嗟洵兮,不我信兮。"《诗经·小雅·节南山》:"弗躬弗亲,庶民弗信。"

据上所考,笔者认为"信"侧重于言行,而"孚"则侧重于内心。《周易》经文中的"孚"并不仅仅是言行上的"信"、"诚",而主要是指一种发自内心的精诚不二、"大信"的状态。

(二)"有孚"之必要性

"孚"是《周易》中的高频词,但为何经文作者会如此重视"孚"?"有孚"究竟能够给人带来哪些益处? 其原因有三。

第一,"有孚"可以趋吉避凶。臧守虎说:"通观'孚'字所在的卦爻辞,不难得出:凡是'有孚',其占断语都是吉的、有利的,最起码是无咎……反之,无'孚'或'孚'之施行受到阻碍,不能始终如一,预后结局则厉、凶……在所占之事预后结局厉、不利、凶时,作者就告诫人们要'有孚'……另外,在有些卦爻辞中作者还告诉人们如何做到'有孚'……可见,'有孚'与否是《周易》中决定吉、凶、悔、吝、利或不利的主要因素。"①王维等说:"'有孚',往往可以逢凶化吉,遇难呈祥。"②细细分析卦爻辞,可知臧、王二说颇有见地。

"《易》为君子谋,不为小人谋。"③按照卦爻辞的记载,但凡"有孚"之守道者,其结果都是吉、利,至少也是无咎。如《比》卦初六爻:"有孚比之,无咎。有孚盈缶,终来有它,吉。"是说以精诚之心作为相比之道,不但没有咎患,还能带来吉祥! 其他的,如《需》卦辞;小畜六四、九五;大有六五;《随》卦九四、九五;《坎》卦辞;《家人》卦上九;《损》卦辞;《益》卦九五;《革》卦九四等等都是这种情况。反之,若"孚"被阻塞或不能坚持,则其断语是凶咎。如《讼》卦辞"有孚,窒,惕,中吉。终凶",言人的精诚守道之心被窒塞,若能警惕自惧,恢复精诚之心,结果吉祥;若不能反躬自省,谨慎修德,而坚持争讼,其结果将是凶险的。再如,《萃》卦初六爻辞"有孚不终,乃乱乃萃",是说若不能够专诚于正道,其志向就会变得散乱无伦。

---

① 臧守虎:《周易卦辞"朋"、"孚"考》,《周易研究》1999 年第 2 期。

② 王维、黄黎星:《〈周易〉"孚信"论及其现代启示意义》,《中南民族大学学报》(人文社会科学版)2008 年第 3 期。

③ (宋)张载撰,(清)王夫之注,汤勤福导读:《张子正蒙》,上海古籍出版社 2000 年版,第 198 页。

第二,"有孚"是成就事业的保证。"孚"的力量巨大,所谓"精诚所加,金石为亏"①。"有孚"是成就事业的强大动力。《中孚》卦辞云:"豚鱼吉",《象传》释为:"信及豚鱼也。"程颐说:"豚躁鱼冥,物之能感者也。孚信能感于豚鱼,则无不至矣。"②经文作者认为,不论是修身、齐家,还是治国平天下,都必须怀着精诚之心,真心诚意地去做。唯有如此,才不会流于形式,才能感化他人,方可成功。兹以治国为例做一说明。《益》卦谈论损上益下,可视为施政之道,九五爻云:"有孚惠心,勿问元吉。有孚惠我德。"讲的是大君能够以精诚之心,行益民之政,不但自己吉祥,更可以感动人民,泽被后世。王弼评曰:"以诚惠物,物亦应之。"③程颐曰:"中心至诚,在惠益于物,其至善大吉,不问可知。"④《日讲易经解义》:"天地生成万物,不外一诚;大君怀保小民,亦不外一诚。"⑤当政者以精诚之心,真正做到以人为本,如同天道下济,万民泽披福庆,必大受感化,诚如《中孚·象传》所言"孚乃化邦也"!

第三,"有孚"是实现天人合一的纽带。《象传》中出现三次"应乎天"的论断:其一,《大有》卦"其德刚健而文明,应乎天而时行,是以元亨";其二,《大畜》卦"利涉大川,应乎天也";其三,《中孚》卦"中孚以利贞,乃应乎天也"。所谓"应乎天"即是与天道合一的状态。如果从《象传》中尚看不出来原因的话,观此三卦的卦象或许会有所启发。大有:☲。大畜:☶。中孚:☲。《系辞传》称:"易之为书也,广大悉备,有天道焉,有地道焉,有人道焉。"又《周易·谦·象传》:"天道下济而光明,地道卑而上行。"《周易》以卦象的形式囊括天道、地道、人道,三道虽合三为一,皆"应乎天",但仍有所偏重。《大有》卦,上离下乾,有"下济而光明"之象,故为天道。《大畜》卦,上艮为土,下乾为天,符合"卑而上行"之象,是为地道。故《中孚》卦必是人道之象征,而人道又是"应

---

① 《论衡·感虚篇》,(汉)王充著,张宗祥校注,郑绍昌标点:《论衡校注》,上海古籍出版社2010年版,第106页。

② (宋)程颐:《周易程氏传》,九州出版社2011年版,第243页。

③ (魏)王弼、(晋)韩康伯注,(唐)孔颖达疏:《周易正义》,中国致公出版社2011年版,第177页。

④ (宋)程颐:《周易程氏传》,九州出版社2011年版,第171页。

⑤ (清)牛钮等撰,宋书功、萧红艳点校:《日讲易经解义》,中医古籍出版社2011年版,第232页。

乎天"而来的。故可以作出这样的推论:天道为"中孚",人要"应乎天",与天合一,则必然也要达到"中孚"。"中孚"是实现天人合一的连接点。

如果说经文对"中孚"的强调尚是寓意于象,《易传》亦是点到为止的话,那么,孔门思孟学派对"中孚"就大书特书了,并为后世特别是宋明理学所发扬光大。

《孟子·尽心》:"尽其心者,知其性也。知其性,则知天矣。"①明确表明"知性"可以"知天"。但如何"知性"?《中庸》言"至诚"可以"知性":"唯天下至诚,为能尽其性。"②由此可知,实现"知天"的路径可由"至诚"、"知性"而得到。而"知天"正是天人合一的状态,"至诚"恰恰就是"中孚"。又《孟子·离娄上》:"是故诚者,天之道也;思诚者,人之道也。"③《中庸》说:"诚者,天之道也;诚之者,人之道也。"④就更明确了《周易·中孚》卦的启示。作为人道的"中孚",其"应乎天"的是什么呢?曰天之"中孚"也。就是说天道本身就是"中孚"、精诚的。人道法天道而行,亦要做到"中孚",即天道——中孚(《易传》称为"信",《中庸》称为"诚")——人道,以此实现天人合一。也就是说"中孚"是实现天人合一的纽带。人达到"中孚",就可以"应乎天",实现天人合一了。

(三)实现"有孚"之方法

实现"有孚"有两个重要方法:一个是有节、知止;一个是虚静己心。前者是前提条件,后者是修养之法。

1. 前提条件

《中孚》前一卦是《节》卦。《序卦传》曰:"节而信之,故受之以中孚。"按照《序卦传》的理解,实现"中孚"的重要前提应是"节"。

《节》卦象为䷻,兑下坎上,为泽上有水之象。程颐说:"泽之容有限,泽上置水,满则不容,为有节之象,故为节。"⑤又《象传》言"节以制度",《象传》言

---

① 方勇译注:《孟子》,中华书局 2012 年版,第 257 页。
② 陈晓芬、徐儒宗译注:《论语·大学·中庸》,中华书局 2012 年版,第 335 页。
③ 方勇译注:《孟子》,中华书局 2012 年版,第 138 页。
④ 陈晓芬、徐儒宗译注:《论语·大学·中庸》,中华书局 2012 年版,第 331 页。
⑤ (宋)程颐:《周易程氏传》,九州出版社 2011 年版,第 239 页。

"制数度",《杂卦》言"节,止也"。这都说明"节"有节制、知止的意思。就是说,要实现"中孚",首先要懂得知止,有所节制。《大学》云:"知止而后又定,定而后能静。"①人只有懂得节制,知止,有所为,有所不为,心才能安定。

"中孚"为养心之卦,目的是为了实现人心与天道之合一。然而心体难治,修心谈何容易。《尚书·大禹谟》谓:"人心惟危,道心惟微,惟精惟一,允执厥中。"②孔安国注曰:"危则难安,微则难明,故戒以精一,信执其中。"③王通评价曰:"言道之难进也。故君子思过而预防之,所以有诚也。"④"十六字心传"所云"道心"者,亦即天道也,也就是"中孚"。这说明人心易动而难安,要合于天道,并非易事;必须有所戒惧,止于中道,才能与道心合一。再联系节卦知止之道,可知《序卦传》所言"节"为"中孚"之前提,信而有征。据此,要实现心体通于天道之精诚,须有所戒止。

《节》卦辞云:"节,亨。苦节不可贞。"《彖传》云:"当位以节,中正以通。"王宗传解释说:"易之有节,以言事之有所止也。所止者何?止于中而已矣。"⑤可见,节的标准即是中道。又《孟子·离娄下》言"汤执中"⑥,《中庸》载"诚者……从容中道,圣人也"⑦,可知中道即"诚",也就是圣人之道,亦即天道。而天道的表现即是儒家的礼法,《左传·文公十五年》:"礼以顺天,天之道也。"⑧故可知,"节"的标准即是儒家的礼法。礼法可以控制人的情欲和言行。有了礼法的规范,人的身心会逐步归于平静和安定,在这个前提下再进行心性的修养,才可实现"中孚"之态。来知德说:"'节'者制之于外,'孚'者信之于中。"⑨可谓是明"节"之用矣。反之,若不守礼法,则"情欲之感,介于

---

① 陈晓芬、徐儒宗译注:《论语·大学·中庸》,中华书局 2012 年版,第 331 页。
② 王世舜、王翠叶译注:《尚书》,中华书局 2012 年版,第 361 页。
③ (汉)孔安国传,(唐)孔颖达正义,黄怀信整理:《尚书正义》,上海古籍出版社 2012 年版,第 132 页。
④ (隋)王通撰,颜玉科整理,朱维铮审阅:《中说》,《传世藏书·子库·诸子2》,海南国际新闻出版中心 1996 年版,第 1887 页。
⑤ (宋)王宗传:《童溪易传》,吉林出版集团有限责任公司 2005 年版,第 312 页。
⑥ 方勇译注:《孟子》,中华书局 2012 年版,第 158 页。
⑦ 陈晓芬、徐儒宗译注:《论语·大学·中庸》,中华书局 2012 年版,第 331 页。
⑧ 陈铁民等译注:《十三经·春秋左传》,三秦出版社 2004 年版,第 1178 页。
⑨ (明)来知德:《来注易经图解》,中央编译出版社 2010 年版,第 490 页。

仪容;燕昵之私,形于动静"①,身心尚不能安定,遑论合于天道矣。

2. 孚之修养

有了知止之道、礼法之规范,即可获得身心安定。但要进一步达到"中孚"之状态,还需要虚静之法。

《中孚》卦象是☲,指出了实现"有孚"的方法:虚己之心是根本,而精诚的充满则是其结果。程颐言:"中虚信之本,中实信之质"②,悟元子云:"此虚以求实之卦"③,皆可谓得其大体。

《象传》述其象曰:"柔在内而刚得中。"《中孚》为卦,四阳爻在外,二阴爻在内,整体上呈现中虚之象。于人而言,即是说"中孚"者,"虚心"也。"虚心"则"无我"。"无我"则消除阴阳对立、物我对立,不以己之私意来评判事物。又上卦为巽☴,下卦为兑☱,卦象中间皆为阳爻,有"刚得中"之象,象征阳刚之实充满其中。此说明虚己之心,"中孚"即可以充实其中,获得精诚的状态。《日讲易经解义》说:"中虚则无我,中实则无伪。唯此心洞然而虚,则至诚充然而实矣。充然者发于中而孚于外,所以为中孚也。"④可谓是确评。

虚己之心,心中空无一物,可以实现"集虚"纳道之效果。庄子谓:"唯道集虚。"⑤杨万里说:"心虚然后诚得而实之。"⑥可知,在这种心体"洞然而虚"⑦的状态下,天道(道)——有孚(至诚)则会降格于心中,这时就会产生《中孚》卦的二、五爻之中实状态,即"至诚充然而实矣"⑧。这是一种天人合一、光明神圣的境界。孟子所言"有诸己之谓信,充实之谓美,充实而有光辉之谓大,大而化之之谓圣,圣而不可知之之谓神"⑨,其此之谓欤!

---

① (清)纪昀:《阅微草堂笔记》,万卷出版公司 2010 年版,第 25 页。
② (宋)程颐:《周易程氏传》,九州出版社 2011 年版,第 243 页。
③ (清)悟元子:《道解周易》,九州出版社 2011 年版,第 170 页。
④ (清)牛钮等撰,宋书功、萧红艳点校:《日讲易经解义》,中医古籍出版社 2011 年版,第 320 页。
⑤ 方勇译注:《庄子》,中华书局 2012 年版,第 53 页。
⑥ (宋)杨万里:《诚斋易传》,九州出版社 2008 年版,第 221 页。
⑦ (清)牛钮等撰,宋书功、萧红艳点校:《日讲易经解义》,中医古籍出版社 2011 年版,第 320 页。
⑧ (宋)杨万里:《诚斋易传》,九州出版社 2008 年版,第 221 页。
⑨ 方勇译注:《孟子》,中华书局 2012 年版,第 295 页。

考察《中孚》的互体卦,还可以进一步挖掘实现中孚的方法。《中孚》卦的九二、六三、六四爻组成的互体卦是《震》卦☳,六三、六四、九五爻组成的互体卦是《艮》卦☶。震为雷,为动,象征人念念相续的思想。艮为山,为静,喻指平静思绪之手段。这就说明,要虚己之心,就须放下心念,让自己的纷纷芸芸心绪归于平静。如此,心可虚,诚可致。

四、志的修养

儒家十分重视"志"的修养。《论语》中出现过 17 次"志"。孔子数与弟子谈"志"。孔子自言其"十有五而志于学"①;教诲弟子要"苟志于仁矣,无恶也"②,"志于道"③;与弟子交谈时,要他们"各言尔志"④;赞叹伯夷、叔齐"不降其志,不辱其身"⑤;钦佩"隐居以求其志,行义以达其道"⑥者;又说"三军可夺帅也,匹夫不可夺志也"⑦。又《二程遗书》中说:"仲尼只说一个志。"⑧足见孔子对于"志"的重视。

《易传》中也特别凸显"志"的重要性,"志"在《易传》中出现 68 次。下面从"志"的意涵、养志的必要性及可能性三个方面来探讨"志"的修养。

(一)释"志"

《易传》中出现 68 次"志",出现于《彖传》、《大象传》、《小象传》、《系辞传》中,分别见于 39 个卦。

1.《易传》中的"志"

(1)"志行"

"志"与"行"连用的有 13 处。其中用作"志行"的有 10 处,用作"志大行"、"志上行"、"志不同行"各 1 处。《彖传》出现 5 处,《小象传》出现 8

---

① 《论语·为政》,陈晓芬、徐儒宗译注:《论语·大学·中庸》,中华书局 2012 年版,第 17 页。
② 《论语·里仁》,陈晓芬、徐儒宗译注:《论语·大学·中庸》,中华书局 2012 年版,第 40 页。
③ 《论语·述而》,陈晓芬、徐儒宗译注:《论语·大学·中庸》,中华书局 2012 年版,第 76 页。
④ 《论语·公冶长》,陈晓芬、徐儒宗译注:《论语·大学·中庸》,中华书局 2012 年版,第 59 页。
⑤ 《论语·微子》,陈晓芬、徐儒宗译注:《论语·大学·中庸》,中华书局 2012 年版,第 225 页。
⑥ 《论语·季氏》,陈晓芬、徐儒宗译注:《论语·大学·中庸》,中华书局 2012 年版,第 203 页。
⑦ 《论语·子罕》,陈晓芬、徐儒宗译注:《论语·大学·中庸》,中华书局 2012 年版,第 107 页。
⑧ (宋)程颢、(宋)程颐:《二程遗书》,上海古籍出版社 2000 年版,第 272 页。

处。出现在九四爻的有 5 处,初九爻的 2 处,六三爻的 1 处,另 5 处见于卦《象》中。

《屯》卦初九《象》曰:虽磐桓,志行正也。以贵下贱,大得民也。

《小畜》卦《象》曰:健而巽,刚中而志行,乃亨。

《履》卦九四《象》曰:愬愬终吉,志行也。

《否》卦九四《象》曰:有命无咎,志行也。

《豫》卦《象》曰:豫,刚应而志行,顺以动,豫。

《临》卦初九《象》曰:咸临贞吉,志行正也。

《睽》卦九四《象》曰:交孚无咎,志行也。

《升》卦《象》曰:南征吉,志行也。

《巽》卦《象》曰:重巽以申命,刚巽乎中正而志行。

《未济》卦九四《象》曰:贞吉悔亡,志行也。

《豫》卦九四《象》曰:由豫,大有得;志大行也。

《晋》卦六三《象》曰:众允之,志上行也。

《睽》卦《象》曰:睽,火动而上,泽动而下;二女同居,其志不同行。

(2)"志得"

"志"与"得"连用的有 10 处。用作"得志"的有 5 处,"志未得"的有 3 处,"志不相得"的有 1 处,"南狩之志,乃得大也"的有 1 处。

《无妄》卦初九《象》曰:无妄之往,得志也。

《贲》卦上九《象》曰:白贲无咎,上得志也。

《损》卦上九《象》曰:弗损益之,大得志也。

《益》卦九五《象》曰:有孚惠心,勿问之矣。惠我德,大得志也。

《升》卦六五《象》曰:贞吉升阶,大得志也。

《困》卦九五《象》曰:劓刖,志未得也。乃徐有说,以中直也。利用祭祀,受福也。

《同人》卦上九《象》曰:同人于郊,志未得也。

《谦》卦上六《象》曰:鸣谦,志未得也。可用行师,征邑国也。

《革》卦《象》曰:革,水火相息,二女同居,其志不相得,曰革。

《明夷》卦九三《象》曰:南狩之志,乃大得也。

(3)“志在”

“志”与“在”连用的有8处。用作“志在外”的有3处,“志在内”的有2处,“志在君”的有1处,“志在下”的有1处,“志在随人”的有1处。

《泰》卦初九《象》曰:拔茅征吉,志在外也。

《咸》卦初六《象》曰:咸其拇,志在外也。

《涣》卦六三《象》曰:涣其躬,志在外也。

《临》卦上六《象》曰:敦临之吉,志在内也。

《蹇》卦上六《象》曰:往蹇来硕,志在内也。利见大人,以从贵也。

《否》卦初六《象》曰:拔茅贞吉,志在君也。

《困》卦九四《象》曰:来徐徐,志在下也。虽不当位,有与也。

《咸》卦九三《象》曰:咸其股,亦不处也。志在随人,所执下也。

(4)其他

“志”与“合”连用的有4处。“志”与“信”连用的有4处:用作“信志”的有2处,“信以发志”的有2处。“志”与“通”连用的有4处:用作“通天下之志”的有3处,“志通”的有1处。“志”与“穷”连用的有3处。“志”与“正”连用的有2处。“志”与“未变也”连用的有2处。此外,“志刚”、“志应”、“定民志”、“其志同也”、“志舍下也”、“志未平也”、“志可则也”、“志末也”、“固志也”、“中以为志也”、“以益志也”、“志不舍命”、“其志乱也”、“志未光也”、“愆期之志”、“致命遂志”、“志疑”与“志治”等各1处。

2.《易传》中“志”的意涵

《易传》中出现这么多的“志”字,说明《易传》对于“心志”十分重视。然《易传》中的“志”有什么意涵呢?

“志”,金文写作,小篆写作。志从心,本义为意念,毛苌《诗序·大序》:“在心为志。”①《古代汉语字典》对“志”有以下几种解释:①(名词)志愿,志向。②(动词)同“誌”。记,记住。③(动词)记载,记述。④(名词)记事的书或文章。⑤(名词)标志,标记。⑥(动词)做标记,留记号。② 朱光潜

① (汉)毛苌传述,(宋)朱熹辨说:《诗序》,中华书局1985年版,第1页。

② 参见《古代汉语字典》,商务印书馆国际有限公司2010年版,第1056页。

提出"志"字有几种意义:"一是念头或愿望(wish),一是起一个动作时所存的目的(purpose),一是达到目的的决心(will,determination)。"①孔颖达②、史征③、程颐④、丁易东⑤等多释《易传》之"志"为"志意"。黄寿祺、张善文⑥、胡瑗⑦等多释为"心志"。考《易传》中志的用法,如"志行正也"、"志大行"、"志未得"、"得志也"、"志在外也"、"上合志也"、"信以发志","志"应有志意、志愿、心志之义。

(二)为何要修"志"

所谓修"志",是指修养自己的心志和志向,使之符合正道。说得直白一些,就是端正自己的心态和思想,《易传》认为如此可以趋吉避凶。通观"志"字所在的传文,可知:不能修养心志,无"志"或"志"散乱无伦,不能始终如一,其结果是凶、吝,结果不好。若能认真修养心志,合于正道,则会获得好的结果;凡是"志行"、"得志"、"志正",其断语都是吉的、有利的,最起码是无咎。

1. "志穷则凶"

《易传》十分重视心志之作用。认为人若不能修养志意,小则逡巡不前,一事无成,如王阳明所说:"志不立,天下无可成之事。"⑧大则遭吝受阻,灾祸临身。《易传》提出志意不修有三种情况:其一,志得意满,得意扬扬;其二,志向低下,猥琐卑劣;其三,心志不坚,反复无常。此三者,《易传》统称为"志穷",也就是心志失修的状态,其结果是凶、吝、咎。

"志穷"的第一个表现是志得意满,得意扬扬。《豫》卦初六《象传》曰:"初六鸣豫,志穷凶也。"朱子谓"穷"为"满极"⑨。"志穷"有志满意得之义。

---

① 朱光潜:《谈修养》,漓江出版社 2011 年版,第 10 页。

② 参见(魏)王弼、(晋)韩康伯注,(唐)孔颖达疏:《周易正义》,中国致公出版社 2011 年版,第63 页。

③ (唐)史徵:《周易口诀义(及其他一种)》,中华书局 1985 年版,第 15 页。

④ (宋)程颐:《周易程氏传》,九州出版社 2011 年版,第 46 页。

⑤ 《周易象义》卷十二,(宋)易祓、(宋)丁易东:《周易总义·周易象义》,岳麓书社 2011 年版,第476 页。

⑥ 黄寿祺、张善文:《周易译注》,上海古籍出版社 2011 年版,第 29 页。

⑦ (宋)倪天隐述其师胡瑗之说:《周易口义》,吉林出版集团有限责任公司 2005 年版,第70 页。

⑧ (明)王阳明:《王阳明全集》第肆册,线装书局 2012 年版,第 76 页。

⑨ (宋)朱熹撰、李一忻点校:《周易本义》,九州出版社 2004 年版,第 227 页。

志满意得,则不免招致凶险。《豫》卦卦象为☷☳,六四为豫之主爻,初六以阴居下,上应九四,是谓得志于九四;其恃九四之势,骄奢放恣,自鸣得意,故凶。《日讲易经解义》说:"'初六'而至于'鸣豫'者,以有援在上,求无不得,志盈意满,不自敛戢,以取败亡。其为凶也,不亦宜乎?"①这说明人要修养心志,不可自鸣得意;否则,是为自取凶咎之道也。

"志穷"的第二个表现是志向低下,猥琐卑劣。《旅》卦☲☶,初六《象传》曰:"旅琐琐,志穷灾也。"程颐谓之曰:"志意穷迫,益自取灾也。"②杨万里说,这是弃逐之小人"无道义以养其志"③,故有凶险。"琐琐",陆绩释为"小也",虞翻释为"最蔽之貌也"④。程颐释为"猥细之状"⑤。初六阴爻居于下位,地位卑微;然地位低下,不足以取祸。人在显达之前,未尝不人微言轻,亲事琐事。其致灾之由,乃在于志向琐陋。人一旦志向猥琐低劣,则灵魂萎靡,无进取之心,得过且过;更有甚者,作恶多端,不思悔改,不免凶祸临身。

"志穷"的第三个表现是心志不坚,反复无常。《巽》卦☴☴,初六《象传》曰:"'进退',志疑也。'利武人之贞',志治也。"初六以阴处下,柔而不刚,志向不坚。"天下事之行止,皆由于志"⑥,志向不坚,则难免犹犹豫豫,不能决断。诚所谓"逡畏不力,方进即退,终难深造"⑦。而这一切都因为"志疑"。"志疑"就是患得患失,心志不能坚定,亦所谓"欲从之,则未明其令;欲不从,则惧罪及己"⑧。如此,则必然时断时续,三天打鱼两天晒网,难以成事。又,《巽》卦九三《象传》曰:"频巽之吝,志穷也。"程颐说九三"不得行其志,故频

---

① (清)牛钮等撰,宋书功、萧红艳点校:《日讲易经解义》,中医古籍出版社2011年版,第100页。
② (宋)程颐:《周易程氏传》,九州出版社2011年版,第227页。
③ (宋)杨万里:《诚斋易传》,九州出版社2008年版,第203页。
④ (唐)李鼎祚:《周易集解》,中央编译出版社2011年版,第52页。
⑤ (宋)程颐:《周易程氏传》,九州出版社2011年版,第227页。
⑥ (清)牛钮等撰,宋书功、萧红艳点校:《日讲易经解义》,中医古籍出版社2011年版,第304页。
⑦ (清)悟元子:《道解周易》,九州出版社2011年版,第163页。
⑧ (魏)王弼、(晋)韩康伯注,(唐)孔颖达疏:《周易正义》,中国致公出版社2011年版,第226页。

失而频巽,是其志穷困,可吝之甚也"①。巽为风,风柔而善入,象征柔顺渐进之道。然九三过刚不中,上失应于上九,为无志之象,故《象传》称其"志穷也"。《巽》卦之九三喻无志之人,无志者,心必不诚,亦必无恒心,则时进时退,不能坚持,即所谓"频巽"也。不恒其巽者,则是取吝之道也。《日讲易经解义》曰:"巽本不可以伪,为九三之巽,非出于中心,虽强以欺人,而故态复发不可掩,则终不足以欺之矣。其志不已穷哉!"②再者,《萃》卦,初六《象传》曰:"乃乱乃萃,其志乱也。"初六上应九四,本为至诚求《萃》卦于九四之意,但中间为二阴爻所阻隔。阴爻喻指物欲,初六为物欲所扰乱,心无定见,志散意乱不能坚定,如是,则不免为咎也。

2. "志"修则吉

"志行"则吉。按《说文》释"行"曰:"人之步趋也。""行"的本义为行走,引申为行为、行动。又,孔颖达解释《升》卦《象传》"'南征吉',志行也",曰:"其志得行也。"③又《易传》所言"志行"处,多是以心志符合正道为前提的。可知,"志行"即是指贞正之心志得以实行,如此,可以获得吉祥。

《屯》卦,初九《象传》曰:"虽磐桓,志行正也。以贵下贱,大得民也。"《日讲易经解义》解释说:"其志原在行正而不肯妄为。"④初九居于动体,当屯难之时,不躁进,不妄求,惟立志行正,得道多助,结果自然为吉。《履》卦☰,九四《象传》曰:"愬愬终吉,志行也。"《系辞传》言:"四多惧。"九四近于九五尊位,爻位不中不正,处于近君多惧之地。《象传》所言"终吉"是结果,其原因则是"愬愬"、"志行"。"愬愬",《周易集解》引侯果释为"恐惧也"⑤。也就是说,尽管履虎尾,处于危惧之境,但若能保持小心翼翼,敬慎恪恭,终可获得吉祥。然"志行"所行为何"志"?从爻位上看,九四阳爻,指健行之

---

① (宋)程颐:《周易程氏传》,九州出版社 2011 年版,第 232 页。

② (清)牛钮等撰,宋书功、萧红艳点校:《日讲易经解义》,中医古籍出版社 2011 年版,第 305 页。

③ (魏)王弼、(晋)韩康伯注,(唐)孔颖达疏:《周易正义》,中国致公出版社 2011 年版,第 188 页。

④ (清)牛钮等撰,宋书功、萧红艳点校:《日讲易经解义》,中医古籍出版社 2011 年版,第 304 页。

⑤ (唐)李鼎祚:《周易集解》,中央编译出版社 2011 年版,第 53 页。

意;其以刚居柔位,喻其能以柔顺修养心志。可知,行的应该是柔顺之志。后代易学家亦持有此论。如程颐云:"居柔,以顺自处者也。"①来知德曰:"'志行'者,柔顺以事刚决之君,而得行其志也。"②这说明,九四不忘惕惕之戒,顺天遵道,以柔顺修养己之心志,时时有所畏惧,谨慎从事,符合正理,可以趋吉避凶。

《易传》所言"得志",是指中正之心志得以实行,其结果为吉。《升》卦☷,六五爻《象传》曰:"贞,吉,升阶,大得志也。"此《象传》解释爻辞"贞,吉,升阶"。《升》卦卦象为地中生木,喻指事物渐进发展之道。"升阶"指大有进步。六五爻辞所言的"吉,升阶"是结果,其原因则在于"贞"。但何谓"贞"?《易传》对此作出阐述,即"大得志也"。"大得志"在文中虽处于句后,然其却是"吉,升阶"的前提和原因。也就是说,有了"大得志"之因,才有"升阶"之果。其所得为何"志"? 是为"贞"志。《易传》云:"贞者,正也。""贞"指的是保持心志的正大、光明,如此可以获得吉祥、"升阶"。心志的"贞"是"吉,升阶"的前提和条件。类似的情况也同样出现在他处。如《咸》卦☶,初九:"咸临,贞,吉。"《象传》曰:"咸临,贞,吉,志行正也。"如果说《升》卦还没有确切点明所持之志为合乎正道之志的话,《咸》卦《象传》则直接指出了这一点。《象传》中重复经文中的"贞",并且对其作出了解释,即"志行正也"。再如《遯》卦☰,九五《象传》曰:"嘉遯,贞,吉,以正志也。"同样是这种情况,吉祥为结果,而原因则是"贞"。"贞"者即是"正志也"。也就是说保持心志合于正道,才是获得吉祥的前提和条件。据此,不论是什么样的行为,如"升阶"、"咸临"、"嘉遯",要获得吉祥,前提都是要"贞"。此"贞"不仅仅是言行的正直,而主要是指心志的正大光明、合乎正道。《大学》云:"诚于中,形于外。"③内心贞正,发于外之言行,亦必如是。

(三)修"志"的方法

上文谈到了《易传》中"志"之意涵及其必要性,下面的问题就是要如何进行"志"的修养。

---

① (宋)程颐:《周易程氏传》,九州出版社2011年版,第44页。
② (明)来知德:《来注易经图解》,中央编译出版社2010年版,第180页。
③ 陈晓芬、徐儒宗译注:《论语·大学·中庸》,中华书局2012年版,第264页。

1. "正志"

《易传》认为修养心志的一个重要原则是"正",即以"正"来养志。《屯》卦☵☳,初九《象传》曰:"虽磐桓,志行正也。以贵下贱,大得民也。"孔颖达曰:"非是苟贪逸乐,唯志行守正也。"①志行正者,虽处于屯难之中,仍可以大得民心。《临》卦☷☱,初九《象传》曰:"咸临贞吉,志行正也。"程颐云:"其志正也。"②心志正大光明者,可获贞吉。《遁》卦☰☶,九五《象传》曰:"嘉遁贞吉,以正志也。"《周易折中》引张载曰:"居正处中,能正其志,故获贞吉。"③心志正直,虽隐遁亦为贞吉。《明夷》卦☷☲,《象传》曰:"利艰贞,晦其明也,内难而能正其志,箕子以之。"孔颖达说:"内有险难,殷祚将倾,而能自正其志。"④赞箕子,虽处于危难之中,仍保持心志的贞正。《姤》卦☰☴,九五《象传》曰:"九五含章,中正也。有陨自天,志不舍命也。"言九五心志至诚中正。《巽》卦☴☴,《象传》曰:"重巽以申命,刚巽乎中正而志行。"孔颖达谓:"其志在以中正之道上行也。"⑤言心志中正而行,可以改善命运。

据上所言,心志的修养是有标准的,这个标准就是"正"。何为"正"?"正",甲骨文写作𖧃,金文写作𖤘。上面的符号表示天,表示规矩,下面的符号为足,表示行为;象征人的行为要以天道为法则。《说文》:"正,是也。从止,一以止。"徐锴曰:"守一以止也。"认为要止于一,才算是"正"。老子言:"道生一。"《说文》:"一,惟初太始,道立于一,造分天地,化成万物。"认为"一"是道的化生和表达,是宇宙最高本体的表现。如此说来,"止于一"即是说止于"道",或者说与"道"保持一致。《说文》还说:"正,是也。"又"是,直也。从日,正。""是"的本意是"直"的意思,又引申为正确。据此,"正"是正确的、符

① (魏)王弼、(晋)韩康伯注,(唐)孔颖达疏:《周易正义》,中国致公出版社2011年版,第40页。
② (宋)程颐:《周易程氏传》,九州出版社2011年版,第244页。
③ (清)李光地:《御纂周易折中》,中央编译出版社2011年版,第412页。
④ (魏)王弼、(晋)韩康伯注,(唐)孔颖达疏:《周易正义》,中国致公出版社2011年版,第155页。
⑤ (魏)王弼、(晋)韩康伯注,(唐)孔颖达疏:《周易正义》,中国致公出版社2011年版,第230页。

合于"道"的状态。也就是说凡是符合于"道"的,都可以称为"正"。① 可知,《易传》所言"志行正也",即是指以天道为修养心志和志向的法则。通俗点说,就是志向要正当、端正、正确。

2."信以发志"

修养心志的原则是"正",其具体的方法则是"信以发志",亦即以"信"的力量来激发和确立志向。《大有》卦☲,六五《象传》曰:"厥孚交如,信以发志也。威如之吉,易而无备也。"《丰》卦☲,六二《象传》曰:"有孚发若,信以发志也。"这两句都明确表明"信"可以引发内心之"志"。

《丰》卦☲,为离下震上之象。离为火,为心,喻指心志之光明。震为动,为行,为外在之言行。《象传》释丰曰:"丰,大也。明以动,故丰。"《丰》卦阐述内有心志之光明,外有笃实之实践而致丰大之道。其六二爻辞云:"丰其蔀,日中见斗,往得疑疾,有孚发若,吉。""蔀"是遮盖光明的障碍物。王弼注:"蔀,覆暧,鄣光明之物也。"② 爻辞之"有孚发若"实乃是论修心之妙旨,《象传》释为"信以发志也"。于此,王弼和程颐等各持一论。程颐认为此是说"君子之事上也,不得其心,则尽其至诚,以感发其志意而已"③,谓"信"发的是上君之志,"谓以己之孚信,感发上之心志也"④,即以己之至诚感发别人之志。王弼则认为"信"发的是自己之志,他说:"孚可以发其志,不困于闇,故获吉也。"⑤《丰》卦六二以阴爻处于阴位,六二与六五不相应,喻指其处于盛大之离火之中,但为外物遮蔽而不能展现自身之光明。幸其中正当位,能以"孚"自发,确立志向,而获得吉祥。谨从王弼之说。《大有》卦☲,《象传》亦有"信以发志"之说,孔颖达释为"由己诚信,发起其志。"⑥ 十分精妙的是,此卦六五

---

① 参见周克浩:《〈周易〉的养生思想》,《中国道教》2012 年第 3 期。
② (魏)王弼、(晋)韩康伯注,(唐)孔颖达疏:《周易正义》,中国致公出版社 2011 年版,第 220 页。
③ (宋)程颐:《周易程氏传》,九州出版社 2011 年版,第 224 页。
④ (宋)程颐:《周易程氏传》,九州出版社 2011 年版,第 224 页。
⑤ (魏)王弼、(晋)韩康伯注,(唐)孔颖达疏:《周易正义》,中国致公出版社 2011 年版,第 220 页。
⑥ (魏)王弼、(晋)韩康伯注,(唐)孔颖达疏:《周易正义》,中国致公出版社 2011 年版,第 220 页。

亦居于光明之离体中。结合《丰》卦六二爻,可知,要修养心志,必须借助"信"的力量。

但"信以发志"究竟为何意?笔者认为可以从三个方面来理解:一是卦象层面。"信以发志"共出现两次,都在《离》卦之中爻。《离》卦为火,为心,指心体之光明。于之,《易传》言"信",经文言"孚"。前文分析过"孚"乃是指内心之洞然而虚的状态。据此可知,要使心志能够得以修养和确立,必须要有"孚"之状态,这是一种廓然大公、冲漠无我、物来顺应的境界。如此,志向可以确立。在此,可以引用《论语》的一段文字,作出说明。"子曰:'吾未见刚者。'或对曰:'申枨。'子曰:'枨也欲,焉得刚?'"①孔子这里说的"刚"应指心志的坚定和刚强。他说没有见到心志坚定不移者,有人说申枨应是这样的人。孔子回答说,申枨这个人还是有私欲的,怎么能说是心志坚定呢!凡人一旦有了私欲的考虑和羁绊,则有物我之对立,不能做到无我,则心志难以坚定不移。所以说,要培养和确立自己的心志,须放下一己之得失,保持一颗廓然大公、淡然无我之心。三国时期的诸葛亮所言"非澹泊无以明志"②,可谓是给"信以发志"作了一个很好的注解。二是言行层面的理解。"信",从人,从言,指的是言语真实无欺、前后一致。《论语·为政》:"子曰:'人而无信,不知其可也。'"③是说一个人如果言行不一,就不知他该如何为人处世了。在这个层面,"信以发志"是一种以外养内的修养方法,即以自己许下的合乎正道的诺言为行为规范,以激发和修养自己的心志。三是生理层面的理解。按照易学家的考辨,"志"于易象为坎,为水。《周易集解》引虞翻:"坎为志。"④又皇甫谧言:"肾藏志"⑤,"水之精为志。"⑥按照五行与五脏的对应关系,脾对应"信",为后天之本;肾对应"志",为先天之本。"信以发志"者,亦可以理解为

---

① 《论语·公冶长》,陈晓芬、徐儒宗译注:《论语·大学·中庸》,中华书局2012年版,第53页。
② 《诫子书》,(三国)诸葛亮著,段熙仲、闻旭初编校:《诸葛亮集》,中华书局2009年版,第28页。
③ 陈晓芬、徐儒宗译注:《论语·大学·中庸》,中华书局2012年版,第24页。
④ (唐)李鼎祚:《周易集解》,中央编译出版社2011年版,第52页。
⑤ (晋)皇甫谧著,张全明校注:《针灸甲乙经》,科学技术文献出版社2010年版,第233页。
⑥ (晋)皇甫谧著,张全明校注:《针灸甲乙经》,科学技术文献出版社2010年版,第453页。

以后天之饮食调理来强健体魄,以坚固先天之本,坚定意志。

3.“固志”

以“正”为原则,以“信”来激发和确立心志后,还要保持心志的牢固和坚定,《易传》称之为“固志”。《遯》卦☶,六二《象传》曰:“执用黄牛,固志也。”《周易集解》引侯果曰:“独守中直,坚如革束。执此之志,莫之胜说。”①孔颖达释为:“坚固遁者之志,使不去己也。”②程颐曰:“其心志甚坚,如执之以牛革也。”③蔡清曰:“谓自固其志,不可荣以禄也。”④固,金文写作🔲,小篆写作🔲,《说文》释为“四塞也”。段玉裁注曰:“四塞者无罅漏之谓”,“凡坚牢曰固”。可知“固”的本义是指四周密闭,没有缝隙的牢固状态。又引申为坚定、坚决之意。据此,“固志”,是指心志(志向)坚定、不变动。

“固志”的另一种说法是不变志——“志未变也”。《中孚》卦☵,初九《象传》曰:“初九虞吉,志未变也。”程颐说:“人志不定,则惑而不安。”⑤又说:“盖其志未有变动。”⑥人不能“固志”,心志不坚,朝三暮四,见异思迁,则不免惑乱。人能够安心定气、志意专一,方可获得吉祥。

《遯》卦六二之“固志”,《中孚》卦初九之“志未变”,说的都是要坚定信念,立常志,不因外在的困难和挫折而轻易改变自己的志向。人生在世,有追求,有目标,这在心中就是一份志向。但在实现目标的过程中可能会有曲折、挫折,甚至磨难,此时是坚持还是改弦更张,是很多人面临的选择。《易传》告诉我们要“固志”,保持志向坚定、初心不移。如此,假以时日,目标就可能达成。反之,若是三天打鱼两天晒网,遇到困难就回头,或心志软弱,不能坚定持久,则很难实现目标。总之,符合道义的志向要坚定地持守,诚如《易传》所言,要像牛皮一样紧紧地扎牢,保持恒久不移。

① (唐)李鼎祚:《周易集解》,中央编译出版社 2011 年版,第 124 页。
② (魏)王弼、(晋)韩康伯注,(唐)孔颖达疏:《周易正义》,中国致公出版社 2011 年版,第 147 页。
③ (宋)程颐:《周易程氏传》,九州出版社 2011 年版,第 133 页。
④ (明)蔡清:《易经蒙引》,《景印文渊阁四库全书》第 29 册,台湾商务印书馆 1986 年版,第 326 页。
⑤ (宋)程颐:《周易程氏传》,九州出版社 2011 年版,第 244 页。
⑥ (宋)程颐:《周易程氏传》,九州出版社 2011 年版,第 244 页。

关于"固志",《易传》还给出了一种方法:效法武人之坚毅不拔。《履》卦☱,六三《象传》曰:"武人为于大君;志刚也。"孔颖达曰:"陵武加人,欲为大君,以其志意刚猛。"①《巽》卦☴,初六《象传》曰:"进退,志疑也。利武人之贞,志治也。"程颐谓:"利用武人之刚贞以立其志,则其志治也。"②"武人"何意? 郑玄笺解《诗经·小雅·渐渐之石》:"武人东征,不皇朝矣",曰:"武人,谓将率也。"③又《抱朴子·行品》:"奋果毅之壮烈,骋干戈以静难者,武人也。"④据此,"武人"指将帅军人。然《易传》为何言修刚强之意志,可效法武人? 武人与普通大众有何不同? 约而言之,有两点:其一,武人严守纪律;其二,武人要进行严格的军事体能训练。《周易》启示人们要建立坚毅不拔、刚猛精进的意志,可学习武人,效法他们的刚毅精神,更重要的是要效法他们培养意志的方法:一是严格遵守纪律。这在大众那里应该是指规矩、礼法。严守规矩、礼法,长期坚持,心志就会坚定专一。二是进行严格的体能训练。每天保持严格、适量的运动,长期坚持,人的意志和毅力则会有所增强。

第三节 《周易》与德行修养

《周易》是德行修养之书,帛书《易传·要》载孔子之言:"吾求亓德而已。"⑤孔颖达也说:"六十四卦悉为修德防患之事。"⑥前文已论述心性修养之法,本节着重阐发《周易》的德行修养之义。

《周易》认为德行修养有两个重要方法:学习和反省。学习,即是要广泛地学习、研究各种思想理论、文化知识,特别是古圣先贤的教诲及前人的经验教训,以知书达理,鉴古知今,明辨是非,察知善恶,从而拓展视野,提升境界,

---

① (魏)王弼、(晋)韩康伯注,(唐)孔颖达疏:《周易正义》,中国致公出版社2011年版,第147页。
② (宋)程颐:《周易程氏传》,九州出版社2011年版,第231页。
③ 李学勤主编:《十三经注疏·毛诗正义》,北京大学出版社1999年版,第940页。
④ (晋)葛洪著,庞月光译注:《抱朴子外篇全译》,贵州人民出版社1997年版,第446页。
⑤ 丁四新:《楚竹书与汉帛书〈周易〉校注》,上海古籍出版社2011年版,第529页。(笔者按:"巳"原文写作"巳",应为"巳"。)
⑥ (魏)王弼、(晋)韩康伯注,(唐)孔颖达疏:《周易正义》,中国致公出版社2011年版,第296页。

发明本心,修养德行。反省,即是反躬自省,常思己过;有过恶要及时察知,并作忏悔;改过迁善,尽快复归正道。这两种方法合起来使用,就可以收到"有不善,未尝不知;知之,未尝复行也"的效果,则修养近于圣贤矣。亦如荀子所言:"君子博学而日参省乎己,则知明而行无过矣。"①

有了修养方法,还需要知道修身的内容。对此,《周易》也作了阐述,提出了德行修养两个方面的内容:一是"敬、慎、仁";二是"九德"。前者是说要把"敬、慎、仁"作为待人处事之标准。"敬",是说对他人要尊重、礼敬,自处时也要遵守礼法,有所敬畏。"慎",即要小心谨慎,包括慎独、慎言语等方面的内容。"仁",指以仁爱之心待人处事,又要亲近仁人。"九德",指的是《易传》中提出的九种重要德行,即履、谦、复、恒、损、益、困、井、巽。

下面先从修身的方法谈起。

一、"多识前言往行"与学以蓄德

学习是德行修养之始,故学习得到了古人的普遍重视。如《诗经·周颂·敬之》曰:"日就月将,学有缉熙于光明。"②是说每天都精进不息地学习,日积月累,以求达到圣明之境界。《论语》二十篇,《学而》第一,开宗明义就说:"学而时习之,不亦说乎?"③《荀子》三十二篇,《劝学》为首,开篇即提出"学不可以已"④。东汉思想家王符《潜夫论》亦以《赞学》列于篇首,曰:"天地之所贵者,人也。圣人之所尚者,义也。德义之所成者,智也。明智之所求者,学问也。"⑤是说天地之间,人十分宝贵;人最重要的是德义;德义要靠智慧来获得;而智慧来源于学习。又说:"……夫此十一君者,皆上圣也;犹待学问,其智乃博,其德乃硕,而况于凡人乎?"⑥指出,即便是像黄帝、颛顼、帝喾、尧、

① 《荀子·劝学》,方勇、李波译注:《荀子》,中华书局 2011 年版,第 1 页。
② 邓启铜注释,殷光熹审读:《诗经》,东南大学出版社 2010 年版,第 376 页。
③ 陈晓芬、徐儒宗译注:《论语·大学·中庸》,中华书局 2012 年版,第 7 页。
④ 方勇、李波译注:《荀子》,中华书局 2011 年版,第 1 页。
⑤ (汉)王符撰,陈克艰整理,钱杭审阅,朱维铮复审:《潜夫论》,《传世藏书·子库·诸子1》,海南国际新闻出版中心 1996 年版,第 549 页。
⑥ (汉)王符撰,陈克艰整理,钱杭审阅,朱维铮复审:《潜夫论》,《传世藏书·子库·诸子1》,海南国际新闻出版中心 1996 年版,第 549 页。

舜、禹、汤、文、武、周公、孔子那样的圣人，尚且需要学习以进德修业，何况是凡人呢！因此，王符的结论就是：凡是想要进德修业，使自己之功德和事业传扬于后世的，没有什么比学习更好的方法了。他说："凡欲显勋绩扬光烈者，莫良于学矣。"①

其实，对于学习的强调和重视，最早可追溯到《周易》那里，《序卦传》言："有天地，然后万物生焉。盈天地之间者，唯万物，故受之以屯；屯者盈也，屯者物之始生也。物生必蒙，故受之以蒙。"《屯》卦位于《乾》、《坤》二卦之后，象征着人类和万物的创生。而紧接着第四卦，就是《蒙》卦，喻指教育、启蒙和学习。据此可知，人有了生命以后，除了基本的生理需要之外，第一件重要的事情就是学习。其后，孔子之《易》更是推阐学习对于进德修业的重要意义，认为德行培养的首要方法就是学习；学习最重要之目的则是为了提高和完善自己的德行。总之，学习是智慧和德义的开端和源泉。

《周易》言学习以培养德行，实则从《蒙》卦就已经开始。但此卦会在后面家庭教育中专门阐述，此处就暂时不论。在这里着重论述三个方面的内容：其一，是《乾》卦《文言传》提出的"学以聚之"，明确了以学习来培养德行。其二，是《大畜》卦《大象传》的"多识前言往行，以畜其德"，指出了具体的学习内容——多阅读历史及前人的研究成果，知兴衰成败之由，以为殷鉴。其三，《兑》卦《大象传》"朋友讲习"，提出了一种学习的方法——学友间互相交流、切磋，共同进步和提高。此三部分构成了一个富有逻辑的求学系统："学以聚之"是前提和方向，指明了学习是为了培养德行，解决了为什么要学习的问题；"前言往行"明确了学习的内容，即多学习前人的成果、多阅读历史，解决了要学习什么的问题；"朋友讲习"提供了一种学习的方法，即学友间多沟通、交流，解决了怎么学习的问题。下面详述之。

（一）"学以聚之"

《乾》卦《文言传》曰："君子学以聚之，问以辩之，宽以居之，仁以行之。"此是解释《乾》卦九二爻辞，认为君子要靠学习来积累知识，发问来辨别疑难，

---

① （汉）王符撰，陈克艰整理，钱杭审阅，朱维铮复审：《潜夫论》，《传世藏书·子库·诸子1》，海南国际新闻出版中心1996年版，第550页。

以宽容之道敦伦尽份，心存仁爱待人处事。九二爻刚居中位，处于"见龙在田，利见大人"之时，阳刚已出现在地面，象征九二正在修养德行：既言谈美好诚挚，行为谨慎有节，思想端正无邪，又能谦虚处世，不自夸耀，才德已渐露头角，正如《文言传》所谓"庸言之信，庸行之谨，闲邪存其诚，善世而不伐，德博而化"。然德行修养之法首在于学习——"学以聚之"，孔颖达："习学以蓄其德。"①修养德行以学为始，有了学问，人才能明理，也才能完善自我，有益于社会。又《礼记·学记》曰："玉不琢，不成器；人不学，不知道。"②又说："虽有嘉肴，弗食，不知其旨也。虽有至道，弗学，不知其善也。"③这些都明确了学习对于德行修养之首要意义。

（二）"多识前言往行，以畜其德"

《大蓄》卦《大象传》曰："天在山中，大畜；君子以多识前言往行，以畜其德。"此是说要多学习古圣先贤及前人的思想、智慧、经验和研究成果，以积蓄和培养自己的德行。程颐谓："人之蕴蓄，由学而大，在多闻前古圣贤之言与行，考迹以观其用，察言以求其心，识而得之，以蓄成其德。"④

提高德行修养，途径有很多，但"多识前言往行"是其中最为重要的方法之一。"多识前言往行"，广义而言，是普遍地学习各种文化知识；狭义上说，主要是指研读历史。历史记述了古往今来之兴衰成败，是现实的一面镜子。培根说："读史使人明智。"学习和借鉴前人的经验、教训；观览其中的兴衰之因，成败之由，可以使自己的智慧、才能和德行有大幅度地提升。如《尚书·召诰》记载召公的训诫，曰："我不可不监于有夏，亦不可不监于有殷。"⑤指出不能不以夏朝为戒，也不能不以殷朝为戒；时刻警诫自己，不要重蹈覆辙，务要"疾敬德"⑥。因此，孔子十分赞叹周朝之德，他说："周监于二代，郁郁乎文

---

① （魏）王弼、（晋）韩康伯注，（唐）孔颖达疏：《周易正义》，中国致公出版社2011年版，第28页。
② 刘波、王川注释：《礼记》，东南大学出版社2010年版，第225页。
③ 刘波、王川注释：《礼记》，东南大学出版社2010年版，第225页。
④ （宋）程颐：《周易程氏传》，九州出版社2011年版，第103页。
⑤ 王世舜、王翠叶译注：《尚书》，中华书局2012年版，第224页。
⑥ 王世舜、王翠叶译注：《尚书》，中华书局2012年版，第225页。

哉!"①又《礼记·经解》谓《尚书》有"疏通知远"②之功;《汉书·艺文志》说史官"历记成败存亡祸福古今之道"③;唐代李商隐《咏史》言:"历览前贤国与家,成由勤俭破由奢"④;陆游《一壶歌》:"看尽人间兴废事,不曾富贵不曾穷"⑤;宋代胡安国《春秋传》卷六说:"观《春秋》所书,则见王室衰乱之由,而知兴衰拨乱之说矣。"⑥这些都从不同方面点明了"多识前言往行"、"以史为镜"的价值和意义。

总之,广泛地阅读历史典籍,可以在较短时间里经历千百年的沉浮和沧桑,会通古今,洞达天人,看透世间玄妙,领悟人生大道,从而具备明是非、观成败、别善恶、知荣辱及"彰往察来"、"疏通知远"的素质和能力。在这个过程中,自己之智慧、德行、品质、眼界、胸怀和精神境界都会得到全面的提升和完善。

(三)"朋友讲习"

《兑》卦《大象传》曰:"丽泽,兑;君子以朋友讲习。""丽"有"接连不断"的意思,王弼:"犹连也。"⑦《兑》卦上下卦皆为兑泽,两泽相连,有交相滋润、补益之象。程颐:"丽泽,二泽相附丽也。两泽相丽,交相浸润,互有滋益之象。"⑧又按《说卦传》,兑为"口舌",有讲习言谈之象;兑又有喜悦之象。合此三者,联系人事,是说君子怀着喜悦的心情,同良师益友在一起,交流思想,研讨学问。孔颖达曰:"朋友聚居,讲习道义,相说之盛,莫过于此也。"⑨来知德也说:"朋友之间从容论说,以讲之于先,我又切实体验,以习之于后,则心与

---

① 《论语·八佾》,陈晓芬、徐儒宗译注:《论语·大学·中庸》,中华书局 2012 年版,第 32 页。
② 刘波、王川注释:《礼记》,东南大学出版社 2010 年版,第 310 页。
③ (汉)班固撰,陈焕良、曾宪礼标点:《汉书》,岳麓书社 2008 年版,第 686 页。
④ (唐)李商隐、李贺著,朱怀春、曹光甫、高克勤标点:《李商隐全集(附李贺诗集)》,上海古籍出版社 1999 年版,第 17 页。
⑤ (宋)陆游著,钱仲联校注:《剑南诗稿校注》(第 5 册),上海古籍出版社 2008 年版,第 2225 页。
⑥ (宋)胡安国撰,王丽梅校点:《春秋传》,岳麓书社 2011 年版,第 68 页。
⑦ (魏)王弼、(晋)韩康伯注,(唐)孔颖达疏:《周易正义》,中国致公出版社 2011 年版,第 228 页。
⑧ (宋)程颐:《周易程氏传》,九州出版社 2011 年版,第 234 页。
⑨ (魏)王弼、(晋)韩康伯注,(唐)孔颖达疏:《周易正义》,中国致公出版社 2011 年版,第 228 页。

理相涵,而所知者益精;身与事相安,而所能者益固。"①

之所以要"朋友讲习",互相砥砺、交流,是因为个人学识、智慧有所局限。《礼记·学记》曰:"独学而无友,则孤陋而寡闻。"②是说如果在学习中缺乏学友之间的交流和切磋,则会导致见识浅陋。孔子曰:"三人行,必有我师焉。"③每个人都有自己的长处和不足,良师益友之间互相交流,既能丰富思想、开拓视野、提升境界,达到学识上的互补,还能相互切磋交流,相互砥砺提高,激发出新的创造力,更可以学习、借鉴和吸收对方好的品质,提高自己的德行,完善自己之人格。

二、"反身修德"与恐惧修省

学习是德行修养的第一步,有了学问还要经常反观自身,自我反省,看看自己哪些做得好,还有哪里做得不到位,这样才能看到差距和不足,也才能改过迁善,不断提高自己。荀子谓:"君子博学而日参省乎己,则知明而行无过矣"④,说的就是这个道理。

反躬自省的修养方法在《周易》中得到了特别的重视和强调。约而言之,《周易》中有三个卦谈到了这个问题。《复》卦初九《象传》言:"不远之复,以修身也",首先申明反观自省是德行修养的重要方法。《蹇》卦《大象传》曰:"山上有水,蹇;君子以反身修德",是说当遇到困难时,不要怨天尤人,而要静下心来反省自己的德行如何,发现自己的过恶,并及时改正。《震》卦《大象传》曰:"洊雷,震;君子以恐惧修省",指出在雷声震动,万物肃然的境况中,自己要有所恐惧和敬畏,诚恳地反思和忏悔自己的过恶,改过迁善。

(一)"不远之复,以修身也"

《复》卦☷☳,初九:"不远复,无祗悔,元吉。"《杂卦传》:"复,反也。"《复》为卦,上坤下震,一阳复起,有复归之义,《周易集解》引何妥:"复者,归本之

---

① (明)来知德:《来注易经图解》,中央编译出版社2010年版,第395页。
② 刘波、王川注释:《礼记》,东南大学出版社2010年版,第227页。
③ 《论语·述而》,陈晓芬、徐儒宗译注:《论语·大学·中庸》,中华书局2012年版,第82页。
④ 《荀子·劝学》,方勇、李波译注:《荀子》,中华书局2011年版,第1页。

名。"①《复》卦初九爻辞有这样的象:出发不远就及时返回正道,这样就没有悔恨、灾险,结果大为吉祥。《象传》联系德行修养,发挥曰:"不远之复,以修身也。"推阐爻辞象义之旨,认为修身之道,乃在于时常反躬自省,进行自我检讨、自我批评,发现自己的过恶,并及时改正,回归正道。王弼解释爻辞说:"不远而复,几悔而反,以此修身,患难远矣。"②

《系辞传》载孔子对于此爻之寓意的推阐:"颜氏之子,其殆庶几乎?有不善,未尝不知;知之,未尝复行也。"是说:颜回这位弟子,他的德行大概接近正道了吧。有不善的念头和言行,没有不知道的;一旦知道,就马上改正。在《论语》中,孔子还称赞颜回"不迁怒、不贰过"③。此即表明能知错,能改过,是难能可贵的。知错能改要求人具备高度的反省能力、警觉心态。另外,《论语》载曾子"吾日三省吾身"④,亦此爻旨之体现。

《左传·宣公二年》:"人谁无过?过而能改,善莫大焉。"⑤孔子也说:"过,则勿惮改。"⑥又说:"过而不改,是谓过矣。"⑦人生在世,难免不犯过错。重要的是,要保持心态的清明正觉,时常沉下心来,反省自己;静坐常思己过,有过恶及时改正,复归正道,正所谓"知过能改,善莫大焉"。程颐发挥说:"不远而复者,君子所以修其身之道也。学问之道无他也,唯其知不善则速改以从善而已。"⑧甚是。

(二)"反身修德"

《蹇》卦䷦,《大象传》曰:"山上有水,蹇;君子以反身修德。"《彖传》:"蹇,难也,险在前也。"《序卦传》:"蹇,难也。"《蹇》卦上坎为水,下艮为山,山上有水,水受阻而不能流动,有艰难险阻之意。孔颖达曰:"山者是岩险,水是阻难。

① (唐)李鼎祚:《周易集解》,中央编译出版社 2011 年版,第 218 页。
② (魏)王弼、(晋)韩康伯注,(唐)孔颖达疏:《周易正义》,中国致公出版社 2011 年版,第116 页。
③ 《论语·雍也》,陈晓芬、徐儒宗译注:《论语·大学·中庸》,中华书局 2012 年版,第 62 页。
④ 《论语·学而》,陈晓芬、徐儒宗译注:《论语·大学·中庸》,中华书局 2012 年版,第 8 页。
⑤ 陈铁民等译注:《十三经·春秋左传》,三秦出版社 2004 年版,第 1197 页。
⑥ 《论语·学而》,陈晓芬、徐儒宗译注:《论语·大学·中庸》,中华书局 2012 年版,第 10 页。
⑦ 《论语·卫灵公》,陈晓芬、徐儒宗译注:《论语·大学·中庸》,中华书局 2012 年版,第 192 页。
⑧ (宋)程颐:《周易程氏传》,九州出版社 2011 年版,第 97 页。

水积山上,弥益危难,故曰'山上有水,蹇'。"①来知德指出:"山上有水,为山所阻,不得流行,蹇之象也。"②于人事而言,蹇喻指"磨难"、"挫折"、"祸患"。

君子观察山上有水而受阻之象,反思自己,领悟德行修养之旨。反思一切是非、成败,无非由己而起,孟子谓之曰:"祸福无不自己求之者。"③《荀子·劝学》亦言:"荣辱之来,必象其德。"④是说荣辱、祸福是与自己之德行相匹配的;有好的德行,就会感召好的结果;反之,则有不好的结果。董仲舒在《春秋繁露·同类相动》中,进一步分析了造成这个现象的原因,他说:"非独阴阳之气可以类进退也,虽不祥祸福所从生,亦由是也。无非己先起之,而物以类应之而动者也。故聪明圣神,内视反听,言为明圣内视反听。故独明圣者知其本心皆在此耳。"⑤这是说,人的心念、言行会在宇宙空间中产生一种波动,亦即《系辞传》中所说的"言行,君子之所以动天地也",这种波动会同与之相近频率之事物产生共鸣,并将之吸引而来。有好的心念和言行就会吸引、感召来好的结果;有不好的心念和言行,就会感召到不好的结果。《吕氏春秋·召类》说:"祸福之所自来,众人以为命,焉不知其所由。"⑥通过上面的分析,我们可以知道,决定祸福的"由"不是别人,也不是宿命论意义上的命运,而是自己。因此,在面临挫折、磨难甚至是祸患之时,不要怨天尤人,埋怨命运不公;而应反思自己,从自己身上找原因、找缺点、找过恶,并且尽快改过迁善,进德修业,立身行道,这样才能从根本上化解危难,获得好的结果。这既就是《大象传》给人的训诫"反身修德",也是夫子的教诲:"不怨天,不尤人,下学而上达。"⑦"下学"者,积极学习、反身修德也;"上达"者,逢凶化吉、通天达地也。又如《中庸》载夫子之言:"失诸正鹄,反求诸其身"⑧,是说没有射中靶心,应该反

① (魏)王弼、(晋)韩康伯注,(唐)孔颖达疏:《周易正义》,中国致公出版社2011年版,第164页。
② (明)来知德:《来注易经图解》,中央编译出版社2010年版,第308页。
③ 《孟子·公孙丑上》,方勇译注:《孟子》,中华书局2012年版,第57页。
④ 方勇、李波译注:《荀子》,中华书局2011年版,第4页。
⑤ (汉)董仲舒著,张世亮、钟肇鹏、周桂钿译注:《春秋繁露》,中华书局2012年版,第484页。
⑥ 陆玖译注:《吕氏春秋》,中华书局2011年版,第755页。
⑦ 《论语·宪问》,陈晓芬、徐儒宗译注:《论语·大学·中庸》,中华书局2012年版,第177页。
⑧ 陈晓芬、徐儒宗译注:《论语·大学·中庸》,中华书局2012年版,第310页。

过头来从自己身上找原因;喻指遇到困难、事业不顺时,要先从自己身上寻找过恶,反身修德。后世易学家,也进一步推阐了"反身修德"之义,所说甚明,兹录几例,以备参考。如王弼:"除难莫若反身修德。"①孔颖达:"蹇难之时,未可以进,唯宜反求诸身,自修其德,道成德立,方能济险,故曰'君子以反身修德'也。"②程颐:"君子之遇艰阻,必反求诸己而益自修……故遇艰蹇,必自省于身:有失而致之乎?是反身也。有所未善则改之,无歉于心则加勉,乃自修其德也。"③

(三)"恐惧修省"

《震》卦☳,《大象传》曰:"洊雷,震;君子以恐惧修省。""洊"同"荐",犹言"屡次"、"接连不断"。"洊雷",是说天上的雷声轰鸣不断,响彻云霄,孔颖达:"洊者,重也,因仍也。雷相因仍,乃为威震也。"④《震》卦辞云:"亨。震来虩虩,笑言哑哑。震惊百里,不丧匕鬯。""虩虩"犹言"恐惧的样子"。"震来虩虩",是说雷声震动,天下怵惕恻隐,深感恐惧。"震惊百里,惊远而惧迩也",震雷威力巨大,响彻天际,远近的人们皆有所戒惧,不敢妄为,程颐谓:"雷之震及于百里,远者惊、迩者惧,言其威远大也。"⑤《震》卦爻辞同样取雷威震动之象:初九"震来虩虩"、六二"震来厉"、六三"震苏苏"、九四"震遂泥"、六五"震往来厉"、上六"震索索",皆以雷声恐惧为喻。

天雷震动,乃"天事恒象"⑥,君子处于这种环境之中,身心竦然恐惧。然而这种恐惧,却并非一般意义上的害怕、畏惧;而是一种敬畏,是担忧自己"德之不修,学之不讲,闻义不能徙,不善不能改"⑦的戒惧之心。这是把大自然气象之剧烈变化当作是上天对自己的警醒。又如《论语·乡党》载孔子"迅雷风

---

① (魏)王弼、(晋)韩康伯注,(唐)孔颖达疏:《周易正义》,中国致公出版社 2011 年版,第164 页。

② (魏)王弼、(晋)韩康伯注,(唐)孔颖达疏:《周易正义》,中国致公出版社 2011 年版,第164—165 页。

③ (宋)程颐:《周易程氏传》,九州出版社 2011 年版,第 155 页。

④ (魏)王弼、(晋)韩康伯注,(唐)孔颖达疏:《周易正义》,中国致公出版社 2011 年版,第206 页。

⑤ (宋)程颐:《周易程氏传》,九州出版社 2011 年版,第 207 页。

⑥ 陈铁民等译注:《十三经·春秋左传》,三秦出版社 2004 年版,第 1381 页。

⑦ 《论语·述而》,陈晓芬、徐儒宗译注:《论语·大学·中庸》,中华书局 2012 年版,第75 页。

烈必变"①，《礼记·玉藻》曰："若有疾风、迅雷、甚雨，则必变，虽夜必兴，衣服冠而坐。"②这都是说古人在雷声震动、疾风暴雨之环境中，心中有所敬畏，而整顿仪容，反躬自省，敬慎己心。

雷声轰鸣，是上天在告诫自己，要战战兢兢，时时警惕，积极修养自己之德行。孔颖达指出："君子恒自战战兢兢，不敢懈惰；今见天之怒，畏雷之威，弥自修身省察己过，故曰'君子以恐惧修省'也。"③余琰谓："修者，修敕其善而进之也；省者，省察其不善而改之也。"④陈鼓应、赵建伟也说："'修省'，修身检省。古人视雷鸣为天谴，故君子闻雷，必恐惧修身，省思己过，所以敬畏天威。"⑤唯有所敬畏，反躬自省，迁善改过，遏恶扬善，才可远祸避害，获得亨通。

上述所言，"不远之复，以修身也"，"反身修德"，"恐惧修省"，皆是自我修省之法。然从另外一种意义上说，上述三种修省之法亦构成了一个资质由高到低的德行修养层级。《中庸》说："或生而知之，或学而知之，或困而知之，及其知之，一也。"⑥是说有的人是天生就明晓德行大道；有的人是通过后天的学习才明白这些道理；还有的人则是遇到了困难险阻，经过磨难才知道这些道理；但是当他们最终明了这些道理的时候，结果却是一样的。《复》卦初九不远而复，有微小的过恶之念，就能及时发觉，并尽快改正；亦即《系辞传》之"有不善，未尝不知；知之，未尝复行也"，"见几而作，不俟终日"，属于"学而知之"之类的人。《蹇》卦、《震》卦喻指遇到艰难险阻、危厉恐惧，经过磨难，方反躬自省者，属于"困而知之"之类的人。而且就困难程度而言，《震》卦比《蹇》卦更高，《蹇》卦仅象征困难险阻，而《震》卦为雷声轰鸣，喻指危险和惩罚。因此，可以说此三卦分别代表三种类型的修养者：第一种修养者，是德行天赋较高，主动学习，能够自觉修养自己；第二种修养者，是遇到困难后，能够及时反省自己的过恶，尽快回归正道；第三种修养者，是遇到了危险和惩罚才

---

① 陈晓芬、徐儒宗译注：《论语·大学·中庸》，中华书局 2012 年版，第 121 页。
② 刘波、王川注释：《礼记》，东南大学出版社 2010 年版，第 189 页。
③ （魏）王弼、（晋）韩康伯注，（唐）孔颖达疏：《周易正义》，中国致公出版社 2011 年版，第206 页。
④ （元）余琰：《余氏易集说》，吉林出版集团有限责任公司 2005 年版，第 131 页。
⑤ 陈鼓应、赵建伟：《周易今注今译》，商务印书馆 2010 年版，第 461 页。
⑥ 陈晓芬、徐儒宗译注：《论语·大学·中庸》，中华书局 2012 年版，第 326 页。

悔悟、修省之人。此三者在逻辑上形成了一个资质由高到低的层级结构,尽管资质不一,但若能做到反身修德,改过迁善,其最终的结果还是一样的——立身行道。

三、"敬、慎、仁"与修养标准

"敬、慎、仁"是《周易》十分重视的修养功夫。清人曾文正公说:"细思古人工夫,其效之尤著者,约有四端:曰慎独则心泰,曰主敬则身强,曰求仁则人悦,曰思诚则神钦。"①可谓是深明易理。《周易》认为人之思想、言行,要遵守"敬、慎、仁"三者。"敬、慎、仁"也是德行修养的内容、标准和目标。

(一)敬

"敬",《说文》:"肃也"。《释名·言语》:"敬,警也,恒自肃警也"②。《玉篇》:"恭也,慎也。""敬"犹言"恭敬"、"谨慎",指的是心态恭敬、有礼待人,"礼主于敬"③。

"敬"的观念在《尚书》、《诗经》中就已出现,《论语》、《孟子》、《荀子》中也多次出现"敬"字。在这些典籍中,"敬"多作为一种修养方法和道德准则出现。同样,《易传》也把"敬"作为一种十分重要的修养方法提出来。

《坤》卦《文言传》:"君子敬以直内,义以方外,敬义立而德不孤。""内"指内心,孔颖达说"内"乃"谓心也"④。按,《说文》所载《心部》之"忠"、"憼"、"憼"皆释为"敬"。孔颖达《礼记正义》引何胤曰:"在貌为恭,在心为敬。"⑤可见,"敬"主要是针对内心而言,是内心端正纯一、专静恭肃、斋庄不懈之状态。"敬以直内",指出以恭敬之道修养己心;"义以方外",是说言行要遵守伦理道

---

① (清)曾国藩著,李瀚章编撰,李鸿章校刊:《曾文正公全集》(第一册),线装书局 2012 年版,第 259 页。

② (汉)刘熙:《释名》卷第四,《四部丛刊初编》经部第 13 册,上海书店 1989 年版。(原文为影印,无明显页码,下同)

③ 东汉何休注《左传》"秦人来归僖成风之襚……",曰:"礼主于敬。"[参见(汉)何休:《春秋公羊经传解诂》文公第六,《四部丛刊初编》经部第 7 册,上海书店 1989 年版。此书为影印本,没有明确标明页码。]

④ (魏)王弼、(晋)韩康伯注,(唐)孔颖达疏:《周易正义》,中国致公出版社 2011 年版,第 37 页。

⑤ (汉)郑玄注,(唐)孔颖达正义:《礼记正义》,上海古籍出版社 2011 年版,第 21 页。

义。孔颖达曰:"用此恭敬以直内理……用此义事,以方正外物。"①程颐也说:"君子主敬以直其内,守义以方其外。敬立而内直,义形而外方。"②蔡清《易经蒙引》指出:"直不自直,必由于敬;方不自方,必由于义。"③

"敬",主于在内心下功夫,以"敬肃"涵养己心,培养对人、事、物恭敬有礼的心态,防止私欲横行,消极懈怠,烦恼丛生。内心之敬发用于外,即是合乎道义的行为。至于如何做到"敬"。《观》卦☷,以祭祀设喻,说明了这一点。卦辞曰:"盥而不荐,有孚颙若。""盥而不荐"是一种隆重的祭祀、降神仪式,《周易集解》引马融曰:"盥者,进爵灌地,以降神也。此是祭祀盛时。"④"颙",指的是恭敬仰慕、严正温和的状态。《周易集解》引马融曰:"敬也"⑤,引虞翻曰:"君德,有威容貌"⑥,孔颖达谓:"严正之貌。"⑦卦辞取盛大严肃的祭祀典礼为象,以启示培养恭敬、肃静之法。《周易集解》引马融曰:"以下观上,见其至盛之礼,万民信敬,故云'有孚颙若'。"⑧《观》卦阐发的祭祀之义,实则描述了一种"敬"的状态;启示人们为"敬"之法,即要保持参加隆重祭祀或庄重典礼时那种心态和行为。

"敬"虽是对心而言,但心中之"敬"必然要发见于外。同样,外在之"敬"也可以激发内心之"敬"。因此,可以运用外在言行的肃穆和庄重来涵养内心之"敬",这是一种以外养内的方法。至于何种言行为敬,朱子给出了一个标准,谓:"坐如尸,立如齐,头容直,目容端,足容重,手容恭,口容止,气容肃。"⑨朱子之说与《观》卦所阐发"敬"之旨相同,均说明了践行"敬"之具体方法。

---

① (魏)王弼、(晋)韩康伯注,(唐)孔颖达疏:《周易正义》,中国致公出版社 2011 年版,第 37 页。
② (宋)程颐:《周易程氏传》,九州出版社 2011 年版,第 14 页。
③ (明)蔡清:《易经蒙引》,景印文渊阁《四库全书》第 29 册,台湾商务印书馆 1986 年版,第 86 页。
④ (唐)李鼎祚:《周易集解》,中央编译出版社 2011 年版,第 83 页。
⑤ (唐)李鼎祚:《周易集解》,中央编译出版社 2011 年版,第 83 页。
⑥ (唐)李鼎祚:《周易集解》,中央编译出版社 2011 年版,第 84 页。
⑦ (魏)王弼、(晋)韩康伯注,(唐)孔颖达疏:《周易正义》,中国致公出版社 2011 年版,第 101 页。
⑧ (唐)李鼎祚:《周易集解》,中央编译出版社 2011 年版,第 83 页。
⑨ (宋)黎靖德:《朱子语类》,中华书局 1986 年版,第 212 页。

若能时时保持"敬"的言行,内心之"敬"也会逐步培养起来。内心保持诚敬,言行遵守道义,即合乎道德矣。程颐赞叹曰:"敬义既立,其德盛矣。"①

上述指出存敬可以涵养本心,亦是进德修业之佳径。然而为何要修养"敬",或者说"敬"能够给人带来哪些益处呢?《周易》给出了几点理由:

1."敬慎不败也"

"敬慎"是避免和化解患难的有力"武器"。《需》卦☰,九三爻《象传》曰:"需于泥,灾在外也。自我致寇,敬慎不败也。"九三阳刚不中,靠近外卦坎险,爻辞言"致寇至",是说此时会有强盗来袭,而处于危难的境遇之中。故《周易本义》:"'泥',将陷于险矣。'寇',则害之大者。九三去险愈近而过刚不中,故其象如此。"②《象传》曰:"灾在外也",说明灾祸在身外,尚未临身,孔颖达言:"泥犹居水之外,即灾在身外之义。"③虽然祸患尚在于外,没能殃及本身,但此种境地却是自己不慎招致而来的,所谓"自我致寇"也,即程颐谓"寇自己致"④。故《象传》告诫九三必须"敬慎",方能避免匪寇之患,程颐说:"直使敬慎毋失其宜耳。"⑤

此爻以"寇"设喻,"寇"象征灾害;九三不处中位,又自恃阳刚且与上六有应,而自骄自大,刚亢躁进,有不敬不慎、恣意怠慢之象,而自招祸患。《象传》观此象,提出"敬慎不败"的训诫,谓处于此种情境之人必须恭敬待人,谨慎处事,方能避免咎害。又九三阳刚为财,喻指"有钱";与上六有应,喻指"有势"。九三处于有钱有势之境遇,若恣意失敬,麻痹大意,尚且有致祸之患,更何况是无钱或无势之人呢?因此,爻旨阐发的道理在于,不论处于何种境遇,也不管自己处于怎样的贤达高位,都要谦虚小心、敬慎处事,防止招致祸患。亦如刘沅在《周易恒解》中所指出的:"敬慎以自全……敬于居心,慎于行事,则不败也。"⑥

2."敬之终吉"

上文指出敬慎可以避免祸患,其实,礼敬一切,还是取吉之道,可以获得美

---

① (宋)程颐:《周易程氏传》,九州出版社 2011 年版,第 14 页。
② (宋)朱熹撰,李一忻点校:《周易本义》,九州出版社 2004 年版,第 18 页。
③ (魏)王弼、(晋)韩康伯注,(唐)孔颖达疏:《周易正义》,中国致公出版社 2011 年版,第 49 页。
④ (宋)程颐:《周易程氏传》,九州出版社 2011 年版,第 24 页。
⑤ (宋)程颐:《周易程氏传》,九州出版社 2011 年版,第 24 页。
⑥ (清)刘沅:《周易恒解》,《续修四库全书》第 26 册,上海古籍出版社 2002 年版,第 38 页。

好的结果。

《需》卦☵，上六曰："入于穴，有不速之客三人来，敬之终吉。"上六阴爻"不当位"，居于上卦坎险之极，又处《需》卦之终，有陷于穴中之象，朱子指出上六"阴居险极，无复有需，有陷而入穴之象"①。又下卦《乾》之三阳，象征"不速之客"前来，朱子说："下应九三，九三与下二阳需极并进，为'不速客三人'之象。"②"不速之客"中的"速"是"邀请"、"召唤"之意，孔颖达："速，召也。"③又如郑玄注《诗经·小雅·伐木》："既有肥羜，以速诸父"，曰："速，召也。"④据此，"不速之客"是指不请自来的客人，孔颖达谓："不须召唤之客有三人自来。"⑤此爻居于《需》卦之极，处于上六"虚位"，阴居阴位，象征不利的环境，故爻辞谓"入于穴"，喻指危险之地；又有"不速之客"的到来，实在是处于凶多吉少之危境。在这种情况之下，想获得好的结果着实不易。然爻辞却说"敬之，终吉"，即是说以恭敬、柔顺之心相待，可以避免凶患，终获得吉祥。朱子说："柔不能御而能顺之，有'敬之'之象……敬而待之，则得'终吉'也。"⑥《周易折中》引薛瑄曰："有不速之客三人来，敬之终吉，处横逆之道也。"⑦此爻指出尽管处于危险的境遇之中，若能谨慎小心、兢兢业业、恭敬谦和，还是可以避免危难的，甚至可以扭转时局，获得吉祥的结果。由此进一步推展：处于艰难之中，以敬慎之心处事，尚可趋吉避凶，更何况是顺境之中呢！这就启示人们，若能时时以敬慎的态度待人处事，自然可以大幅度地减少和避免过恶，亦如吕祖谦所言："大氐天下之事，若能款曲停待，终是少错"⑧，如此亦可获得吉祥之结果。

---

① （宋）朱熹撰，李一忻点校：《周易本义》，九州出版社 2004 年版，第 19 页。
② （宋）朱熹撰，李一忻点校：《周易本义》，九州出版社 2004 年版，第 18 页。
③ （魏）王弼、（晋）韩康伯注，（唐）孔颖达疏：《周易正义》，中国致公出版社 2011 年版，第 50 页。
④ 李学勤主编：《十三经注疏·毛诗正义》，北京大学出版社 1999 年版，第 579 页。
⑤ （魏）王弼、（晋）韩康伯注，（唐）孔颖达疏：《周易正义》，中国致公出版社 2011 年版，第 49 页。
⑥ （宋）朱熹撰，李一忻点校：《周易本义》，九州出版社 2004 年版，第 19 页。
⑦ （清）李光地：《御纂周易折中》，中央编译出版社 2011 年版，第 48 页。
⑧ （宋）吕祖谦编著，黄灵庚、吴战垒主编：《吕祖谦全集》（第一册），浙江古籍出版社 2008 年版，第 527 页。

3."敬之,无咎"

敬还能避免过失、咎害、罪过。《离》卦☲,初九:"履错然,敬之,无咎。"《象传》曰:"履错之敬,以辟咎也。""错然",一说为"小心谨慎"之貌,如王弼曰:"'错然'者,警慎之貌也。"①胡瑗曰:"'错然'者,'敬之'之貌也。"②尚秉和指出:"'错然',盖又有郑重不苟之意。"③

按,帛书《周易》"错"作"昔"④,《说文》认为"错"乃"从金,昔声",可知古代"错"与"昔"通用互假。"昔",甲骨文写作𣊟,金文写作𣊟,上部分为波涛汹涌的洪水,下部为太阳,有洪水滔天、遮天蔽日之象,喻指混乱纷杂的局面。又《小尔雅》、《玉篇》皆释"错"为"杂也"。孔安国注《尚书·禹贡》"厥赋惟上上错",曰:"错,杂。"⑤孔颖达疏曰:"交错是间杂之义,故'错'为杂也。"⑥又,"错"有"乱"义,如孔安国《尚书序》:"其余错乱摩灭,弗可复知。"⑦如此看来,"错然"应是指纷纷扰扰、混乱不清之意。故蔡渊曰:"错然者,交杂之貌也。"⑧李士鉁也说:"错然者,躁动纷杂之意也。"⑨

《离》之为卦,其象为日,为火。初九处《离》卦之始,如日之初生,似火之始燃,有纷纷芸芸,其性未定之象,刘沅谓初九居于《离》卦之初,"人心之动,如火之始然,朝日之方升,平旦之气未远"⑩,故"错然"。于人事而言,则指事

① (魏)王弼、(晋)韩康伯注,(唐)孔颖达疏:《周易正义》,中国致公出版社2011年版,第137页。

② (宋)倪天隐述其师胡瑗之说:《周易口义》,吉林出版集团有限责任公司2005年版,第147页。

③ 尚秉和:《周易尚氏学》,九州出版社2011年版,第126页。

④ 帛书《周易·离》卦初九曰:"礼昔然,敬之,无咎。"(参见张立文:《帛书周易注译》,中州古籍出版社2008年版,第340页。)

⑤ (汉)孔安国传、(唐)孔颖达正义,黄怀信整理:《尚书正义》,上海古籍出版社2012年版,第194页。

⑥ (汉)孔安国传、(唐)孔颖达正义,黄怀信整理:《尚书正义》,上海古籍出版社2012年版,第194页。

⑦ (汉)孔安国传、(唐)孔颖达正义,黄怀信整理:《尚书正义》,上海古籍出版社2012年版,第17页。

⑧ (宋)蔡渊:《周易卦爻经传训解》,景印文渊阁《四库全书》第18册,台湾商务印书馆1986年版,第48页。

⑨ (清)李士鉁:《周易注》,《续修四库全书》第39册,上海古籍出版社2002年版,第51页。

⑩ (清)刘沅:《周易恒解》,《续修四库全书》第26册,上海古籍出版社2002年版,第84页。

务缠身,错杂纷乱,心绪不定。董真卿《周易会通》引胡一桂指出:"'错然',是事物纷错之意"①;刘沅亦说此乃"履纷错之事"②。处于这种纷乱情形之下,心神不宁,难免疲劳懈怠,甚至出错,而遇到挫折、咎害。《周易》垂诚世人:此时若能郑重其事,保持心态的敬慎庄重,不为纷乱干扰,小心谨慎待人处事,则可以避免咎害,所谓"敬之,无咎"。董真卿《周易会通》引胡一桂曰:"能敬则心有主宰,酬应不乱,可免于咎。不能敬,则反是。"③李士鉁也指出:"敬则心不懈,而神不驰,不患事之纷繁,可以避咎矣。"④

总结上面三点,《周易》之所以强调"敬"的修养,是因为"敬"能够带来三个方面的效益:第一,处于顺利之环境中或有钱有势之时,不可恣意妄为,唯有"敬慎"持谦可以避免衰败,常保安泰,所谓"敬慎不败也",亦即老子所言:"慎终如始,则无败事。"⑤第二,处于不利之境遇中,恭敬待人,可避免灾害,还能获得吉祥,即"敬之终吉"。第三,事务纷繁,琐事缠身,日理万机之时,做到"敬之",谨慎处理,可以避免咎害。可以说,无论是处于顺境还是逆境,也不管是待人还是处事,以敬处之,皆可持盈保泰,逢凶化吉。也正如李士鉁指出的那样:"需上之敬,敬人也;离初之敬,敬事也。敬人,则人不犯,可以处难处之人;敬事,则事不败;可以处难处之事。"⑥正因为"敬"有如此之功效,故被后儒大加发挥和推阐,成为身心修养的绝佳法门。如程颐谓:"涵养须用敬,进学则在致知。"⑦朱子说:"'敬'之一字,真圣门之纲领,存养之要法。"⑧"敬则万理具在。"⑨"人常恭敬,则心常光明。"⑩

(二)慎

"慎",指思想、言行谨慎小心,《说文》、《尔雅义疏》皆言:"慎,谨也。"

① (元)董真卿:《周易会通》,吉林出版集团有限责任公司 2005 年版,第 275 页。
② (清)刘沅:《周易恒解》,《续修四库全书》第 26 册,上海古籍出版社 2002 年版,第 84 页。
③ (元)董真卿:《周易会通》,吉林出版集团有限责任公司 2005 年版,第 275 页。
④ (清)李士鉁:《周易注》,《续修四库全书》第 39 册,上海古籍出版社 2002 年版,第 51 页。
⑤ 靳永、胡晓锐注译:《老子》,崇文书局 2007 年版,第 134 页。
⑥ (清)李士鉁:《周易注》,《续修四库全书》第 39 册,上海古籍出版社 2002 年版,第 51 页。
⑦ (宋)程颢、(宋)程颐:《二程遗书》,上海古籍出版社 2000 年版,第 237 页。
⑧ (宋)黎靖德:《朱子语类》,中华书局 1986 年版,第 210 页。
⑨ (宋)黎靖德:《朱子语类》,中华书局 1986 年版,第 210 页。
⑩ (宋)黎靖德:《朱子语类》,中华书局 1986 年版,第 210 页。

"慎"也是德行修养的重要内容,《国语·周语》谓:"慎,德之守也。"①

关于"慎德"之修养,先秦及秦汉古籍多有论述。如《尚书·蔡仲之命》有"慎始"之说,曰:"慎厥初,惟厥终,终以不困。"②又《左传·襄公二十五年》引《书》曰:"慎始而敬终,终以不困。"③《礼记·经解》引《易》曰:"君子慎始。差若豪氂,谬以千里。"④《论语》有"慎言"之说,曰:"敏于事而慎于言。"⑤《淮南子·人间训》有"慎微"之说,曰:"圣人敬小慎微。"⑥《大学》、《中庸》有"慎独"之说,《大学》曰:"如恶恶臭,如好好色,此之谓自谦,故君子必慎其独也!"⑦《中庸》说:"莫见乎隐,莫显乎微。故君子慎其独也。"⑧《韩诗外传》载周公诫子,有"慎谦"之说,曰:"不谦而失天下,亡其身者,桀纣是也。可不慎欤?"⑨

关于"慎德"之修养,《周易》中又有哪些论述呢?下面,首先分析为何要修养"慎德"。《周易》认为修养"慎德",一则可以避免灾害,二则可以避免过失。

1. "慎不害也"

"慎"能避免灾害。《坤》卦☷,六四:"括囊;无咎,无誉。"《象传》曰:"括囊无咎,慎不害也。""括","扎紧"之义,《广雅》、孔颖达⑩皆谓"结也",《方言》云"关闭也"⑪。"囊"本是口袋,象征人的嘴巴。"括囊"即"扎紧口袋",喻缄默无言,孔颖达说:"囊所以贮物,以譬心藏知也。闭其知而不用,故曰'括囊'。"⑫

---

① (春秋)左丘明著,熊蓉、邓启铜点校:《国语》,东南大学出版社 2010 年版,第 48 页。
② 王世舜、王翠叶译注:《尚书》,中华书局 2012 年版,第 462 页。
③ 陈铁民等译注:《十三经·春秋左传》,三秦出版社 2004 年版,第 1284 页。
④ 刘波、王川注释:《礼记》,东南大学出版社 2010 年版,第 143 页。
⑤ 《论语·学而》,陈晓芬、徐儒宗译注:《论语·大学·中庸》,中华书局 2012 年版,第 13 页。
⑥ (汉)刘安、陈广忠译注:《淮南子》,中华书局 2012 年版,第 1078 页。
⑦ 陈晓芬、徐儒宗译注:《论语·大学·中庸》,中华书局 2012 年版,第 264 页。
⑧ 陈晓芬、徐儒宗译注:《论语·大学·中庸》,中华书局 2012 年版,第 288 页。
⑨ (汉)韩婴著,屈守元笺疏:《韩诗外传笺疏》,巴蜀书社 1996 年版,第 319 页。
⑩ (魏)王弼、(晋)韩康伯注,(唐)孔颖达疏:《周易正义》,中国致公出版社 2011 年版,第 35 页。
⑪ (汉)扬雄著,(清)戴震疏证:《方言疏证》,《小学名著六种》,中华书局 1998 年版,第 64 页。
⑫ (魏)王弼、(晋)韩康伯注,(唐)孔颖达疏:《周易正义》,中国致公出版社 2011 年版,第 35 页。

六四以阴处阴，其位不中，其时不利，无含章之美，无直方之贞。故爻辞诫以沉默无言，谨言慎行，虽无赞誉，然可避难也。王弼说："处阴之卦，以阴居阴，履非中位，无'直方'之质，不造阳事，无'含章'之美，括结否闭，贤人乃隐。施慎则可，非泰之道。"①亦如王符《潜夫论·贤难》所论："此智士所以钳口结舌，括囊共默而已者也。"②

《象传》由"括囊"，进一步推阐开来，指出缄口不言，乃是谨慎之行；人能小心谨慎，方可有效地避免灾害。九四所处之位，阴居阴位，又在至阴之《坤》卦中，喻指困难、危险之时；又九四处于"多惧"之地，在这种危险重重的环境中，要避免灾患殊为不易。《象传》告诫人们，此时唯有小心谨慎，慎而又慎，方能"不害"。六四"括囊"之训，是就一种十分危险的情形来讲的。处于这种环境之中，若能谨守"慎德"，尚可免难，更何况是其他情况呢！因此，可以作出这样的推论：不论是处于有利环境还是不利的环境，能守持"慎德"，还是可以避免咎害的。亦如《需》卦九三《象传》曰："需于泥，灾在外也。自我致寇，敬慎不败也。"

2."慎斯术也以往，其无所失矣"

《系辞传》记载子曰："苟错诸地而可矣；藉之用茅，何咎之有？慎之至也。夫茅之为物薄，而用可重也。慎斯术也以往，其无所失矣。"此是解释《大过》卦☰初六爻辞"藉用白茅，无咎"，阐述言行谨慎之理。

"藉"，即"放在下面作为铺垫的东西"，《说文》"藉，祭藉也"，《经典释文》引马融曰："在下曰藉。"③"白茅"，是一种花穗部密生白毛的茅草，古代多用作祭祀的铺垫，表示圣洁。《大过》卦初六阴柔居下，又阴居阳位，处于大过之时，本有得咎之患，《周易集解》引侯果曰："以柔处下，履非其正，咎也。"④但是，爻辞提出免咎之法——"藉用白茅"，即以白色的茅草作为垫子，来承奉祭祀之物品，喻指若能十分谨慎地处事，还是可以免遭咎害的。《周易集解》引

① （魏）王弼、（晋）韩康伯注，（唐）孔颖达疏：《周易正义》，中国致公出版社2011年版，第35页。
② （汉）王符撰，陈克艰整理，钱杭审阅，朱维铮复审：《潜夫论》，《传世藏书·子库·诸子1》，海南国际新闻出版中心1996年版，第552页。
③ （唐）陆德明：《经典释文》，上海古籍出版社1985年版，第94页。
④ （唐）李鼎祚：《周易集解》，中央编译出版社2011年版，第109页。

侯果曰："苟能絜诚肃恭不怠,虽置羞于地,可以荐奉。况藉用白茅,重慎之至,何咎之有矣。"①《系辞传》引孔子的评论指出:"这些祭祀物品直接放在地上面就可以了,并不需要刻意地铺垫。但是这个人(指初六)十分小心,还是找来了白茅草,用于承放祭品,这样哪里还会有什么咎害呢! 一个人能够如此小心谨慎,恐怕不会有什么过失了。"其中"苟错诸地而可矣",喻指并不需要如此谨慎;然当事者还是用洁白的茅草来作为铺垫,孔子认为这是"慎之至也"。在这样的小事上尚且如此严谨,更何况是大事情呢! 这也就说明不论何时何地、大事小事,若能够谨小慎微,是可以避免各种过失的。《汉书·霍光金日磾传》载霍光朝兢夕惕,"入侍左右,出入禁闼二十余年,小心谨慎,未尝有过,甚见亲信"②,可谓是为此爻作了很好的注脚。

上面分析了修养"慎德"的重要意义和必要性,然而"慎德"包括哪些方面的内容呢? 对此,《周易》提出了四个维度的训诫,即"慎几"、"慎言语"、"慎有实"、"慎刑"。因"慎刑"会在后文治国部分详述,这里就暂且不论。

1."慎几"

慎德之修养,首先从"慎心"开始。《系辞传》载孔子曰:"知几其神乎……几者,动之微,吉之先见者也。君子见几而作,不俟终日。"论述了"慎几"的思想。

"几",犹言"苗头";孔子谓"动之微",即细微的起心动念,亦即刚刚萌发出来的念头;孔颖达说:"几,微也。是已动之微,动谓心动、事动。初动之时,其理未著,唯纤微而已。"③"慎几"可指事情发展的苗头,但这里更侧重指人微小的起心动念。"君子见几而作",及后文"君子知微知彰",是说当自己起了不合乎正道的念头时,要能够马上捕捉到这种细微的迹象。"不俟终日",指的是不要等待一整天。后文又说"断可识矣","断"即是果断迅速,是说当邪念起时,要当下省悟,立刻恢复正念。孔颖达说:"才见几微,即知祸福,何用终竟其日,当时则断可识矣。"④这里孔子解说"知几",是推阐《豫》☷☳卦六

---

① (唐)李鼎祚:《周易集解》,中央编译出版社2011年版,第109页。
② (汉)班固撰,陈焕良、曾宪礼标点:《汉书》,岳麓书社2008年版,第1093页。
③ (魏)王弼、(晋)韩康伯注,(唐)孔颖达疏:《周易正义》,中国致公出版社2011年版,第292页。
④ (魏)王弼、(晋)韩康伯注,(唐)孔颖达疏:《周易正义》,中国致公出版社2011年版,第292页。

二爻"介于石,不终日,终吉"之义,指出能够及时察觉自己不好的念头,迅速恢复正念,终获吉祥。

《系辞传》所称"慎几",其实就是"慎独",也就是《中庸》所说的"内省不疚,无恶于志"①,亦即《圣经·彼得前书》所言:"要约束你们的心(原文作'束上你们心中的腰'),谨慎自守。"②这是一种时刻观照己心,及时熄灭邪念,恒守正念的修养之法。

2."慎言语"

"慎言语",古今中外都将之作为德行修养的重要内容。《孔子家语·观周》:"庙堂右阶之前,有金人焉,三缄其口,而铭其背曰:'古之慎言人也。戒之哉!无多言,多言多败……'"③《圣经·马太福音》上也说:"因为要凭你的话定你为义;也要凭你的话定你有罪。"④《塔木德》:"一旦说了一句话,就像一支射出去的箭,永远也不能收回。"⑤其他的,诸如"言多必失"、"祸从口出"、"吉人辞寡"、"知者不言"、"闭口可以防祸"等都从反面或正面证明了谨慎言语的必要性。

谨慎言语,在《周易》中有着怎样的重视和强调呢?《颐》卦☲,《大象传》曰:"山下有雷,颐;君子以慎言语,节饮食。"郑玄曰:"颐者,口车辅之名也。"⑥又,《颐》卦下卦为震,上卦为艮;上静下动,有口之象。《周易集解》引刘表曰:"山止于上,雷动于下,颐之象也。"⑦《象传》认为,于口而言,最需要注意的就是谨慎言语和节制饮食。孔颖达谓:"先儒云;'祸从口出,患从口入。'故于颐养而慎节也。"⑧

至于为何要谨慎言语,《周易》也作出了说明。《系辞传》记载子曰:"君子

---

① 陈晓芬、徐儒宗译注:《论语·大学·中庸》,中华书局2012年版,第358页。
② 《圣经·彼得前书》第1章第13节。
③ 王国轩、王秀梅译注:《孔子家语》,中华书局2011年版,第133页。
④ 《圣经·马太福音》第12章第37节。
⑤ 赛妮亚编译:《塔木德》,重庆出版社2009年版,第67页。
⑥ (宋)王应麟著,郑振峰等点校:《周易郑康成注·六经天文编·通鉴答问》,中华书局2012年版,第31页。
⑦ (唐)李鼎祚:《周易集解》,中央编译出版社2011年版,第105页。
⑧ (魏)王弼、(晋)韩康伯注,(唐)孔颖达疏:《周易正义》,中国致公出版社2011年版,第125页。

居其室,出其言善,则千里之外应之,况其迩者乎?居其室,出其言不善,则千里之外违之,况其迩者乎?言出乎身,加乎民;行发乎迩,见乎远;言行,君子之枢机。枢机之发,荣辱之主也。言行,君子之所以动天地也,可不慎乎?"

这是说君子在房间里,言语良善,千里之外都会有好的感应,何况是近处呢?说出不善之言,千里之外尚且会有不好的感应,何况是近处的呢?言语虽出于自己之口,但却能同万民产生感应;行为发生在近处,其感应却影响深远。言语和行为,是君子待人处事的关键,关系到自己之成败荣辱。言语和行为能够感应天地万物发生变化,怎么能不谨慎呢?这是以"同类相动"、"同类相感"的思想来解读"慎言语"的原因。世间属性相同的事物会产生共鸣、感应和吸引,《乾》卦《文言传》指出:"同声相应,同气相求……本乎天者亲上,本乎地者亲下,则各从其类。"《庄子·渔父》也说:"同类相从,同声相应,固天之理也。"①说出来的言语,当然也是一种物质波动,这种波动会同与之频率一致的事物产生共鸣和感应,进而引发吸引力效应,而产生与言语属性相一致的祸福成败。正因为如此,人们要谨慎言语,不要说恶的言语,以避免招致祸患;常说良善的言语,以获得美好之结果。

另一方面,在谨慎言语上,《周易》还特别强调了"慎密"的重要性,即对于机密的事情,要保守秘密,缄口不言。《系辞传》载子曰:"乱之所生也,则言语以为阶。君不密,则失臣;臣不密,则失身;几事不密,则害成;是以君子慎密而不出也。"此是解释《节》卦初九"不出户庭,无咎"。"不出户庭"喻指谨慎言语,慎守机密。孔子指出:祸乱往往是因言语不当产生的。君主说话不慎,不保守机密,就会失信于臣下;臣子言语不慎,泄露机密,则会殃及自身;言谈不慎,不能保守秘密,就会导致祸害的产生。因此君子要谨言慎语,不露机密,如此才能避免咎害。孔子的这段论述,旨在告诫人们要谨慎言谈,不泄秘密。秘密一般关乎事情的成败,一旦泄露则会造成不必要的麻烦和损失,甚至是失败、祸患,乃至违法犯罪。因此,不论是国家秘密还是工作秘密、个人隐私,都要管好自己的嘴巴,保密勿言。

3."鼎有实,慎所之也"

位高权重、承担重任者,更要谨慎自己之言行。《鼎》卦☲九二:"鼎有实,

---

① 方勇译注:《庄子》,中华书局 2012 年版,第 537 页。

我仇有疾,不我能即,吉。"《象传》曰:"鼎有实,慎所之也。我仇有疾,终无尤也。"

九二阳刚充实,居于中位,又有六五正应,为有"实"之象。王弼谓之曰:"以阳之质,处鼎之中,有实者也。"①鼎中盛满食物,不可复加,否则有"鼎折足"之患。又,鼎中盛满食物,搬运起来要十分小心,须避免受到别人的干扰和搅乱。爻辞"我仇有疾"喻指他人因故不能前来增加自己的负担、干扰自己,这样自己负荷不满、不受打搅,能够专心致志从事活动,结果吉祥。王弼说:"有实之物,不可复加,益之则溢,反伤其实。'我仇',谓五也。困于乘刚之疾不能就我,则我不溢,得全其吉也。"②《象传》进一步推阐其义,言"鼎有实,慎所之也",喻指位高权重、担任要职、责任重大之人,万不可麻痹大意。务必要时时战战兢兢,小心谨慎,恒守正道,持盈保泰,亦如《诗经·大雅·凫鹥》小序所言:"太平之君子,能持盈守成。"③程颐评价说:"鼎之有实,乃人之有才业也,当慎所趋向,不慎所往,则亦陷于非义。"④

（三）仁

《周易》把"仁"作为德行修养的重要内容、标准和境界。《周易》经文部分并没有出现"仁"字,"仁"全部出现于《易传》之中。

孔子侧重于从行为层面解读"仁",谓"仁"为"爱人"⑤,又说:"夫仁者,己欲立而立人,己欲达而达人"⑥,"己所不欲,勿施于人"⑦。言行中能做到"非礼勿视,非礼勿听,非礼勿言,非礼勿动"⑧,践行"恭、宽、信、敏、惠"⑨五者,可

① （魏）王弼、（晋）韩康伯注,（唐）孔颖达疏:《周易正义》,中国致公出版社 2011 年版,第202 页。
② （魏）王弼、（晋）韩康伯注,（唐）孔颖达疏:《周易正义》,中国致公出版社 2011 年版,第202 页。
③ 李学勤主编:《十三经注疏·毛诗正义》,北京大学出版社 1999 年版,第 1097 页。
④ （宋）程颐:《周易程氏传》,九州出版社 2011 年版,第 203 页。
⑤ 《论语·颜渊》载:"樊迟问'仁'。子曰:'爱人'。"（参见陈晓芬、徐儒宗译注:《论语·大学·中庸》,中华书局 2012 年版,第 147 页。）
⑥ 《论语·雍也》,陈晓芬、徐儒宗译注:《论语·大学·中庸》,中华书局 2012 年版,第 72 页。
⑦ 《论语·卫灵公》,陈晓芬、徐儒宗译注:《论语·大学·中庸》,中华书局 2012 年版,第191 页。
⑧ 《论语·颜渊》,陈晓芬、徐儒宗译注:《论语·大学·中庸》,中华书局 2012 年版,第 138 页。
⑨ 《论语·阳货》,陈晓芬、徐儒宗译注:《论语·大学·中庸》,中华书局 2012 年版,第 209 页。

以为仁矣。认为孝悌为仁之根本，他说："孝弟（悌）也者，其为仁之本与！"①故"仁"又有"亲"义。《说文》亦说："仁，亲也。"《礼记·经解》指出："上下相亲，谓之仁。"②孟子则偏于从心性上解释"仁"，认为"仁"即是爱心、"恻隐之心"，他说："恻隐之心，仁也。"③但不论是侧重言行还是心性，"仁"指的都是相亲相爱之意。

《周易》中的"仁"有三个方面的修养意涵：一是要把仁爱作为自己行为的标准和原则，即"仁以行之"。二是要效法大地，培养仁爱之心，即"安土敦乎仁，故能爱"。三是亲近仁人，即"以下仁也"，以更好地提高自己之德行。

1．"仁以行之"

仁爱是行为的标准。《乾》卦《文言传》："君子学以聚之，问以辩之，宽以居之，仁以行之。"此是解读《乾》卦九二爻"见龙在田，利见大人"，九二阳刚居中，积极修养德行，已崭露头角，《文言传》称其有"德施普也"、"天下文明"之象，即德行修养已全面展开，灿然发展，孔颖达谓之曰："此以人事言之，用龙德在田，似圣人已出在世，道德恩施，能普遍也。"④《文言传》又谓九二"龙德而正中者也。庸言之信，庸行之谨，闲邪存其诚，善世而不伐，德博而化。"此即是说，九二居中位，积极修养道德，平日的言行十分谨慎，孔颖达说："从始至末，常言之信实，常行之谨慎。"⑤又能够去除邪欲，恒守正念。德行美好而不自夸，勤勉奉献社会而不自伐，孔颖达谓："为善于世，而不自伐其功。"⑥德行广博，能够感化众人，教化世俗，孔颖达："德能广博，而变化于世俗。"⑦九二德行日进，光彩焕发，《文言传》认为其修养的方法是"学、问、居、行"。德行

---

① 《论语·学而》，陈晓芬、徐儒宗译注：《论语·大学·中庸》，中华书局 2012 年版，第 8 页。
② 刘波、王川注释：《礼记》，东南大学出版社 2010 年版，第 311 页。
③ 《孟子·告子上》，方勇译注：《孟子》，中华书局 2012 年版，第 218 页。
④ （魏）王弼、（晋）韩康伯注，（唐）孔颖达疏：《周易正义》，中国致公出版社 2011 年版，第 18 页。
⑤ （魏）王弼、（晋）韩康伯注，（唐）孔颖达疏：《周易正义》，中国致公出版社 2011 年版，第 21 页。
⑥ （魏）王弼、（晋）韩康伯注，（唐）孔颖达疏：《周易正义》，中国致公出版社 2011 年版，第 21 页。
⑦ （魏）王弼、（晋）韩康伯注，（唐）孔颖达疏：《周易正义》，中国致公出版社 2011 年版，第 21 页。

修养始于学习，而终于践行。践行的标准则是"仁"，即以仁爱之心待人处事。孔颖达谓之曰："'仁以行之'者，以仁恩之心，行之被物。"①

2."安土敦乎仁，故能爱"

《系辞传》提出了为仁之法："安土敦乎仁，故能爱。"是说要实现仁爱，应效法大地。"土"为坤，为顺。"安土"，即安稳的大地，其与水之德相似。老子曰："上善若水。水善利万物而不争，处众人之所恶，故几于道。"②又据《坤》卦爻辞，可知"安土"有"直、方、大"之特征；承载万物，而不争功；象征无上之大爱。"敦"，有敦厚、重大、笃实之意，《五经文字》："厚也。"③朱子谓："敦，只是笃厚。"④又，"敦"在《周易》中，均出现在上卦爻位，如《临》卦上六"敦临，吉，无咎"；《复》卦六五"敦复，无悔"；《艮》卦上九"敦艮，吉"。故"敦"又指位居高位、德行敦厚。据此，"敦乎仁"即厚重之仁爱，亦即大爱。可知，"安土敦乎仁，故能爱"是指：应以安稳大地为榜样，承载万物，包容一切，善利万物而不争，泛爱天下，来培养仁爱之德。值得一提的是，安稳的大地才有笃厚仁爱之德。若大地不安稳，发生地震，地动山摇，伤人毁物，实在是不仁之举。故此处着力提出"安土敦乎仁"，而不言"土敦乎仁"，似乎已经暗示了这一点。

另，效法"安土"，重在安心。心神安宁，见理中正，虑事深远，自然会生出慈悲、仁爱之心。若内心浮躁，欲望纷杂，"不知持满，不时御神"⑤，"耳不可赡，目不可厌，口不可满"⑥，纷纷纭纭，"胸中大扰"⑦，自己尚且不能自安、自爱，更何谈爱他人呢。朱子说："安，是随所居而安，在在处处皆安。若自家不安，何以能爱？"⑧所言甚是。

① （魏）王弼、（晋）韩康伯注，（唐）孔颖达疏：《周易正义》，中国致公出版社2011年版，第28页。
② 靳永、胡晓锐注译：《老子》，崇文书局2007年版，第26页。
③ （唐）张参：《五经文字》，《干禄字书·五经文字》，又称《干禄字书（及其他一种）》，中华书局1985年版，第68页。
④ （宋）黎靖德：《朱子语类》，中华书局1986年版，第1893页。
⑤ 姚春鹏译注：《黄帝内经》，中华书局2010年版，第18页。
⑥ 陆玖译注：《吕氏春秋》，中华书局2011年版，第46页。
⑦ 陆玖译注：《吕氏春秋》，中华书局2011年版，第49页。
⑧ （宋）黎靖德：《朱子语类》，中华书局1986年版，第1893页。

3.“休复之吉,以下仁也”

《复》卦☷☳,六二:“休复,吉。”《象传》曰:“休复之吉,以下仁也。”是说亲近仁人,可获得吉祥。《复》卦六二柔中居正,下比初九之阳——阳刚有“美善”之象征,黄寿祺、张善文:“阳刚有‘仁’、‘善’的象征。”①六二有亲比仁人之象,《小象传》所谓“以下仁也”。“下”犹言“亲近”,指亲近仁善之人,结果吉祥。刘沅曰:“六二虚中,比初之贤而能下之。人之有善,若己有之,是能亲师取友以成德者,故吉。”②这里《象传》指出亲近仁人的重要性,可以说,六二亲仁,是获得吉祥的关键。王弼曰:“亲仁善邻,复之休也。”③

“近朱者赤,近墨者黑。”时常与品德高尚者在一起,能受到浸染之功。反之,亦然。因此,要修美德行,一方面需要自己的积极努力,另一方面还须有良师益友的提醒和指教。这样可以坚定自己修德的信念和决心,也会进步得更快。亦如《荀子·劝学》所言:“学莫便乎近其人。”④朱子论曰:“学莫便于近乎仁,既得仁者而亲之,资其善以自益,则力不劳而学美矣。”⑤

四、“三陈九德”与九种重要德行之培养

《系辞传》中反复三次陈述九种德行,后人称之为“三陈九卦”或“三陈九德”。其言:“履,德之基也;谦,德之柄也;复,德之本也;恒,德之固也;损,德之修也;益,德之裕也;困,德之辨也;井,德之地也;巽,德之制也。”此九卦是德行修养中最为重要的内容,故三次陈述其义,以示强调。孔颖达曰:“六十四卦悉为修德防患之事,但于此九卦,最是修德之甚,故特举以言焉,以防忧患之事。”⑥陆象山曰:“九卦之列,君子修身之要,其序如此,缺一不可也,故详复赞之。”⑦

---

① 黄寿祺、张善文:《周易译注》,上海古籍出版社 2011 年版,第 146 页。

② (清)刘沅:《周易恒解》,《续修四库全书》第 26 册,上海古籍出版社 2002 年版,第 72 页。

③ (魏)王弼、(晋)韩康伯注,(唐)孔颖达疏《周易正义》,中国致公出版社 2011 年版,第 116 页。

④ 方勇、李波译注:《荀子》,中华书局 2011 年版,第 9 页。

⑤ (宋)黎靖德:《朱子语类》,中华书局 1986 年版,第 1789 页。

⑥ (魏)王弼、(晋)韩康伯注,(唐)孔颖达疏:《周易正义》,中国致公出版社 2011 年版,第 296 页。

⑦ (宋)陆九渊:《陆象山全集》,中国书店 1992 年版,第 269 页。

三陈九德,彰显了《周易》的忧患意识,朱子说:"九卦皆反身修德以处忧患之事也。"①又说:"三陈九卦,以明处忧患之道。"②王夫之也指出:"此言圣人当忧患之世,以此九卦之德,修己处人。"③启迪人们要积极修养德行,趋吉避凶,并给出了具体的修养之法:德行修养以践行礼法为基础;自谦尊人,谦和待人,是德行修养之根本;一日三省吾身,常常反躬自省,思己过恶,惩忿窒欲,及时回归正道是德行修养之本质。固守正道,持之以恒,是保持德行的黄金法则。所损者不善,自益者美德,迁善改过,日日自新,则德日加进,业日加修。困境是磨刀石,可以激励意志,促人反省;又是试金石,可以检验德行修养之水平。井则启示人们立身行道,泽润万民。巽告诫世人申命行事,适时变通。马其昶《重定周易费氏学》谓:"履以持身,谦以涉世,履与谦皆所以复其性命之本,此三者进德之大端也。恒、损、益三卦申言持身之道,困、井、巽三卦申言涉世之方。始于践履,可与适道也;终于行权,可与权也。"④下面依次论述此九卦德行修养之义。

(一)"履,德之基也"

履,是德行修养的基础。"履",有"行走"、"践行"之意,《周易》中"履霜"、"履虎尾"、"跛能履"等均有此义。又帛书《周易》"履"作"礼",《序卦传》"物畜然后有礼,故受之以履",《尔雅·释言》"履,礼也"⑤,《释名》"履,礼也,饰足所以为礼也"⑥。可知,"履"犹言"礼",指礼法、规范。准此,《履》卦乃是教人遵循礼法,认为按照礼法行事是德行修养之基础。孔颖达谓其曰:"故为德之时,先须履践其礼,敬事于上,故履为德之初基也。"⑦

然而为何要践行礼法呢?《系辞传》又言:"履,和而至","履,以和行"。

---

① (宋)朱熹撰,李一忻点校:《周易本义》,九州出版社 2004 年版,第 302 页。
② (宋)朱熹撰,李一忻点校:《周易本义》,九州出版社 2004 年版,第 304 页。
③ (清)王夫之著,(清)曾国藩校刊:《船山易学》,中央编译出版社 2011 年版,279 页。
④ 马其昶:《重定周易费氏学》,《续修四库全书》第 40 册,上海古籍出版社 2002 年版,第 494 页。
⑤ 邓启铜注释,殷光熹审读:《尔雅》,东南大学出版社 2010 年版,第 58 页。
⑥ (汉)刘熙:《释名》卷第五,《四部丛刊初编》经部第 13 册,上海书店 1989 年版。
⑦ (魏)王弼、(晋)韩康伯注,(唐)孔颖达疏:《周易正义》,中国致公出版社 2011 年版,第 296 页。

又《周易集解》引虞翻曰："礼之用,和为贵者也。"①这是说如果能够按照礼法来为人处世,则能够与人和谐相处,"家和万事兴",如此则可获得亨通、顺利。

(二)"谦,德之柄也"

"柄",本指器物的把柄,如斧柄;又指植物茎、叶的连接部分,如花柄;又引申为"根本",如《礼记·礼运》:"是故礼者,君之大柄也。"②又如《国语·齐语》:"治国家不失其柄。"③此处,"谦,德之柄也"是说谦是德行修养的根本。

可以说,谦虚是有德行、有修养者最为根本的表现。反之,若德行失修,是难以表现出谦虚来的。孔颖达说:"为德之时,以谦为用,若行德不用谦,则德不施用,是谦为德之柄,犹斧刃以柯柄为用也。"④"谦,德之柄也",指出人能够修成谦虚的品德,则是树立了道德的根本。

《谦》卦《彖传》从天道本体上为谦找到了依据:自然界的变化规律是盈满则必要亏损,所谓"日中则昃,月满则亏"。又,天地鬼神也都是喜谦恶盈的,曰:"天道亏盈而益谦,地道变盈而流谦,鬼神害盈而福谦,人道恶盈而好谦。"刘昼说:"是以大壮往则复,天地之谦也;极升必降,阴阳之谦也;满终则亏,日月之谦也;道盈体冲,圣人之谦也。"⑤人要从自然变化之道中获得启示,谦以自处,防止盈满,以保生命之树常青,实现"谦尊而光,卑而不可踰,君子之终也"。

谦虚是趋吉避凶,持盈保泰的需要。《尚书·大禹谟》:"满招损,谦受益。"⑥是说谦虚能够让人获得益处,取得进步;而得意忘形,骄傲自满则自招损害、祸患。《韩诗外传》载周公诫子之言曰:"故易有一道,大足以守天下,中足以守其国家,近足以守其身,谦之谓也。"⑦指出以谦虚待人处事对于治国、

---

① (唐)李鼎祚:《周易集解》,中央编译出版社 2011 年版,第 281 页。
② 刘波、王川注释:《礼记》,东南大学出版社 2010 年版,第 142 页。
③ (春秋)左丘明著,熊蓉、邓启铜点校:《国语》,东南大学出版社 2010 年版,第 117 页。
④ (魏)王弼、(晋)韩康伯注,(唐)孔颖达疏:《周易正义》,中国致公出版社 2011 年版,第 296 页。
⑤ (南北朝)刘昼撰,颜玉科整理,朱维铮审阅:《刘子》,《传世藏书·子库·诸子 2》,海南国际新闻出版中心 1996 年版,第 1779 页。
⑥ 王世舜、王翠叶译注:《尚书》,中华书局 2012 年版,第 365 页。
⑦ (汉)韩婴著,屈守元笺疏:《韩诗外传笺疏》,巴蜀书社 1996 年版,第 319 页。

齐家和修身都有莫大的好处。

《谦》卦䷎,乃地中有山之象,有放下身段,不显山不露水之义。具体说来谦有谦虚、谦和、谦让、谦逊、谦卑、礼让、不争之意涵;诚如《晋书》引韩康伯《辨谦》曰:"夫谦之为义,存乎降己者也。"①谦虚待人处事,充分尊重他人,能够拉近彼此的心理距离,一方面能够保持自己身心的和谐,又能让他人产生自信;还能和睦家庭,友善邻里;而受人尊敬,常存其位,《系辞传》所谓:"致恭以存其位者也","谦,尊而光。"孔颖达释之曰:"以能谦卑,故其德益尊而光明也。"②

(三)"复,德之本也"

"复",指回复正道,此是修养德行之本质。儒家认为人性本善,但人易受外在不良环境的影响,则逐步远离本善的心念。"复"就是要返回本善之正道,韩康伯曰:"复者,各反其所始,故为德之本也。"③陆象山也说:"复者,阳复,为复善之义。人性本善,其不善者,迁于物也。知物之为害,而能自反,则知善者,乃吾性之固有。循吾固有而进德,则沛然无他适矣,故曰:'复,德之本也。'"④

"复"对于德行修养的启示是:要常常反躬自省,省察己过,及时回归正念。《系辞传》:"复,小而辨于物。"是说要时刻观照己心,辨别自己微小的起心动念,察知善恶,及时反省自己的过失,尽早回归正道。孔颖达谓:"于初细微小之时,即能辨于物之吉凶,不远速复也。"⑤又"复,以自知",同样是教人反省,经常反观自我,做自我批评。《周易集解》引虞翻曰:"有不善未尝不知,故曰'自知'也。"⑥余琰说:"反求诸己而内自省也。"⑦自己的一切思想、言语

---

① (唐)房玄龄等撰,杨宗禹等整理:《晋书》,《传世藏书·史库·二十六史·4》,海南国际新闻出版中心 1996 年版,第 610 页。

② (魏)王弼、(晋)韩康伯注,(唐)孔颖达疏:《周易正义》,中国致公出版社 2011 年版,第 296 页。

③ (魏)王弼、(晋)韩康伯注,(唐)孔颖达疏:《周易正义》,中国致公出版社 2011 年版,第 295 页。

④ (宋)陆九渊:《陆象山全集》,中国书店 1992 年版,第 268 页。

⑤ (魏)王弼、(晋)韩康伯注,(唐)孔颖达疏:《周易正义》,中国致公出版社 2011 年版,第 296 页。

⑥ (唐)李鼎祚:《周易集解》,中央编译出版社 2011 年版,第 282 页。

⑦ (元)余琰:《余氏易说》,吉林出版集团有限责任公司 2005 年版,第 341 页。

造作,是否合乎正道,心静之时,质问良知,是不难察明的。

(四)"恒,德之固也"

恒,《彖传》、《序卦传》、《杂卦传》皆谓:"久也。""恒"有长久之意。"固"即坚固、牢固,韩康伯谓:"不倾移也。"①是说修养要恒久坚持,德行方能巩固不移。孔颖达谓之曰:"为德之时,恒能执守,始终不变,则德之坚固,故为德之固也。"②德行的培养不是一蹴而就的事情,有些人三天打鱼两天晒网,时断时续,是很难树立起牢固道德信念的。王充说:"凿不休则沟深,斧不止则薪多。"③唯有反复锤炼,长期坚持不懈,以信心、耐心加恒心,方能铸成坚实的道德信念,并外化为实际的行动。

在修养"恒德"之时,有两点需要注意:第一,"恒,杂而不厌"。"杂"有"杂乱"、"变动"之义。人在某种特定或清净的环境中,能够坚守德行;而一旦环境变化,有些人就会发生动摇,不再能够固守道德了,孔子谓之曰:"君子固穷,小人穷斯滥矣。"④"杂而不厌"对此提出了对策:即便是处于变动不居、正邪相杂的境遇之中,仍要固守正念,恒久地坚持德义,亦孔颖达所谓:"虽与物杂碎并居,而常执守其操,不被物之不正也。"⑤第二,"恒,以一德"。"一",指心定神一,精纯不杂。是说一旦认定某种好的德行,就要咬定青山不放松,锲而不舍,固守不移,恒久持之,善始善终,孔颖达谓:"恒能终始不移,是纯一其德也。"⑥

(五)"损,德之修也"

"损,德之修也",指出修养道德之途径在于自损不善。《损》卦䷨,上卦为

---

① (魏)王弼、(晋)韩康伯注,(唐)孔颖达疏:《周易正义》,中国致公出版社 2011 年版,第295 页。

② (魏)王弼、(晋)韩康伯注,(唐)孔颖达疏:《周易正义》,中国致公出版社 2011 年版,第296 页。

③ 《论衡·命禄篇》,(汉)王充著,张宗祥校注,郑绍昌标点:《论衡校注》,上海古籍出版社2010 年版,第 12 页。

④ 《论语·卫灵公》,陈晓芬、徐儒宗译注:《论语·大学·中庸》,中华书局 2012 年版,第184 页。

⑤ (魏)王弼、(晋)韩康伯注,(唐)孔颖达疏:《周易正义》,中国致公出版社 2011 年版,第296 页。

⑥ (魏)王弼、(晋)韩康伯注,(唐)孔颖达疏:《周易正义》,中国致公出版社 2011 年版,第296 页。

艮为山,下卦为兑为泽;水低而山更显得高大,有泽水自损以增高大山之象。孔颖达谓之曰:"泽在山下,泽卑山高,似泽之自损,以崇山之象也。"①又《说文》:"损,减也。"孔颖达:"'损'者,减损之名。"②《十三经注疏正字》:"损,省减之义也。"③《损》卦全面阐述减损之道。《大象传》联系人事,推阐《损》卦的修养旨趣:"君子以惩忿窒欲。"于修身而言,要立德,必先自损不善;不善之物莫过于私欲和忿怒,故要先损之。《周易集解》引荀爽曰:"征忿窒欲,所以修德。"④朱子也指出:"君子修身所当损者,莫切于此。"⑤

《系辞传》认为之所以要克己自律,惩忿窒欲,在于其能避免咎害,所谓"损,以远害"。人自损不善,化解和消除不当的欲望,心神安宁,身修德立,可以有效避免祸患。亦如韩康伯指出的那样:"刻损以修身,故先难也。身修而无患,故后易也。"⑥又说:"止于修身,故可以远害而已。"⑦

(六)"益,德之裕也"

"益",犹言"增加"。《重修广韵》谓:"增也,进也"⑧;《经典释文》:"增长之名"⑨;孔颖达:"增足之名"⑩。《益》卦䷩,上卦为巽为风,下卦为震为雷,风雷互助,象征增益。程颐说:"风烈则雷迅,雷激则风怒,二物相益者也。"⑪于修养而言,《大象传》诚曰:"见善则迁,有过则改"。指出人们如能日日知非,

① (魏)王弼、(晋)韩康伯注,(唐)孔颖达疏:《周易正义》,中国致公出版社2011年版,第171页。
② (魏)王弼、(晋)韩康伯注,(唐)孔颖达疏:《周易正义》,中国致公出版社2011年版,第170页。
③ (清)沈廷芳:《十三经注疏正字》,景印文渊阁《四库全书》第192册,台湾商务印书馆1986年版,第36页。
④ (唐)李鼎祚:《周易集解》,中央编译出版社2011年版,第281页。
⑤ (宋)朱熹撰,李一忻点校:《周易本义》,九州出版社2004年版,第243页。
⑥ (魏)王弼、(晋)韩康伯注,(唐)孔颖达疏:《周易正义》,中国致公出版社2011年版,第295页。
⑦ (魏)王弼、(晋)韩康伯注,(唐)孔颖达疏:《周易正义》,中国致公出版社2011年版,第295页。
⑧ (宋)陈彭年等:《重修广韵》,景印文渊阁《四库全书》第236册,台湾商务印书馆1986年版,第420页。
⑨ (唐)陆德明:《经典释文》,上海古籍出版社1985年版,第104页。
⑩ (魏)王弼、(晋)韩康伯注,(唐)孔颖达疏:《周易正义》,中国致公出版社2011年版,第174页。
⑪ (宋)程颐:《周易程氏传》,九州出版社2011年版,第168页。

时时改过,则过恶日减,德业日增。

"益"相对于"损"而言,修身首先要自损不善,除却私心杂欲及过恶之言行,但这只是修养德行的第一步。接着还要积极培育美善之德行,并加以增益。持之以恒,则德行博厚,光彩照人,义利兼收,亦即"益,以兴利"。诚如来知德所言:"兴利者,迁善改过,则日益高明,驯至于美大圣神矣,何利如之!"①

(七)"困,德之辨也"

《困》卦提供了检验德行修养高低的方法。《困》卦有"困穷"义,《经典释文》:"穷也,穷悴掩蔽之义。"②一些人在顺境中能够坚守道德,而一旦遭遇挫折,遭受磨难,就不能固守正道了。《困》卦的一个重要作用就在于此,可以检验人们处于穷苦之时,是否还能够坚贞守道。《周易集解》引郑玄曰:"辩,别也。遭困之时,君子固穷,小人穷则滥,德于是别也。"③孔颖达说:"若遭困之时,守操不移,德乃可分辨也。"④陆象山指出:"不临患难难处之地,未足以见其德,故曰:'困,德之辨也'。"⑤

《困》卦的修养意义有两点:第一,"困,穷而通"。人在困穷之时,不必担忧、焦躁、苦恼。要有信心,放眼长远,始终不渝地立身行道,耐心等待致通之时,"于困穷之时,而能守节,使道通行而不屈也"⑥,则困难之境不久就会过去,顺利即可到来。第二,"困,以寡怨"。处于困难之时,不可怨天尤人,牢骚满腹;要多反躬自省,在自己身上找原因。亦如孔颖达所言:"遇困,守节不移,不怨天,不尤人,是无怨于物。"⑦又,陆象山也指出:"君子于此,自反而已,

---

① (明)来知德:《来注易经图解》,中央编译出版社2010年版,第467页。
② (唐)陆德明:《经典释文》,上海古籍出版社1985年版,第108页。
③ (唐)李鼎祚:《周易集解》,中央编译出版社2011年版,第281页。
④ (魏)王弼、(晋)韩康伯注,(唐)孔颖达疏:《周易正义》,中国致公出版社2011年版,第296页。
⑤ (宋)陆九渊:《陆象山全集》,中国书店1992年版,第268页。
⑥ (魏)王弼、(晋)韩康伯注,(唐)孔颖达疏:《周易正义》,中国致公出版社2011年版,第296页。
⑦ (魏)王弼、(晋)韩康伯注,(唐)孔颖达疏:《周易正义》,中国致公出版社2011年版,第174页。

未尝有所怨也。"①找到自己的过恶后,要尽快改过迁善,修养德行,自强图新。

(八)"井,德之地也"

"井",指的是"水井"。《康熙字典》:"穴地出水曰井";孔颖达曰:"'井'者,物象之名也。古者穿地取水,以瓶引汲,谓之为井。"②《井》卦描述了井的两种德性:一者,"改邑不改井"——井德长久不变。古代的井是固定不动的,城邑村庄可以改变,但水井一般不会迁移,喻指井德长久不变。王弼说:"井,以不变为德者也。"③又,"无丧无得",指的是井水取之未尝枯竭,注之未尝盈满,亦象征美德恒常不变。王弼谓之曰:"德有常也。"④孔颖达疏曰:"井用有常德,终日引汲,未尝言损;终日泉注,未尝言益。"⑤二者,"往来井井"——井有济众之德。"往来井井"指的是人们反复不断地到井里取水,而井水源源不竭,未尝有怨言。水井处低居下,但却能普利一切,养人济物,有博施济众之德,即《象传》"井养而不穷也",孔颖达谓"愈汲愈生,给养于人,无有穷已也"⑥。

于修养而言,人亦当学习水井之德:其一,要积极修养德行,对美好的习惯和德行要固执之,长期坚持,恒久不变。其二,要效法水井,保有一颗仁爱之心,普施恩惠,全心全意为人民服务。

(九)"巽,德之制也"

《巽》卦☴,上卦下卦皆为巽,有两风相连之象。巽为风,象征善人,故《说卦传》、《序卦传》皆谓:"巽,入也。"《周易口义》说:"巽之体,上下皆巽,如风之入物,无所不至,无所不顺,故曰'随风,巽'。"⑦

---

① (宋)陆九渊:《陆象山全集》,中国书店 1992 年版,第 269 页。
② (魏)王弼、(晋)韩康伯注,(唐)孔颖达疏:《周易正义》,中国致公出版社 2011 年版,第 193 页。
③ (魏)王弼、(晋)韩康伯注,(唐)孔颖达疏:《周易正义》,中国致公出版社 2011 年版,第 193 页。
④ (魏)王弼、(晋)韩康伯注,(唐)孔颖达疏:《周易正义》,中国致公出版社 2011 年版,第 193 页。
⑤ (魏)王弼、(晋)韩康伯注,(唐)孔颖达疏:《周易正义》,中国致公出版社 2011 年版,第 194 页。
⑥ (魏)王弼、(晋)韩康伯注,(唐)孔颖达疏:《周易正义》,中国致公出版社 2011 年版,第 194 页。
⑦ (宋)倪天隐述其师胡瑗之说:《周易口义》,吉林出版集团有限责任公司 2005 年版,第 254 页。

　　"巽,德之制也",又《大象传》言"申命行事",是说要把德行信念反复思考、领悟、实践,将之深深植于内心,永志不忘。心中有牢固的道德信念,发用于外,自然化为道德规范,并能严格遵守。孔颖达谓之曰:"巽申明号令,以示法制。"①另一方面,巽为风,又有柔顺之义。故《系辞传》言:"巽以行权。"启示人们要辨明道义,在坚持原则的前提下懂得适时变通,能根据不同的情形作出相应之调整。孔颖达谓之曰:"既能顺时合宜,故可以权行也。若不顺时制变,不可以行权也。"②

---

①　(魏)王弼、(晋)韩康伯注,(唐)孔颖达疏:《周易正义》,中国致公出版社2011年版,第296页。

②　(魏)王弼、(晋)韩康伯注,(唐)孔颖达疏:《周易正义》,中国致公出版社2011年版,第296页。

第三章 《周易》齐家之道

"齐家",即"治家",是管理家庭的思想和活动。"治家"一词最早见于《韩非子·解老》:"治家,无用之物不能动其计,则资有余。"①这是侧重于家庭理财而言的。治家是一项复杂的管理活动,涉及男女婚恋、家庭生活、子女教育、父母赡养、婚丧嫁娶等各方面的内容。中华民族在数千年的发展过程中,积累了丰富的治家思想,各种家训家书如《颜氏家训》、《朱子治家格言》、《曾国藩家书》,修身养性之书如《增广贤文》、《菜根谭》、《小窗幽记》及文史哲典籍如《礼记》、《左传》、《红楼梦》等都有丰富的治家思想和智慧。然而最早的治家思想可以追溯到中华元典《周易》那里。《周易》专门辟出《家人》卦,系统阐述治家之道。另外,《蒙》卦、《蛊》卦、《咸》卦、《恒》卦、《渐》卦、《归妹》卦等也都与齐家之道有关。程颐说:"卦有男女配合之义者四:咸,恒,渐,归妹也。"②苏东水、彭贺在《中国管理学》中指出:"成书更早的《周易》对家庭管理做了更加详细的阐述,并且奠定了中国家庭管理学伦理导向的基调,说《周易》乃中国治家思想的渊源一点也不为过。《周易》中直接或间接讨论了婚姻关系、长幼关系、教育学习、家计理财等多方面的内容。"③杨亚利也说:"《易经》的 450 条筮辞中,涉及婚姻家庭方面的内容有近 40 条之多,差不多占了近十分之一。"④

　　齐家是一项系统工程,涉及的事务是多方面的。为了清晰地说明这个问题,我们将之分成三个部分,按照时间顺序是:婚前恋爱阶段、婚姻生活阶段、子女家庭教育阶段。下面就从男女婚恋、家庭生活、家庭教育等方面来论述

---

① 高华平、王齐洲、张三夕译注:《韩非子》,中华书局 2011 年版,第 218 页。
② (宋)程颐:《周易程氏传》,九州出版社 2011 年版,第 217 页。
③ 苏东水、彭贺:《中国管理学》,复旦大学出版社 2006 年版,第 264 页。
④ 杨亚利:《周易与中国夫妇之道》,中国文史出版社 2003 年版,第 3 页。

《周易》中的齐家之道。①

第一节 《周易》婚恋的几个原则

《序卦传》云:"有天地,然后有万物;有万物,然后有男女;有男女,然后有夫妇;有夫妇,然后有父子;有父子,然后有君臣;有君臣,然后有上下;有上下,然后礼仪有所错。"是说父子、君臣、上下及所有的社会关系都是建立在夫妻关系之上的,也就是说男女婚姻是所有社会关系的基础。诚如《礼记·郊特牲》所言:"天地合而后万物兴焉。夫昏礼,万世之始也。"②

婚姻的起始则是男女之相感、相恋,故《诗经》之开篇即是《关雎》,描述了男女相亲相爱的美丽场景,曰:"关关雎鸠,在河之洲。窈窕淑女,君子好逑。参差荇菜,左右流之。窈窕淑女,寤寐求之。"③可以说,男女恋爱是结为婚姻家庭的基础阶段。因此,从广义上说,齐家之道必然要包括男女之爱情和婚恋。故本节先从《周易》婚恋之原则说起。

一、观"阳"识"阴",婚恋须慎始

《序卦传》:"有男女,然后有夫妇。"男女恋爱是成立家庭,结为夫妇的准备阶段,这一阶段处理的情况将直接影响婚后生活及未来子女的养育。因此,男女双方必须慎始,在恋爱阶段就要多了解对方。

如何更好地了解呢?《周易》给出一个重要方法是观"阳"识"阴"。《周易》观察天地万物,提炼出阴阳范畴,以之反映自然社会运行的规律和本质:"一阴一阳之谓道",认为任何事物都是由阴阳两面构成的,都是阴阳的合体。具体说来,"阳"是事物的外在现象,由形、象、数组成:"形"是事物外在的样子,"象"则是形的样态属性,"数"是事物量的规定性。"阴"为内,是事物的内在本质。《周易》认为"阳"必然透露着"阴","阴"必然要透过"阳"表现出

① 本章采用了笔者《〈周易〉的治家思想》的部分内容,内容较多,文中就不一一注出,特此说明(参见周克浩:《〈周易〉的治家思想》,《道学研究》2012 年第 2 期)。

② 刘波、王川注释:《礼记》,东南大学出版社 2010 年版,第 167 页。

③ 邓启铜注释,殷光熹审读:《诗经》,东南大学出版社 2010 年版,第 3 页。

来,有诸阴必形诸阳。正如《中庸》所言:"莫见乎隐,莫显乎微。"①又如《大学》所指出的:"诚于中,形于外。"②

《周易》"一阴一阳之谓道"的命题启示人们"既要看到阳的一面,又要看到阴的一面"③。对此,《系辞传》特举例说明:"将叛者,其辞惭;中心疑者,其辞枝;吉人之辞寡;躁人之辞多;诬善之人,其辞游;失其守者,其辞屈。"人在社会上生活,言语是最重要的交流工具。在谈话中,要注意聆听对方的言辞,观察他的表情,揣摩其内在心理。这段话是说,一个将要叛变的人,说话时会有惭愧之情;心中有疑虑者,言语支支吾吾或敷衍应付;吉祥之人,内心安定,言辞寡少;浮躁不安者,常滔滔不绝又言不及义;诬陷别人者,话语中多有游离不定之辞;没能守好本分者,其言辞吞吞吐吐、亏屈不展。这即是把说话者外在的言辞作为"阳",来洞悉其"阴"——内在之心念和思想。这也告诉我们:一个人的内在会反映在现象上,细致观察他的言谈举止可以判断其心念和思想。又《鬼谷子·中经》推阐易道曰:"见形为容、象体为貌者,谓爻为之生也。可以影响形容象貌而得之也。"④这是说,类似于可以依据卦象及卦爻之阴阳属性和卦爻之位置判断吉凶,也可以通过一个人外在的形貌、言辞、行动、表情,考察对方,探知其内心世界,了解其真实想法。并进一步给出例证:"有守之人,目不视非,耳不听邪,言必《诗》《书》,行不淫僻,以道为形,以德为容,貌庄色温。"⑤是说,有道德操守之人,不该看的不看,不该听的不听,言谈合乎情理,行为遵守正道,时时以道德规范严格要求自己,相貌端正,神态温和。亦如陶弘景所言:"有守之人,动皆正直。"⑥准此,可以通过一个人的言谈举止,判断其内在修为和德行操守。

因此,年轻人在婚恋择偶时,要懂得观"阳"识"阴",学会透过言语、形态、行为等去观察对方,并多方打听,以得到一个比较全面的认识。当然,要正确

---

① 陈晓芬、徐儒宗译注:《论语·大学·中庸》,中华书局 2012 年版,第 288 页。
② 陈晓芬、徐儒宗译注:《论语·大学·中庸》,中华书局 2012 年版,第 264 页。
③ 朱伯崑:《易学基础教程》,昆仑出版社 2011 年版,第 90 页。
④ 许富宏译注:《鬼谷子》,中华书局 2012 年版,第 176 页。
⑤ 许富宏译注:《鬼谷子》,中华书局 2012 年版,第 176 页。
⑥ 此语系陶弘景为"有守之人……貌庄色温"一句所作之注解。[参见(南北朝)陶弘景注:《鬼谷子》,中国书店 1985 年版。此书据嘉庆十年江都泰氏刻本影印,没有明确标明页码。]

观"阳"识"阴",是需要一番功夫的,年轻人在恋爱时最好请父母、老师、亲友等经验比较丰富的长辈帮忙参谋,出出主意,把把关,以避免识人不明、遇人不淑。

二、《咸》卦,男女恋爱之道

《咸》卦☷,上兑下艮,兑为少女,艮为少男,《彖传》释为"感也"。从广义上说,《咸》卦论述了万事万物交通感应之道;狭义而言,则是阐明男女"交感"、婚恋之理。亦如孔颖达指出的:"此卦明人伦之始,夫妇之义,必须男女共相感应,方成夫妇。"①杨亚利也说此卦"反映的是男女相互吸引、相互感应之事"②。下面结合卦爻辞分析《咸》卦反映出的婚恋之道。

(一)婚恋须守正道

《咸》:"亨,利贞,取女吉。""取"通"娶";"贞"者,"正"也。是说,以正道相感、相恋,成立家庭,结果亨通、吉祥。孔颖达谓之曰:"既相感应,乃得亨通。若以邪道相通,则凶害斯及,故利在贞正。既感通以正,即是婚媾之善。"③

恋爱之中,《彖传》给出的告诫是"止而说",止指下艮,悦指上兑。又艮为少男,兑为少女。"止而说",是说男女相感、相恋是一件令人喜悦的事情,但须遵守知止的原则,即在恋爱过程中,在欢欣喜悦的同时,要稳重、自制、自爱,不能因为身体上的冲动或感情之喜悦,而失去分寸,陷入邪欲。亦如孔颖达所言:"能自静止则不随动欲,以止行说,则不为邪诐,不失其正。"④

在现实生活中,有些人恋爱,坠入爱河,沉浸于喜悦之中,而冲昏了清醒的头脑,是因为陷于喜悦而忽略"艮止"之道。又有的人不听父母的劝说,对恋人也没有进行细致之考察,仅凭一时之冲动和好恶,私定终身,而后悔莫及,亦

---

① (魏)王弼、(晋)韩康伯注,(唐)孔颖达疏:《周易正义》,中国致公出版社2011年版,第139页。
② 杨亚利:《周易与中国夫妇之道》,中国文史出版社2003年版,第4页。
③ (魏)王弼、(晋)韩康伯注,(唐)孔颖达疏:《周易正义》,中国致公出版社2011年版,第139页。
④ (魏)王弼、(晋)韩康伯注,(唐)孔颖达疏:《周易正义》,中国致公出版社2011年版,第140页。

可谓是"恣一时之浮意,为百年之痼疾"①。马振彪指出:"男女相感,必以贞而后吉。若不待父母之命、媒妁之言,钻穴踰墙,人皆贱之。不由其道,即是不贞,则必不吉,亦必不能长久。"②因此,男女在爱恋中,应时时提醒自己,在感受美好爱情的同时,要有艮山的稳重,务必要保持清醒的头脑,懂得自制、自律、自爱,有礼有节地谈恋爱。

(二)男子宜主动

婚恋之中,男子主动是古往今来的传统,《咸》卦即表明了这一点。《彖传》:"男下女,是以亨利贞,取女吉也。"指出,在婚恋中,男子要处下,合乎中道地主动追求女子,可获得亨通。诚如程颐所言:"男女相感之深,莫如少者,故二少为咸也。艮体笃实,止为诚悫之义。男志笃实以下交,女心说而上应,男感之先也。男先以诚感,则女说而应也。"③《咸》卦上兑下艮,少男在下,少女在上,即以易象体现此义。《荀子·大略》言:"咸,感也,以高下下,以男下女,柔上而刚下。"④孔颖达说:"婚姻之义,男先求女,亲迎之礼,御轮三周,皆男先下于女,然后女应于男。"⑤老子也有类似的表述:"夫两者各得其所欲,大者宜为下。"⑥"大者"可指代男性,意思是男女恋爱中,男性应有谦下主动的态度。《周易》认为男性为阳,为主动力,在婚恋中,更应谦下、主动一些;女性为阴,为受动力,可以表现的矜持一些。王小纪说:"谈恋爱时,男性往往更主动一些……女性则往往更矜持被动一些。"⑦

男子如何主动处下呢?《象传》言"以虚受人"。此即是说,男子要放下架子,以谦恭、真诚的态度去追求女子,亦如徐干所言:"君子常虚其心志、恭其容貌。"⑧在遵守正道的前提下,男子殷勤主动,诚心追求,可推动婚恋更

---

① 《备急千金要方·卷第六上·七窍病上·目病第一》,(唐)孙思邈撰,张作记,张瑞贤等辑注:《药王全书》,华夏出版社1995年版,第101页。
② 马振彪遗著,张善文整理:《周易学说》,花城出版社2002年版,第309页。
③ (宋)程颐:《周易程氏传》,九州出版社2011年版,第123页。
④ 方勇、李波译注:《荀子》,中华书局2011年版,第442页。
⑤ (魏)王弼、(晋)韩康伯注,(唐)孔颖达疏:《周易正义》,中国致公出版社2011年版,第140页。
⑥ 靳永、胡晓锐注译:《老子》,崇文书局2007年版,第128页。
⑦ 王小纪:《周易与夫妻之道》,四川人民出版社2012年版,第29页。
⑧ (汉)徐干撰,钱杭整理,杨晓芬审阅,朱维铮复审:《中论》,《传世藏书·子库·诸子1》,海南国际新闻出版中心1996年版,第993页。

为顺利地进行。亦如王弼所言:"以虚受人,物乃感应。"①孔颖达也指出:"君子法此咸卦,下山上泽,故能空虚其怀,不自有实,受纳于物,无所弃遗,以此感人,莫不皆应。"②此外,"男下女",还指男子应主动办理各种婚前事宜。李道平曰:"《仪礼·士昏礼》凡'纳采、问名、纳吉、纳征、请期、亲迎'诸礼,皆'男下女'之事。"③男刚女柔,在结婚时,男子还要主动前去迎亲,《礼记·郊特牲》谓:"男子亲迎,男先于女,刚柔之义也。"④

(三)婚恋要循序渐进

《咸》卦初六:"咸其拇。"《象传》曰:"咸其拇,志在外也。""拇",指的是脚大拇指,《经典释文》:"马、郑、薛云'足大指也'。"⑤《咸》卦取象于身,从下到上,逐步展现感应的过程。初六处于《咸》卦之始,与九四正应,有感应之义;但所感微浅,尚未能打动心性。脚趾在身体最下方,爻辞取感于脚趾为象,喻指感应尚浅。孔颖达曰:"初应在四,俱处卦始,为感浅末,取譬一身,在于足指而已。"⑥马其昶也说:"初之感尚浅,其于人身则拇象也。"⑦其后,相感逐渐加深,感于"腓"、"股"、"脢"、"辅颊舌",展现出相感渐进之理。

于恋爱而言,男女双方初交往时,所感尚浅,但既有相感,双方之心已经萌萌然,诚如《诗经·关雎》所言:"求之不得,寤寐思服。悠哉悠哉,辗转反侧"⑧,亦即《象传》所谓"志在外也"。《咸》卦所述相感渐进之理,启示恋爱双方,感情亦要逐步发展,稳步推进,一开始不必急于求成,要逐渐拉开恋爱的大

---

① (魏)王弼、(晋)韩康伯注,(唐)孔颖达疏:《周易正义》,中国致公出版社 2011 年版,第 140 页。

② (魏)王弼、(晋)韩康伯注,(唐)孔颖达疏:《周易正义》,中国致公出版社 2011 年版,第 140 页。

③ (清)李道平撰,潘雨廷点校:《周易集解纂疏》,中华书局 2011 年版,第 315 页。

④ 刘波、王川注释:《礼记》,东南大学出版社 2010 年版,第 167 页。

⑤ (唐)陆德明:《经典释文》,上海古籍出版社 1985 年版,第 97 页。

⑥ (魏)王弼、(晋)韩康伯注,(唐)孔颖达疏:《周易正义》,中国致公出版社 2011 年版,第 140 页。

⑦ 马其昶:《重定周易费氏学》,《续修四库全书》第 40 册,上海古籍出版社 2002 年版,第 420 页。

⑧ 邓启铜注释,殷光熹审读:《诗经》,东南大学出版社 2010 年版,第 3 页。

幕。亦如杨亚利所言:"男女恋爱有一个过程,结婚有一个过程,夫妇感情和谐也有一个过程,这其中就是要贯彻循序渐进的原则。"①因为,只有经过一段时间的沟通和交流,双方才能增进了解,感情也才会加深,时机成熟了再谈婚论嫁,婚姻才会比较吉祥。而违反这个过程的,则不免受到惩罚。当今社会的闪婚,就是在"咸其拇"的阶段作出结婚的决定。双方缺乏足够的了解,而为婚后生活埋下了隐患。

(四)恋爱勿躁动

《咸》卦六二:"咸其腓,凶,居吉。"《象传》曰:"虽凶,居吉,顺不害也。""腓",指的是"腓肠肌",即小腿肚子,《说文》训为"腨也",又训"腨"曰:"腓肠也。"段玉裁说:"胫骨后之肉也,腓之言肥,似中有肠者然。"孔颖达谓:"腓,足之腓肠也。"②程颐曰:"腓,足肚。"③六二阴柔居中,上应九五,喻其有感之义。但六二与九三相比,阴阳相感,在所难免。可知,六二有如此之象:一阴而欲与两阳(九五、九三)相感,内心躁动,不能专一。爻辞以腓为象,腓体燥动,躁动相感则有凶险,爻辞谓"咸其腓,凶",程颐说:"躁妄自失,所以凶也。"④相感之道,贵在守正,美在专一。化解躁动,淡定从容,守正相感,结果吉祥。王弼曰:"咸道转进,离拇升腓,腓体动躁者也。感物以躁,凶之道也。由躁故凶,居则吉矣。处不乘刚,故可以居而获吉。"⑤朱子亦指出:"此卦虽主于感,然六爻皆宜静不宜动也。"⑥

于男女恋爱而言,经过一段时间的相识相知,双方的感情进一步加深,此时进入"躁动期"。处于这个阶段,要谨记"咸其腓,凶"的训诫,须居中守正,不要被醇美的爱情冲昏头脑而躁动妄进,务要坚贞守正,在体验持续升温之情感的同时,保持恰当的分寸。

---

① 笔者按:原文为"就要是",应为"就是要"(参见杨亚利:《周易与中国夫妇之道》,中国文史出版社 2003 年版,第 19 页)。

② (魏)王弼、(晋)韩康伯注,(唐)孔颖达疏:《周易正义》,中国致公出版社 2011 年版,第141 页。

③ (宋)程颐:《周易程氏传》,九州出版社 2011 年版,第 125 页。

④ (宋)程颐:《周易程氏传》,九州出版社 2011 年版,第 125 页。

⑤ (魏)王弼、(晋)韩康伯注,(唐)孔颖达疏:《周易正义》,中国致公出版社 2011 年版,第140 页。

⑥ (宋)朱熹撰,李一忻点校:《周易本义》,九州出版社 2004 年版,第 227 页。

（五）用情须专一

《咸》卦九三："咸其股,执其随,往吝。"《象传》曰："咸其股,亦不处也。志在随人,所执下也。""股",指的是"大腿"。《说文》："髀也。"皇侃曰："膝上曰股,膝下曰胫。"①"执",有"执意"之义。九三阳爻居于阳位,阳盛刚亢,与上六相应,有正应之感。然其又与六二相比,亦有相感之意。可见,九三有一心两用,相感不专之象。如此,则会有遗憾惋吝之结果,爻辞所谓"往吝"也。

于恋爱而言,此爻说明随着恋爱的发展,会出现当事者所感不一,心无定见的现象。一旦如此,则有致吝之结果。可以说,此阶段是男女相恋的波折期。当事者可能会发现对方的一些毛病,亦会有些摩擦和口角之争;还可能出现被其他异性吸引等问题。因此,或有心志不专的情况发生。这时,若不能心平气和地沟通,很可能出现恋爱的波折,甚至分道扬镳。故在此阶段,双方应增加理解,加强交流,以顺利度过波折期。

（六）恋爱的修复之道

《咸》卦九四："贞吉悔亡,憧憧往来,朋从尔思。"《象传》曰："贞吉悔亡,未感害也。憧憧往来,未光大也。""憧憧",形容心神不定,往来不绝之状。《说文》："憧,意不定也。"《经典释文》引王肃曰："往来不绝貌。"②《周易集解》引虞翻曰："怀思虑也。"③九四以阳爻居于阴位,有失正之象;但九四与初六有应,以正道相感,频频往来,两者心念终至感通,初六倾心顺从,结果吉祥。王弼曰："处上卦之初,应下卦之始,居体之中,在股之上,二体始相交感,以通其志,心神始感者也。凡物始感而不以之于正,则至于害,故必贞然后乃吉,吉然后乃得亡其悔也。"④

于男女恋爱而言,经历了上一期的相感不专的波折和考验,此时则进入了弥补修复期。对于自己以前的问题,心存忧虑,担心对方不能原谅自己,故一次又一次地约会和沟通交流。经过一段时间的修复,其结果还是好的。对方

---

① （魏）何晏集解,（梁）皇侃义疏:《论语集解义疏》,中华书局1985年版,第210页。
② （唐）陆德明:《经典释文》,上海古籍出版社1985年版,第97页。
③ （唐）李鼎祚:《周易集解》,中央编译出版社2011年版,第119页。
④ （魏）王弼、（晋）韩康伯注,（唐）孔颖达疏:《周易正义》,中国致公出版社2011年版,第141页。

可以原谅自己,终成眷属之美,所谓"朋从尔思"是也。如此,双方的恋情已由初期的相识,中期的躁动,发展到现在,已经更为稳定和成熟。

(七)成熟期的谈婚论嫁

《咸》卦九五:"咸其脢,无悔。"《象传》曰:"咸其脢,志末也。""脢",指的是"脊椎两旁的瘦肉"。《说文》"背肉也",《玉篇》"脢者,心之上,口之下",《广韵》"脊侧之肉也"。背部喻指不动之处。九五居于中正之位,其心刚健守正,所感平正。上六:"咸其辅,颊,舌。"《象传》曰:"咸其辅,颊,舌,滕口说也。""辅",指的是"上牙床",《说文》"人颊车也"。"辅、颊、舌"三者合称,指的是"言语",王弼曰:"'辅、颊、舌'者,所以为语之具也。"①来知德说:"辅在内,颊在外,舌动则辅应而颊从之,三者相须用事,皆所用以言者。"②上六处于《咸》卦之终,感应由心而发诸口。马其昶曰:"咸之始动于志,咸之极则发诸口,言者心之声也。"③

于婚恋而言,双方经过层层之磨合,心志已经比较稳定、平和,归于理性,从而进入谈婚论嫁的阶段。

统而言之,《咸》卦指出男女婚恋之道以守正为吉。参照诸爻之辞,男女双方须牢记咸卦中的相恋之道:第一,恋爱须恒守正道。《楞严经》云:"因地不真,果招纡曲。"以正道恋爱,结为婚姻则吉;若以邪道为之,则不免凶咎矣。恋爱中,男女双方须合礼守正,自律自爱,在体验爱情喜悦的同时,保持清醒的头脑,端正言行,能够为对方考虑。第二,要正确认识恋爱的过程。按照《咸》卦六爻所指,恋爱会经过多个阶段:由一开始的相识,而逐步相知,感情升温;接着可能会有摩擦及口舌的发生,甚至或有用情不专之事的出现。之后,会出现回转、解释而复归于好的情况。最后,双方感情可归于成熟、平和,而进入谈婚论嫁的阶段。这是一个正、反、合的发展过程。双方要能够正确认识这个过程,及时沟通和交流,以化解各种矛盾和问题。

---

① (魏)王弼、(晋)韩康伯注,(唐)孔颖达疏:《周易正义》,中国致公出版社 2011 年版,第142 页。

② (明)来知德:《来注易经图解》,中央编译出版社 2010 年版,第 273 页。

③ 马其昶:《重定周易费氏学》,《续修四库全书》第 40 册,上海古籍出版社 2002 年版,第421 页。

三、与时偕行，婚恋要适龄

《周易》法天象地，因天之序，十分强调时间的重要性，并多次提到"时，大矣哉"，认为在恰当的时间要做恰当的事情。

《周易》对于男女婚恋的时间，虽没有直接点明，但似乎对男女结婚时年龄的差别表现出了特别的关注，认为男比女大是正常的，但不赞成女子过于年长才结婚。《大过》卦☵，九二曰："枯杨生稊，老夫得其女妻，无不利。"是说年纪大的男子娶了年纪轻的女子，没有什么不吉利的。反之，女子年龄太大嫁给年纪轻的男子，情况就不同了。《大过》卦九五爻辞说："枯杨生华，老妇得其士夫，无咎无誉。"认为苍老之妇嫁给年轻的男子，没有咎害，也没有赞誉。如果说这个评价还算是比较中立的话，《易传》就对之作出了批评："枯杨生华，何可久也？老妇士夫，亦可丑也。"同样，《姤》卦辞云："女壮，勿用取女。""取"同"娶"。一般认为《姤》卦女壮乃是初爻一阴渐长，有侵阳之象，阴壮阳弱，故不可娶。但这里的"壮"也可以从年龄方面来理解，即《周易》认为女子不宜拖到年龄太大才婚配。

《周易》的上述说法是有其道理的。一般情况下，女子的身心发育或快于男子，男子长于女子，可以保证双方的发展大致处于同一水平，有助家庭之和谐。另外，男女适龄婚配，还可保证优生优育。《黄帝内经》指出：一般情况下，女子49岁天癸竭，男子要到64才精少、肾脏衰。[1] 这意味着男女年龄过大可能影响优生优育，当然男子的影响或许会小些。因此程颐评价说："老夫而得女妻，则能成生育之功。"[2]"老妇而得士夫，岂能成生育之功？亦为可丑也。"[3]

古人认为男子适婚年龄是30岁，女子是20岁。《礼记·内则》说男子

---

[1] 《黄帝内经·上古天真论》云，女子"七七，任脉虚，太冲脉衰少，天癸竭，地道不通，故形坏而无子也"，男子"八八，天癸竭，精少，肾脏衰，则齿发去，形体皆极。肾主水，受五脏六腑之精而藏之，故脏腑盛，乃能泻。今五脏皆衰，筋骨解堕，天癸尽矣，故发鬓白，身体重，行步不正，而无子耳"。又岐伯曰："此虽有子，男不过尽八八，女不过尽七七，而天地之精气皆竭矣。"（参见姚春鹏译注：《黄帝内经》，中华书局2010年版，第21～23页。）

[2] （宋）程颐：《周易程氏传》，九州出版社2011年版，第112页。

[3] （宋）程颐：《周易程氏传》，九州出版社2011年版，第114页。

"二十而冠,始学礼……三十而有室,始理男事"①,女子"十有五年而笄,二十而嫁。有故,二十三年而嫁"②。《白虎通·嫁娶》也说:"男三十而娶,女二十而嫁……男三十筋骨坚强,任为人父;女二十,肌肤充盛,任为人母。"③认为男为阳为奇,女为阴为偶;故男为三十(三为奇数),女为二十(二为偶)。男为阳,为舒张;女为阴,为收敛;故男大女小。又,男女年龄加起来为50岁,乃"应大衍之数生万物也"④。也就是说,这样的婚配年龄合乎自然阴阳之性和天地大衍之数,这也就为男女婚嫁年龄找到了形上之依据。现在我国《婚姻法》也对结婚年龄作了规定:男子不得早于22周岁,女子不得早于20周岁。这也是比较科学的。《黄帝内经》认为女子14岁经来,男子16岁精通,即可生育。⑤ 然而此时男女的心理和生理还没有发育成熟,若婚育的话,会影响自身及后代。李鹏飞《三元延寿参赞书》引书曰:"男破阳太早,则伤其精炁;女破阴太早,则伤其血脉。"⑥男子24至32岁"肾气平均……筋骨隆盛,肌肉满壮"⑦,女子21到28岁"肾气平均……筋骨坚,发长极,身体盛壮"⑧,达到适婚年龄结婚生育就比较理想。

四、"勿用取女"与娶女的标准

"天地相遇,品物咸章也。"天地二气相遇相感,才能广生万物。孔颖达解释说:"天地若各亢所处,不相交遇,则万品庶物,无由彰显,必须二气相遇,乃得化生。"⑨同样地,男女也须相遇、结合,才能生育后代。然宜与何种女子相

---

① 刘波、王川注释:《礼记》,东南大学出版社2010年版,第185—186页。
② 刘波、王川注释:《礼记》,东南大学出版社2010年版,第186页。
③ (汉)班固:《白虎通(及其他一种)》,中华书局1985年版,第251页。
④ (汉)班固:《白虎通(及其他一种)》,中华书局1985年版,第251页。
⑤ 《黄帝内经·上古天真论》云,女子"二七而天癸至,任脉通,太冲脉盛,月事以时下,故有子",男子"二八,肾气盛,天癸至,精气溢,阴阳和,故能有子"。(参见姚春鹏译注:《黄帝内经》,中华书局2010年版,第20、22页。)
⑥ (元)李鹏飞:《三元延寿参赞书》,《道藏》第18册,文物出版社、上海书店、天津古籍出版社1988年版,第530页。
⑦ 姚春鹏译注:《黄帝内经》,中华书局2010年版,第22页。
⑧ 姚春鹏译注:《黄帝内经》,中华书局2010年版,第20页。
⑨ (魏)王弼、(晋)韩康伯注,(唐)孔颖达疏:《周易正义》,中国致公出版社2011年版,第181页。

遇、结合呢?《周易》指出,中正守道之女。

《姤》卦☰,《象传》言:"刚遇中正,天下大行也。"天地按照正道相感相遇,能够生发万物;于人类而言,亦是如此。《周易》指出,君子与淑女婚配,则人伦之化得以大行。孔颖达说:"庄氏云:'一女而遇五男,既不可取,天地匹配,则能成品物。'由是言之,若刚遇中正之柔,男得幽贞之女,则天下人伦之化,乃得大行也。"①

男婚女嫁是人生之大事,《周易》在卦爻辞中还特别提出"勿用取女"的两种情况,告知人们若觉得对方不合乎正道,则须避免进一步的交往,以防不必要的过节发生。

(一)"勿用取女,行不顺也"

《蒙》卦☶,六三:"勿用取女,见金夫,不有躬,无攸利。"《象传》曰:"勿用取女,行不顺也。""取",即"娶"。"躬",犹言"身体",《说文》:"躬,身也。"此爻辞透露出对女性德行的评判。爻辞中"女"指六三;"金夫",王弼释为"刚夫"②,指九二。六三本与上九正应有感;但因其与九二相比,为之所吸引,杨万里说:"三仰舍上九之应,而俯从九二之强,是女见利而动者也,非顺也。"③象征女子见"金夫",为之所惑,心迷意乱,不能自守,有"失身"之象,《象传》谓之"行不顺也"。《周易集解》引虞翻曰:"所行不顺,为二所淫。"④王弼说:"女之为体,正行以待命者也。见刚夫而求之,故曰'不有躬'也。"⑤

爻辞认为此女子见"金夫",而为其所惑,迷失自我,心乱失身,实在是有违礼法、正道,故特别警告男子"勿用取女",即不要迎娶这样的女子。由此可知《周易》对于女德之重视。孔颖达指出:"为女不能自保其躬、固守贞信,乃

---

① (魏)王弼、(晋)韩康伯注,(唐)孔颖达疏:《周易正义》,中国致公出版社 2011 年版,第181 页。

② (魏)王弼、(晋)韩康伯注,(唐)孔颖达疏:《周易正义》,中国致公出版社 2011 年版,第45 页。

③ (宋)杨万里:《诚斋易传》,九州出版社 2008 年版,第 23 页。

④ (唐)李鼎祚:《周易集解》,中央编译出版社 2011 年版,第 32 页。

⑤ (魏)王弼、(晋)韩康伯注,(唐)孔颖达疏:《周易正义》,中国致公出版社 2011 年版,第45 页。

非礼而动,行既不顺,若欲取之,无所利益。"①程颐评价曰:"女之从人,当由正礼,乃见人之多金,说而从之,不能保有其身者也。"②又说:"女之如此,其行邪僻不顺,不可取也。"③其实,在这里,不能仅从文字上判断喜爱金钱即为"不顺者"。俗话说,君子爱财,取之有道,用之有度。适度地喜爱金钱、财富,本无可厚非,但要以正道得之。然六三所喻指之女,阴居阳位,乘凌阳刚,《周易集解》引虞翻谓之曰:"失位乘刚"④,实为无德之女子,其行为只以金钱为导向,而不顾道德伦理乃至法律法规。子曰:"放于利而行,多怨。"⑤《周易》认为,这样的女子是不能迎娶的。

(二)"女壮,勿用取女"

《姤》卦辞言:"女壮,勿用取女。"卦辞亦指明了《周易》的择偶标准。《彖传》进一步解释曰:"姤,遇也,柔遇刚也。勿用取女,不可与长也。天地相遇,品物咸章也。刚遇中正,天下大行也。姤之时义大矣哉!"

"姤",《彖传》、《序卦传》、《杂卦传》、《广雅》皆谓:"遇也。"古本作"遘",《经典释文》云:"薛云:古文作遘。郑同。"⑥顾塈曰:"'姤','遇也'。'姤'作'遘',《说文》亦无'姤'字,古文《易》作'遘',而郑氏从之,王辅嗣改就俗体,独此一字未改,此古文之仅存者。"⑦

《姤》卦☰,一阴在下,上遇五阳,有"相遇"之象。孔颖达指出:"此卦一柔而遇五刚,故名'姤'。"⑧又《姤》卦,上卦为乾,为天;下卦为巽,为风;有风吹行天下,与万物相遇之象。孔颖达说:"风行天下,则无物不遇,故为遇

---

① (魏)王弼、(晋)韩康伯注,(唐)孔颖达疏:《周易正义》,中国致公出版社2011年版,第45页。
② (宋)程颐:《周易程氏传》,九州出版社2011年版,第21页。
③ (宋)程颐:《周易程氏传》,九州出版社2011年版,第21页。
④ (唐)李鼎祚:《周易集解》,中央编译出版社2011年版,第33页。
⑤ 《论语·里仁》,陈晓芬、徐儒宗译注:《论语·大学·中庸》,中华书局2012年版,第43页。
⑥ (唐)陆德明:《经典释文》,上海古籍出版社1985年版,第106页。
⑦ (清)顾塈:《觉非盦笔记》,《续修四库全书》第1154册,上海古籍出版社2002年版,第49页。
⑧ (魏)王弼、(晋)韩康伯注,(唐)孔颖达疏:《周易正义》,中国致公出版社2011年版,第181页。

象。"①"姤"阐发了"相遇"之道。又"姤",从女,从后,有与女相遇之象;卦辞亦称:"女壮,勿用取女"。可知"姤"乃取男女相遇、相恋为喻,并揭示其义。

"女壮,勿用取女"。"用",即"宜";"取","娶"也。《周易》指出女子以贞正贤德为正道。卦象为一阴遇五阳,喻指一女遇五男。"女壮"喻指女子强悍,又有凶戾之气。如此,则失贞正贤德之道,故卦辞告诫人们不宜娶此女为妻。《周易集解》引郑玄曰:"一阴承五阳,一女当五男,苟相遇耳,非礼之正,故谓之'姤'。女壮如是,壮健以淫,故不可娶。妇人以婉娩为其德也。"②李士鉁亦指出这种情形"非家庭之福"③。

但为何不宜娶此女为妻呢?《彖传》解释曰:"勿用取女,不可与长也",是说因为此女有违正道,故不能与之长久相处。《周易集解》引王肃曰:"女不可取,以其不正,不可与长久也。"④

联系现实情况,《姤》卦所言之"女壮",并非指身体之强壮。从卦象来看,这种"壮"应有两个方面的表现:一是指女子刚愎自用、唯我独尊。《姤》卦一阴遇五阳,喻指此女子在强有力的正确意见面前,自以为是,不听劝说,违背正道,一意孤行。二是指任性傲慢、欺凌男子。其以一阴处下,有阴渐增,阳渐消之势,李士鉁说:"一阴在下而进,五阳在上而退。进则势盛,终必消阳,故云'壮'也。"⑤喻指该女子恃其刚戾之气,而欺逼男子。对于这两种"壮"的情况,《周易》诫之曰"勿用取女"。

五、女归宜渐,嫁女的循序渐进之道

《渐》卦:"女归吉,利贞。"《渐》卦☶,上卦为巽,为木;下卦为艮,为山;有山上有木之象。我们知道树木的生长不是一蹴而就的,而是一个渐长的过程。

---

① (魏)王弼、(晋)韩康伯注,(唐)孔颖达疏:《周易正义》,中国致公出版社2011年版,第182页。

② (唐)李鼎祚:《周易集解》,中央编译出版社2011年版,第159页。

③ (清)李士鉁:《周易注》,《续修四库全书》第39册,上海古籍出版社2002年版,第74页。

④ (唐)李鼎祚:《周易集解》,中央编译出版社2011年版,第159页。

⑤ (清)李士鉁:《周易注》,《续修四库全书》第39册,上海古籍出版社2002年版,第74页。

《渐》卦的爻辞以鸿鸟的栖息为喻：渐于干、渐于磐、渐于陆、渐于木、渐于陵、渐于陆，推而广之，表明任何事物的发展都是一个循序渐进的过程。可知，此卦反映了事物发展的循序渐进之道。王弼曰："渐者，渐进之卦也。"①孔颖达说："'渐'者，不速之名也。凡物有变移，徐而不速，谓之渐也。"②《渐》卦之理亦如老子所言："合抱之木，生于毫末；九层之台，起于累土；千里之行，始于足下。"③

于婚恋而言，《渐》卦"反映的是婚礼渐进之事"④，指出女子出嫁是一个循序渐进的过程。孔颖达说："'女归吉'者，归嫁也。女人生有外成之义，以夫为家，故谓嫁曰'归'也。妇人之嫁，备礼乃动，故渐之所施，吉在女嫁，故曰'女归吉'也。'利贞'者，女归有渐，得礼之正，故曰'利贞'也。"⑤《象传》言："渐之进也，女归吉也"，进一步说明嫁女须按照相应的礼节，遵守正道，不慌不忙，从容应对，有序推进，方可有吉祥之结果。

《渐》卦之所以言女子出嫁不能急于求成，是因为人与人之间的相识、相知，是需要一定时间的。只有经过一定时间的了解和考察，觉得对方合适了，再谈婚论嫁，才符合婚恋渐进之理。否则，可能会为婚后埋下隐患。白居易七律诗《放言》曰："赠君一法决狐疑，不用钻龟与祝蓍。试玉要烧三日满，辨材须待七年期。周公恐惧流言后，王莽谦恭未篡时。向使当初身便死，一生真伪复谁知？"⑥大意是，给你提供一个消除疑惑，作出决策的方法，而不必依靠龟占、卜筮。玉石之真假，火烧三天便可得知；人之贤愚，考验七年亦可辨识。昔日周武王逝世后，武王之子成王继承王位，但年龄尚幼，周公辅佐执政。管、蔡、霍叔等放出流言，说周公要篡位。周公诚惶诚恐，戒慎恐惧。后来，周公平息管、蔡之乱，忠心耿耿，证明了自己的清白和真心。西汉末期，王莽篡位之

---

① （魏）王弼、（晋）韩康伯注，（唐）孔颖达疏：《周易正义》，中国致公出版社 2011 年版，第211 页。
② （魏）王弼、（晋）韩康伯注，（唐）孔颖达疏：《周易正义》，中国致公出版社 2011 年版，第211 页。
③ 靳永、胡晓锐注译：《老子》，崇文书局 2007 年版，第 134 页。
④ 杨亚利：《周易与中国夫妇之道》，中国文史出版社 2003 年版，第 15 页。
⑤ （魏）王弼、（晋）韩康伯注，（唐）孔颖达疏：《周易正义》，中国致公出版社 2011 年版，第211 页。
⑥ （唐）白居易著，周勋初、严杰选注：《白居易选集》，人民文学出版社 2002 年版，第 160 页。

前,深藏险心,礼贤下士,伪装高超,后来就露出了真实的用心。如果说周公在流言四起时逝去,王莽在篡位前死了,后人就无从知道他们的本来面目了。这首诗揭示出这样一个道理:只有经过一定时间的观察和考验,才能明晓一个人的真正用心,也才能知其真伪、善恶、贤愚。又《今古奇观》云:"路遥知马力,日久见人心。"①是说路途遥远了,才知道马力气的大小;交往的时间长了,也才能辨别出人心的好坏。婚姻,对于人的一生,特别是女子,意义十分重大,故民间有"女怕嫁错郎"之说。女子出嫁,关涉一生之幸福,尤其需要谨慎,非经一番周密考察,深入了解,不可蓬然出嫁。因此,古代婚姻礼节较多,如有纳采、问名、纳吉、纳征、请期、亲迎等环节②,这样就拉长了婚恋的进程。一方面可以有充足的时间来考察对方的人品、德行及其他素质;另一方面,又能通过礼节之周备与否,检验对方是否诚心。这也为婚姻的稳定与和谐打下了坚实的基础。

第二节　《周易》家庭生活之道

男女双方经过初恋、热恋,最后到谈婚论嫁,而一旦结婚就意味着一个新家庭的成立,此时男女的角色也发生了变化,之前的少男少女(《艮》《兑》)就变为长男长女(《震》《巽》)了。《周易》讲究时位,时间和角色变了,处理的策略和方法也要发生变化。对于婚姻家庭生活之道,《恒》《家人》和《归妹》等卦有着专门阐发,下面分述之。

一、《恒》卦:婚姻贵恒久

"昏姻之义,男女之节,君子可不虑其所终哉!"③防止离婚的一个重要方法是婚前慎重,婚前可以尽情地考察、选择,而一旦结婚,家庭的和谐稳定就十

---

① (明)抱瓮老人辑,顾学颉校注:《今古奇观》,人民文学出版社2007年版,第456页。

② 《白虎通·嫁娶》:"《礼》曰:女子十五许嫁,纳采、问名、纳吉、请期、亲迎,以雁为贽。"(参见(汉)班固:《白虎通(及其他一种)》,中华书局1985年版,第252—253页。)

③ (清)顾炎武著,(清)黄汝成集释,秦克诚点校:《日知录集释》,岳麓书社1994年版,第19页。

分重要了。《序卦传》说："夫妇之道,不可以不久也,故受之以恒,恒者,久也。"程颐曰:"夫妇终身不变者也,故咸之后受之以恒也。"①恒久不息,是自然之理,《恒·彖传》:"天地之道,恒久而不已也。"人是自然的产物,也要效天法地行事,婚姻若能恒久稳定和谐,则亦合乎于天地之道矣。

《恒》卦阐述恒久之道,"反映的是夫妇天长地久之事"②,"《恒》卦以夫妇关系为隐喻,阐述了恒守常道(自然规律)的原则,认为恒守应以纯正的动机为前提,以顺乎自然、出乎自愿为原则"③。具体而言,《恒》卦对保持婚姻恒久有三点启示。第一,夫妻双方要相互谦让、包容。《恒》卦☳☴,震上巽下,巽意味谦和柔顺,震为动力生机;说明内有谦和贞正之心,发用于外才能生生不息,方可长久。家庭生活不可能没有矛盾,夫妻偶有拌嘴也属正常,但不能当真,双方要以柔和之心去化解之,这样家庭生活才能充满生机和活力,也才能恒久不息。第二,家庭生活要有平常心。男女双方一旦结婚就要踏实过日子,不可像以前那样自由散漫了。家庭生活更多的是些平淡日子,夫妻也有了更多的责任和义务,此时要有一颗平常心,不要盲目攀比;既要努力奋斗,又要知足常乐。反之,就会有家庭危机,甚至引发婚变。《恒》卦九三谓之曰:"不恒其德,或承之羞,贞吝。"第三,夫妻双方要顺利度过磨合期。刚结婚的几年里,双方的习惯、性格、兴趣等均处于适应磨合阶段,如果处理不当,很可能会对家庭造成不良影响:"据有关资料调查,在全部离婚案中,发生在婚后三年内的比率最高,其中不少人是新婚后双方未能在心理上、生理上及时调节、相互适应而导致矛盾的发生、发展,以至最终分道扬镳。"④《周易》亦提出处理"磨合期"的方法。《恒》卦初九:"浚恒,贞凶,无攸利。"《象传》曰:"浚恒之凶,始求深也。"是说做任何事情一开始不必追求得太过太满,否则可能会有凶险。同样,磨合期间两口子要有耐心,无关原则之事,不必急于改变对方。须知性格、习惯都是长期积累的结果,若一开始试图作急速的改变,势必造成较大的冲击。建议多多交流,增进理解,逐步推进,以更好地度过磨合期。

---

① (宋)程颐:《周易程氏传》,九州出版社 2011 年版,第 127 页。
② 杨亚利:《周易与中国夫妇之道》,中国文史出版社 2003 年版,第 7 页。
③ 杨亚利:《周易与中国夫妇之道》,中国文史出版社 2003 年版,第 10 页。
④ 李方敏、钱笑燕:《怎样度过新婚"磨合期"》,《心理与健康》1995 年第 6 期。

二、《家人》卦：治家之道

《说文》："家，居也。"郑玄注《周礼·小司徒》"上地家七人"，曰："有夫有妇然后为家。"①《经典释文》："人所居称家。"②《家人》卦☲，上巽为风，下离为火，内火外风之象。火者象征室内烹调、饮食，风者象征紧密联系社会，整体来看，有家庭之象。《家人》卦爻辞阐明治理家庭之道，孔颖达曰："明家内之道，正一家之人，故谓之'家人'。"③杨亚利说："《家人》卦以家庭伦理为主题，阐述了治家的一般原则。"④

（一）"利女贞"

《家人》卦"反映的是家庭伦理"⑤，卦辞只有三个字："利女贞。""正"指"身正也"⑥，即正义、善良、勤俭等美好的品德。是说家人之道的核心在于女人守正，程颐说："家人之道，利在女正，女正则家道正矣。"⑦"利女贞，谓家道以女子居正为贵，主妇正则一家正，主妇不正则家道贫。"⑧中国有句老话：家有贤妻，男儿不做混事。《圣经·箴言》也说："才德的妇人谁能得着呢？她的价值远胜过珍珠。她丈夫心里倚靠她，必不缺少利益，她一生使丈夫有益无损。"⑨现代人也说：一个成功的男人背后一定有一个优秀的女人。这都强调了好主妇的重要作用。妻子恒守正道、品德高尚、知书达理、勤俭节约可以更好地辅正丈夫，程颐谓："女正则男正可知矣。"⑩女人能照顾好老人，教育好孩子，家人就可以放心奋斗，家业则可蒸蒸日上。可以说，《家人》卦集中反映出了主妇在家庭中的重要地位和作用。

---

① （汉）郑玄注，（唐）贾公彦疏，彭林整理：《周礼注疏》，上海古籍出版社 2010 年版，第 387 页。
② （唐）陆德明：《经典释文》，上海古籍出版社 1985 年版，第 101 页。
③ （魏）王弼、（晋）韩康伯注，（唐）孔颖达疏：《周易正义》，中国致公出版社 2011 年版，第 157 页。
④ 杨亚利：《周易与中国夫妇之道》，中国文史出版社 2003 年版，第 25 页。
⑤ 杨亚利：《周易与中国夫妇之道》，中国文史出版社 2003 年版，第 22 页。
⑥ （宋）程颐：《周易程氏传》，九州出版社 2011 年版，第 146 页。
⑦ （宋）程颐：《周易程氏传》，九州出版社 2011 年版，第 146 页。
⑧ 杨亚利：《周易与中国夫妇之道》，中国文史出版社 2003 年版，第 25 页。
⑨ 《圣经·箴言》第 31 章第 11—12 节。
⑩ （宋）程颐：《周易程氏传》，九州出版社 2011 年版，第 147 页。

女子的性情、品德和修养对于一个家庭乃至一个民族都有着至关重要的意义。程颐曰："女正则家道正矣。"①张浚说："女贞,则无往不正也。故家人以女贞为利。"②印光法师也说："世之治乱,家之兴衰,悉由女人能尽职分与否耳。言女人职分,即孝翁姑,和妯娌,相夫教子等。以能孝友温恭,则宜家。能辅助丈夫,令其德业日进,过愆日减,则宜室。能宜家宜室,则儿女相观而化,均成贤善。儿女既成贤善,则从此以往,世世子孙皆成贤善。故光常谓:'治国平天下之权,女人家操得一大半。'又谓:'教子为治国平天下之本,而教女为尤要者。'"③英国著名道德学家塞缪尔·斯迈尔斯说:"女人的作用在任何地方都是一样的。在每一个国家中,女性的现状都会影响着这个民族的道德、品格和行为方式。如果这个国家的女人品质恶劣,那么这个社会的品质也会低俗。相反,如果这个国家的女人道德高尚、有教养,那么这将是一个繁荣、进步的社会……民族是由无数个母亲缔造的。不容置疑,女人的品格越高尚,民族的品格越能得到不断地升华。"④

然而如何才能做一个"守正"的女人呢?

首先要看看太太的角色。太太是对妻子的尊称,其源于周朝"三太"——周族太王贤妃太姜、季历贤妃太任、文王贤妃太姒。据汉代刘向《古列女传》记载:太姜"贞顺率道,靡有过失",君子谓之曰"广于德教"。太任亦是显德之女,"太任之性,端一诚庄,惟德之行",怀孕时"目不视恶色,耳不听淫声,口不出敖言,能以胎教",而生文王。太姒"仁而明道","旦夕勤劳以进妇道","教诲十子,自少及长,未尝见邪僻之事",君子谓之曰"仁明而有德"。⑤此三位堪称万古之贤妻良母,也为天下女子作出了好的榜样。故刘向赞颂曰:"周室三母,太姜任姒,文武之兴,盖由斯起。太姒最贤,号曰文母。三姑之德,亦甚

---

① (宋)程颐:《周易程氏传》,九州出版社 2011 年版,第 146 页。

② (宋)张浚:《紫岩易传》,景印文渊阁《四库全书》第 10 册,台湾商务印书馆 1986 年版,第 115 页。

③ 释印光:《印光法师文钞》(中册),宗教文化出版社 2000 年版,第 920 页。

④ [英]塞缪尔·斯迈尔斯:《品格的力量:永恒的处世经典》,王强、富强译,中国商务出版社 2004 年版,第 52 页。

⑤ 以上皆见于《古列女传》卷一《周室三母》。参见(汉)刘向编撰,顾恺之图画:《古列女传》,中华书局 1985 年版,第 9—10 页。

大矣。"①母教是天下太平之源。"三太"实为有道之女,培养出伟大的圣贤子孙,奠定了周朝800年的基业。实如约瑟夫·德·梅斯特尔所指出的:"不容置疑的是,女人确实没有太多的杰作可言。《伊利亚特》、《拯救耶路撒冷》、《哈姆雷特》、《菲德尔》、《失乐园》、《伪君子》,这些文学作品都不是出自女性之手;圣·彼得教堂、《弥赛亚》、《阿波罗瞭望塔》、《末日审判》等作品,都不是女性创造的;另外,代数学、望远镜、蒸汽机,这些人类大事仿佛也与她们无缘。但是,她们所做的一切却比上述成就更加伟大更加优秀。因为能够取得上述成就的每一个正直和高尚的人,最初都是由她们调教出来的,这才是世界上最杰出而伟大的作品。"②

后世男子把配偶尊称为"太太",也是期许对方能够相夫教子,培养出圣贤君子。"'太太'为至尊无上之称呼。女子须有'三太'之德,方不负此尊称。"③《周易》对于太太之德的要求是什么呢?《周易》提出的标准是"贞"——正,即符合天地之正道。《系辞传》言:"乾道成男,坤道成女",指出女子的本贞之道乃是坤德。坤于人事而言,象征妻子、母亲。《文言传》说坤"地道也,妻道也",又"坤为地,为母"。在一个家庭中,太太的角色,应坤之位,《周易集解》引干宝曰:"阴气之始,妇德之常。"④引卢氏、崔憬曰:"妻道也。"⑤坤的德行如何?《坤》卦曰:"元,亨,利牝马之贞。君子有攸往,先迷,后得主,利。西南得朋,东北丧朋。安贞,吉。"其以牝马喻指坤德,牝马之德为柔顺也。又《说卦传》指出:"坤,顺也。"故妻子的重要德行即为守正柔顺。《周易集解》引荀爽曰:"纯阴至顺,故'柔'也。"⑥又,《家人》卦六二:"无攸遂,在中馈,贞吉。"《象传》曰:"六二之吉,顺以巽也。"六二以阴居阴,居中守正,又上应九五,象征女子含有美德。但美德为何?《象传》曰:"顺以巽也",指出美德即是柔和守正。有此美德,结果吉祥。《周易集解》引荀爽曰:"六二

---

① (汉)刘向编撰,顾恺之图画:《古列女传》,中华书局1985年版,第10页。

② [英]塞缪尔·斯迈尔斯:《品格的力量:永恒的处世经典》,王强、富强译,中国商务出版社2004年版,第40页。

③ 释印光:《印光法师文钞》(下册),宗教文化出版社2000年版,第1707页。

④ (唐)李鼎祚:《周易集解》,中央编译出版社2011年版,第17页。

⑤ (唐)李鼎祚:《周易集解》,中央编译出版社2011年版,第17页。

⑥ (唐)李鼎祚:《周易集解》,中央编译出版社2011年版,第22页。

处和得正,得正有应,有应有实,阴道之至美者也。坤道顺从,故无所得遂。供肴中馈,洒食是议,故曰'中馈'。居中守正,永贞其志则'吉',故曰'贞吉'也。"①六二以"在中馈"为象。"馈",郑玄注《周礼·膳夫》"凡王之馈"曰:"进物于尊者曰馈。"②"中馈"即指家庭烹调、饮食事宜,喻指女子守正温和,善于持家。又,《坤》卦六二:"直方大,不习无不利。"六二居中守正,集中地表达了坤之厚德,朱子曰:"《坤》六爻中。只此一爻最重。"③爻辞所言"直",是说大地生养万物正直无邪;"方"指的是地德安静,即坤道"至静而德方";"大"指广大,坤厚载物。孔颖达说:"生物不邪,谓之直也。地体安静,是其方也。无物不载,是其大也。"④可知,《周易》认为女子应效法坤德,做到"直、方、大",即要修养品德,安守正道,勤俭持家,厚德载物。亦即《周礼·天官·九嫔》所谓,要修养"妇德、妇言、妇容、妇功"。郑玄注曰:"妇德谓贞顺,妇言谓辞令,妇容谓婉娩,妇功谓丝枲。"⑤也就是说,女子要在品德、言辞、仪态、手艺等方面提高自己,以得贞祥之果。

上述四德,妇德是核心。妇德在于贞顺,晋代张华《女史箴》所谓:"妇德尚柔,含章贞吉",亦即"柔顺贞静"。董真卿《周易会通》引许氏曰:"柔顺贞静,阴之德也。"⑥"柔",孔安国注《尚书·皋陶谟》"柔而立",谓"柔"为"和柔"⑦,孔颖达疏曰"性行和柔"⑧,是说气质柔和,待人和气。"顺",《广韵》、《玉篇》谓"从也",徐灏:"人之恭谨逊顺曰顺",是说谦虚温和、顺从正道。"贞",即正,是说要思想言行端正,有节操。"静",指的是闲雅安详,恬淡包容。因此,《周易》所言女子品德之正道乃是:温柔安详、谦和善良、思想言行

---

① (唐)李鼎祚:《周易集解》,中央编译出版社 2011 年版,第 136 页。
② (汉)郑玄注,(唐)贾公彦疏,彭林整理:《周礼注疏》,上海古籍出版社 2010 年版,第 113 页。
③ (宋)黎靖德:《朱子语类》,中华书局 1986 年版,第 1736 页。
④ (魏)王弼、(晋)韩康伯注,(唐)孔颖达疏:《周易正义》,中国致公出版社 2011 年版,第 34 页。
⑤ (汉)郑玄注,(唐)贾公彦疏,彭林整理:《周礼注疏》,上海古籍出版社 2010 年版,第 265 页。
⑥ (元)董真卿:《周易会通》,吉林出版集团有限责任公司 2005 年版,第 116 页。
⑦ (汉)孔安国传,(唐)孔颖达正义,黄怀信整理:《尚书正义》,上海古籍出版社 2012 年版,第 147 页。
⑧ (汉)孔安国传,(唐)孔颖达正义,黄怀信整理:《尚书正义》,上海古籍出版社 2012 年版,第 148 页。

端正、安宁有包容心，所谓"清闲贞静，守节整齐，行己有耻，动静有法"①。亦如《诗经·邶风·燕燕》所赞美的女子那样——存心善良仁厚，诚实可信，性情温婉和善，言行淑良谨慎，其曰："仲氏任只，其心塞渊。终温且惠，淑慎其身。"②至于"妇言、妇容、妇功"，是说言语要恰当得体，合乎道义；仪容清洁整齐，端庄大方；又要勤于劳作，俭朴持家。班昭进一步解释说："择辞而说，不道恶语，时然后言，不厌于人，是谓妇言。盥浣尘秽，服饰鲜洁，沐浴以时，身不垢辱，是谓妇容。专心纺绩，不好戏笑，洁齐酒食，以供宾客，是谓妇功。"③

（二）家人各守其正

《家人》卦辞言"利女贞"，强调家庭之内女子守正是核心。《彖传》由此推阐开来，提出家庭成员都要各安其位，各守其正："家人，女正位乎内，男正位乎外，男女正，天地之大义也。家人有严君焉，父母之谓也。父父，子子，兄兄，弟弟，夫夫，妇妇，而家道正；正家而天下定矣。"是说，一家人，男女都守持正道，这是天地之正理。一家中，有严正的君长，指的是父母。父母子女、兄弟姐妹、夫妻各尽其责，这样家庭就合乎正道；家庭合乎正道，天下就可以安定了。俞琰评价说："彖辞举其端，故但言'利女贞'。《彖传》极其全，故兼言男女之正，而又以父子兄弟夫妇推广而备言之。"④

《彖传》言"父父，子子，兄兄，弟弟，夫夫，妇妇"，明确了每个人都要按照各自的角色和规范行事。在一个家庭中，每个人的身份、地位不同，如果每个人都能敦伦尽分，做好各自的角色，则家庭就合乎正道，也就能够稳定、和谐。王弼谓："六亲和睦，交相爱乐，而家道正。"⑤周敦颐说："君君、臣臣、父父、子子，兄兄、弟弟，夫夫、妇妇，万物各得其理而后和。"⑥俞琰亦指出："若父尽父

---

① 《后汉书·列女传·曹世叔妻》引班昭所作之《女诫》，班昭认为此四条是妇德的重要表现。[参见（南朝宋）范晔、（西晋）司马彪撰，陈焕良、李传书标点：《后汉书》，岳麓书社 2008 年版，第 1019 页。]

② 邓启铜注释，殷光熹审读：《诗经》，东南大学出版社 2010 年版，第 25 页。

③ 《女诫·妇行第四》，（汉）班昭等撰，梁汝成、章维标注：《蒙养书集成》（二），三秦出版社 1990 年版，第 43 页。

④ （元）余琰：《余氏易集说》，吉林出版集团有限责任公司 2005 年版，第 172 页。

⑤ （魏）王弼、（晋）韩康伯注，（唐）孔颖达疏：《周易正义》，中国致公出版社 2011 年版，第 159—160 页。

⑥ （宋）周敦颐撰，梁绍辉、徐苏铭等点校：《周敦颐集》，岳麓书社 2007 年版，第 72 页。

道,子尽子道;以至兄弟、夫妇,亦各尽其道,则尊卑有等,长幼有序,男女有别,而家道正矣。"①

反之,若家庭成员不能守其正道,不能够敦伦尽分,则会发生问题。如《小畜》卦九三爻提出,若丈夫不守正道,会发生"夫妻反目"的后果。《小畜》卦☰,九三《象传》曰:"夫妻反目,不能正室也。""室",指妻子,郑玄注《礼记·曲礼上》"三十曰壮,有室",曰:"有室,有妻也。妻称室。"②《象传》认为"夫妻反目",主要原因在于丈夫不守正道;丈夫不守正道,也就不能规正家室,孟子谓之曰:"身不行道,不行于妻子。"③这在卦象上也有着明确的体现:九三所处不中,以阳居刚,心性执拗,阳刚亢盛;又与上九敌应,表明其本身就不守中正之道,故致"夫妻反目"的结果。杨万里指出:"身之不正则不可行于妻子……盖身之不正,则不能正其家也,非家罪也。"④

然家人各安其位,要如何去做呢? 对此,《周易》中并没有详细的论述。但《易传》既然是儒家的作品,其对于家人角色和责任的判断应与其思想传统相一致,而这一传统在先秦儒家典籍中可以找到。如《春秋左传·昭公二十六年》指出家人伦常之正道,曰:"父慈子孝,兄爱弟敬,夫和妻柔,姑慈妇听……父慈而教,子孝而箴;兄爱而友;弟敬而顺;夫和而义,妻柔而正;姑慈而从,妇听而婉。"⑤《孟子·滕文公上》也谈及人伦之道,曰:"父子有亲,君臣有义,夫妇有别,长幼有叙(笔者按,"叙"即"序"),朋友有信。"⑥又《礼记·礼运》言为人之义,曰:"父慈、子孝、兄良、弟第(笔者按,第二个"第"即"悌")、夫义、妇听、长惠、幼顺、君仁、臣忠,十者谓之人义。"⑦约尔言之,家庭成员要相亲相爱。父母要慈爱子女,多加爱护,严格管教;儿女要孝顺父母,敬听顺承,有过则谏;夫妻要相敬相爱,彼此尊重,互相包容;兄弟要和睦团结,互相关心,彼此谦让。如此,家人则可各安其位,敦伦尽分,家庭也就归于正道,能够

---

① (元)余琰:《余氏易集说》,吉林出版社集团有限责任公司2005年版,第172页。
② (汉)郑玄注,(唐)孔颖达正义:《礼记正义》,上海古籍出版社2011年版,第24页。
③ 《孟子·尽心下》,方勇译注:《孟子》,中华书局2012年版,第288页。
④ (宋)杨万里:《诚斋易传》,九州出版社2008年版,第40页。
⑤ 陈铁民等译注:《十三经·春秋左传》,三秦出版社2004年版,第1393页。
⑥ 《孟子·滕文公上》,方勇译注:《孟子》,中华书局2012年版,第96页。
⑦ 刘波、王川注释:《礼记》,东南大学出版社2010年版,第143页。

稳定、和谐。

(三)治家宁严勿宽

《家人》卦九三:"家人嗃嗃,悔厉,吉。妇子嘻嘻,终吝。"《象传》曰:"家人嗃嗃,未失也。妇子嘻嘻,失家节也。""嗃嗃",犹言因严酷而忧愁的样子。《说文》、《广韵》谓"严酷貌",《玉篇》"严大之声也"。《周易集解》引侯果曰:"嗃嗃,严也。"①孔颖达:"'嗃嗃',严酷之意也。"②程颐:"嗃嗃,未详字义,然以文意及音义观之,与嗷嗷相类,又若急束之意。"③"嘻嘻",欢乐喜笑之义,孔颖达:"'嘻嘻',喜笑之貌也。"④《经典释文》:"马云'笑声',郑云'骄佚喜笑之意'。"⑤《周易集解》引侯果曰:"嘻嘻,笑也。"⑥九三以阳爻居于阳位,又上无正应,阳刚亢盛;于家庭而言,有治家严格,家人经常受到严厉的管教和斥责,而惧怕之义。此时,家人虽有愁怨,但治家没有失道,结果还是吉祥的,程颐曰:"家道齐肃,人心祗畏,犹为家之吉也。"⑦反之,若治家松懈、疏忽,妇女和孩子整天嬉笑无状,没有规矩,没有约束,就容易放肆、妄为,最终将导致羞吝,程颐谓之曰:"自恣无节,则终致败家,可羞吝也。"⑧因此,治家宁可严格一些,虽然家人会有些怨言,但合乎治家之正道,结果吉祥。反之,若治家疏松,家人放荡无节,则有失治家之正道。王弼评论曰:"以阳处阳,刚严者也。处下体之极,为一家之长者也。行与其慢,宁过乎恭;家与其渎,宁过乎严。是以家人虽'嗃嗃悔厉',犹得其道。'妇子嘻嘻',乃失其节也。"⑨

至于为何会出现这种现象,《象传》给出了解释:"家人嗃嗃,未失也;妇子

---

① (唐)李鼎祚:《周易集解》,中央编译出版社 2011 年版,第 136 页。
② (魏)王弼、(晋)韩康伯注,(唐)孔颖达疏:《周易正义》,中国致公出版社 2011 年版,第 159 页。
③ (宋)程颐:《周易程氏传》,九州出版社 2011 年版,第 148 页。
④ (魏)王弼、(晋)韩康伯注,(唐)孔颖达疏:《周易正义》,中国致公出版社 2011 年版,第 159 页。
⑤ (唐)陆德明:《经典释文》,上海古籍出版社 1985 年版,第 101 页。
⑥ (唐)李鼎祚:《周易集解》,中央编译出版社 2011 年版,第 136 页。
⑦ (宋)程颐:《周易程氏传》,九州出版社 2011 年版,第 148 页。
⑧ (宋)程颐:《周易程氏传》,九州出版社 2011 年版,第 218 页。
⑨ (魏)王弼、(晋)韩康伯注,(唐)孔颖达疏:《周易正义》,中国致公出版社 2011 年版,第 159 页。

嘻嘻,失家节也。""未失"之"失",通"佚"。尚秉和说:"失佚古通。"①"佚"又同"逸",犹言"逸豫"、"逸乐"。郑玄注《诗经·小雅·十月之交》"民莫不逸",曰:"逸,逸豫也。"②韦昭注《国语·吴语》:"今大夫老,而又不自安恬逸",曰:"逸,乐也。"③故"未失",即"未逸",指不敢放纵逸乐,尚秉和谓之曰:"未佚者言不敢放逸也。"④又《国语·鲁语下》分析了人性的特点,曰:"夫民劳则思,思则善心生;逸则淫,淫则忘善,忘善则恶心生。"⑤大意是说,人经常劳作奋斗,就会激发意志和信心;有了意志和信心就会产生良善的心态。如果经常无所事事,就会贪图享乐,进而善心退却,恶念萌生。由此可知,若治家严格,则家人不敢懒散、放逸,纵情声色,必然要勤奋工作、学习,不敢懈怠,更不敢骄奢淫逸。当然这是比较辛苦的。但家人辛勤劳作,小心谨慎,兢兢业业,努力进取,心存正念,则家业日渐昌盛,而得到美好的结果。反之,若治家懈怠,家人好逸恶劳,不思进取,骄纵取乐,嬉笑亵慢,则心怀不善,恶念丛生,不免家道中落,实乃衰败,"失家节"之象,而有"终吝"之果。故尚秉和评价说:"若嘻嘻则淫佚而不中节矣,故曰'失家节'。"⑥申涵光也指出:"治家之道,正身率下,威严为主。《易》云:'家人有严君焉,父母之谓也。'言家长严正,则卑幼守法懔然,如治一国。'嘻嘻终吝',不必有甚大恶,只一家嘻嘻,便是必败之道。试想'嘻嘻'二字,是何规矩,是何气象?"⑦因此,在治理家庭时,须要严肃谨慎,一言一行都要有规有矩,宁严勿宽,宁厉勿纵。然具体说来,要如何操作呢?

第一,父母要有威严。《家人·彖传》中说:"家人,有严君焉,父母之谓也。"是说一个家庭中有严正的君长,指的是父母。程颐谓:"家人之道,必有所尊严而君长者,谓父母也。"⑧我国素有"严父慈母"之家庭传统,家长在家

---

① 尚秉和:《周易尚氏学》,九州出版社2011年版,第150页。
② 李学勤主编:《十三经注疏·毛诗正义》,北京大学出版社1999年版,第729页。
③ (吴)韦昭注,明洁辑评,金良年导读,梁谷整理:《国语》,上海古籍出版社2008年版,第281页。
④ 尚秉和:《周易尚氏学》,九州出版社2011年版,第150页。
⑤ (春秋)左丘明著,熊蓉、邓启铜点校:《国语》,东南大学出版社2010年版,第106页。
⑥ 尚秉和:《周易尚氏学》,九州出版社2011年版,第150—151页。
⑦ (清)申涵光:《荆园进语》,《琼琚佩语·省心短语·荆园小语·日录裹言·荆园进语》,又称《琼琚佩语(及其他四种)》,中华书局1985年版,第11页。
⑧ (宋)程颐:《周易程氏传》,九州出版社2011年版,第146页。

庭中有着重要之地位。父母在教育、管理孩子时,要保持足够的威严,既不要过分亲昵,也不过分疏远,又要有家法家规,并严格执行;如此,则家道可立。程颐谓:"虽一家之小,无尊严则孝敬衰,无君长则法度废。有严君而后家道正,家者国之则也。"①父母威严有慈,严格管教,子女有所敬畏,则必不敢恣意妄为,言行亦必是规规矩矩。诚如颜之推所言:"父母威严而有慈,则子女畏慎而生孝矣。"②如此,子女在家能够孝敬父母,出外则可有礼待人,这样可合乎治家之正道。

第二,"言有物而行有恒"。《家人·大象传》专门提出言行的标准问题,曰:"风自火出,家人。君子以言有物而行有恒。""风自火出",乃家人之卦象,孔颖达曰:"火出之初,因风方炽。火既炎盛,还复生风。内外相成,有似家人之义。"③"言有物",指要守好口德,合乎正道、德义,言语无妄,切合事实,不绮语、不恶语、不两舌。"行有恒",指家庭要有持之以恒的法度、规矩,居家行事要恒守正道,生活要有良好的习惯。亦如《弟子规》所言:"居有常,业无变"④,又如《黄帝内经》所指出的:"食饮有节,起居有常。"⑤说得更为本质一些,"言有物而行有恒"是指言行都要合乎正道、德义及礼法规范,诚如王弼指出的:"家人之道,修于近小而不妄也。故君子以言必有物而口无择言,行必有恒而身无择行。"⑥按,《孝经·卿大夫》言:"是故非法不言,非道不行;口无择言,身无择行。"⑦是说,不合乎正道的话语,绝对不言;不合乎正道之事,坚决不为;夫子所谓"守死善道"⑧。这样,就无须选择言语,行事也不必刻意斟酌,因为一切都合乎正道了。

---

① (宋)程颐:《周易程氏传》,九州出版社 2011 年版,第 146 页。
② (南北朝)颜之推:《颜氏家训》,中华书局 2011 年版,第 7 页。
③ (魏)王弼、(晋)韩康伯注,(唐)孔颖达疏:《周易正义》,中国致公出版社 2011 年版,第 158 页。
④ 李逸安、张立敏译注:《三字经·百家姓·千字文·弟子规·千家诗》,中华书局 2011 年版,第 176 页。
⑤ 姚春鹏译注:《黄帝内经》,中华书局 2010 年版,第 17 页。
⑥ (魏)王弼、(晋)韩康伯注,(唐)孔颖达疏:《周易正义》,中国致公出版社 2011 年版,第 158 页。
⑦ (东汉)马融撰,(春秋)曾参著:《忠经·孝经》,中国华侨出版社 2002 年版,第 51 页。
⑧ 《论语·泰伯》,陈晓芬、徐儒宗译注:《论语·大学·中庸》,中华书局 2012 年版,第 93 页。

之所以要如此谨言慎行,是因为言语和行为会引发万事万物的振动,能够产生强大的感应,从而带来或荣或辱之结果,《系辞传》谓之曰:"言行,君子之枢机。枢机之发,荣辱之主也。言行,君子之所以动天地也,可不慎乎?"孔颖达指出:"正家之义,修于近小。言之与行,君子枢机。出身加人,发迩化远,故举言行以为之诫。"①因此,治家之义,务要谨言慎行,严格按照正道来规范自己和家人的一言一行。哪怕是微小的言语和行为,都不可恣意妄为。做到"非礼勿视,非礼勿听,非礼勿言,非礼勿动"②,"目不视非,耳不听邪,言必《诗》《书》,行不淫僻,以道为形,以德为容,貌庄色温"③,"非法不言,非道不行"④,如此谨言慎行,修养美德,则家道立矣。亦如程颐所言:"言慎行修,则身正而家治矣。"⑤

另外,为防止言行放逸之事的发生,还可参看历代家书、家训之教导,如《朱子家训》、《曾国藩家书》等。这些家训多是以制约散漫、防止懈怠,激发斗志、坚定信念为治家准则的。常行之,即可见其效。

第三,慎初。《家人》卦初九:"闲有家,悔亡。""闲",亦见于《乾》卦《文言传》"闲邪存其诚",有"防止"、"防范"之意。《说文》解释为"阑也",段玉裁引申为"防闲",《广韵》亦曰"防也"。这是说,初九处于治家之始,家道初立,应防患于未然,及早严明家法、家规,给家人确立牢固的言行规范。对有违背正道、家规者,要及时批评指正,甚至惩处,以避免再犯。王弼说:"处家人之初,为家人之始,故宜必以'闲有家',然后'悔亡'也。"⑥

然为何要如此?《小象传》从心性方面说明了原因,曰:"闲有家,志未变也。"在起初之时,家人心志尚未定型,放逸、散漫之情尚不明显,此时立下规矩,预先防范,并严格执行,实是从根本上遏恶扬善,防患于未然。又能约法三章,早点戒除不良的生活习惯,防止积习成性,则事半功倍,家庭康泰,没有悔

---

① (魏)王弼、(晋)韩康伯注,(唐)孔颖达疏:《周易正义》,中国致公出版社2011年版,第158页。
② 《论语·颜渊》,陈晓芬、徐儒宗译注:《论语·大学·中庸》,中华书局2012年版,第138页。
③ 许富宏译注:《鬼谷子》,中华书局2012年版,第176页。
④ (东汉)马融撰,(春秋)曾参著:《忠经·孝经》,中国华侨出版社2002年版,第51页。
⑤ (宋)程颐:《周易程氏传》,九州出版社2011年版,第148页。
⑥ (魏)王弼、(晋)韩康伯注,(唐)孔颖达疏:《周易正义》,中国致公出版社2011年版,第158页。

意。孔颖达谓之曰："治家之道,在初即须严正,立法防闲。"①吕祖谦说："正家须正之于始,乃易为力。"②胡炳文亦指出："初之时,当闲;九之刚,能闲";"颜之推曰:'教子婴孩,教妇初来。'其得此爻之义乎!"③皆颇合爻旨。又,《讼》卦《大象传》言"君子以做事谋始",指出一开始申明规矩,可以防止以后的争端和悔恨。反之,若在开始时,不能立下规范,没有严格要求,而容忍不正言行的发展,则有"千里之堤,溃于蚁穴"之患。等到家人心意散漫、家风败坏的时候再去整治,必然是事倍功半,追悔莫及。王弼谓之曰:"凡教在初而法在始,家渎而后严之,志变而后治之,则'悔'矣。"④亦如马振彪所言:"闲之于初,本心未变,犹易为力。若志变而后闲之,悔无及矣!"⑤

(四)"富家大吉"

《家人》六四:"富家,大吉。"《象传》曰:"富家大吉,顺在位也。""富",《说文》:"备也。一曰厚也";《广韵》:"丰于财也";孔颖达:"禄位昌盛也。"⑥孔安国注《尚书·洪范》"二曰富",曰:"财丰备"⑦,孔颖达疏曰:"家丰财货也。"⑧但此处"富家"之"富"应该作为动词用,即"使……富裕"。类似的说法又如《史记·货殖列传》:"上则富国,下则富家。"⑨爻辞是说让家庭富裕,大为吉祥。《家人》卦☲,六四居于上互体卦《离》卦之中,离为火,象征富裕文明。又六四与初九正应,上承九五之阳;且阴居阴位,柔顺得正;《象传》谓之"顺在位也",有富裕之象。李士鉁指出:"六四阴居阴位,据三之阳,应初之阳,而上承九五之阳,得乎上,化乎下,上下皆正,无有不顺,故富家大吉。"⑩尚

---

① (魏)王弼、(晋)韩康伯注,(唐)孔颖达疏:《周易正义》,中国致公出版社 2011 年版,第 158 页。

② (宋)吕祖谦编著,黄灵庚、吴战垒主编:《吕祖谦全集》,浙江古籍出版社 2008 年版,第 88 页。

③ (元)胡炳文、(宋)李心传撰:《周易本义通释·丙子学易编》,吉林出版集团有限责任公司 2005 年版,第 100 页。

④ (魏)王弼、(晋)韩康伯注,(唐)孔颖达疏:《周易正义》,中国致公出版社 2011 年版,第 158 页。

⑤ 马振彪遗著,张善文整理:《周易学说》,花城出版社 2002 年版,第 362 页。

⑥ (魏)王弼、(晋)韩康伯注,(唐)孔颖达疏:《周易正义》,中国致公出版社 2011 年版,第 159 页。

⑦ (汉)孔安国传,(唐)孔颖达正义,黄怀信整理:《尚书正义》,上海古籍出版社 2012 年版,第 478 页。

⑧ (汉)孔安国传,(唐)孔颖达正义,黄怀信整理:《尚书正义》,上海古籍出版社 2012 年版,第 478 页。

⑨ (汉)司马迁著,韩兆琦译注:《史记》,中华书局 2012 年版,第 7559 页。

⑩ (清)李士鉁:《周易注》,《续修四库全书》第 39 册,上海古籍出版社 2002 年版,第 62 页。

秉和亦说:"言富之故,以顺阳也。五得位,故曰'顺在位'。"①

　　《周易》十分推崇富有的生活,故此处言"富家,大吉"。又,《系辞传》指出"富有之谓大业","崇高莫大乎富贵",都强调了富裕的重要意义。《管子·牧民》曰:"仓廪实则知礼节,衣食足则知荣辱。"②俗话说:巧妇难为无米之炊。良好的经济条件能够让家人在饮食、住房、医疗等方面得到更好的满足,受到更好的教育,这样人们物质富足,精神文明,才能生活得更加健康、和谐、幸福,亦即爻辞之"大吉"也。退一步说,即便不是十分富有,至少也要达到温饱或小康水平,或如孟子所谓"必使仰足以事父母,俯足以畜妻子,乐岁终身饱,凶年免于死亡"③,这样才能正常地生活。此爻启示家庭要开源节流,增加财富,并合理分配和使用财富。

　　但如何增加财富呢?《无妄》卦☲,六二《象传》曰:"不耕获,未富也。"古代是农业社会,人民主要的财富来源是农业经济。"耕获",本指耕田收获,象征工作收入。"不耕获,未富也"的逆否命题为"富,须耕获",也就是说要获得富足,获得财富,则必须认真工作,努力奋斗。又,《升》卦☷,上六《象传》曰:"冥升在上,消不富也。""消不富也",指的是如果经常消耗的话,就不会富有。也就是说,要想富有,须减少消耗。把《无妄》卦六二和升卦上六合起来看,可知要获得财富就要开源节流:一方面要发展生产,增加收入;另一方面,还要勤俭持家,控制支出,这样才会有余财。值得一提的是,君子爱财,取之有道,要以合乎正道的方法增加财富。这可由《家人》卦六四爻所处的位置看出来,六四柔顺处正,又有初六正应,象征有德之人。此即告诫人们须以道义的方法获得财富,这样财富才能获得长久之保全,所谓"富贵名誉,自道德来者,如山林中花,自是舒徐繁衍"④。而不义之财,则分毫不可取,孔子谓之曰:"不义而富

----

① 尚秉和:《周易尚氏学》,九州出版社2011年版,第151页。
② 黎翔凤撰,梁运华整理:《管子校注》,中华书局2011年版,第2页。
③ 方勇译注:《孟子》,中华书局2012年版,第14页。
④ 此言出自《菜根谭》第五十九,全文是:"富贵名誉,自道德来者,如山林中花,自是舒徐繁衍;自功业来者,如盆槛中花,便有迁徙兴废;若以权力得者,如瓶钵中花,其根不植,其萎可立而待矣。"(参见(明)洪应明、(战国)鬼谷子:《菜根谭·鬼谷子》,青海人民出版社2002年版,第25—26页。)

且贵,于我如浮云。"①如果财富之获得不合乎正道,即便是暂时得到,也会失去。得之无益,徒增其害而已矣。《大学》谓之曰:"货悖而入者,亦悖而出。"②

三、《归妹》卦:夫妻生活与生儿育女

"归妹",又见于《泰》卦䷊六五爻辞"帝乙归妹"。"归",《说文》:"女嫁也。"《公羊传·隐公二年》:"妇人谓嫁曰归。"③"妹",《说文》谓:"女弟也",王弼曰:"妹者,少女之称也。"④据此,"归妹"指的是女子出嫁,孔颖达谓:"'归妹'犹言嫁妹也。"⑤又,《归妹》卦䷵,上卦为震,下卦为兑。震为长男,兑为少女;少女上承长男,喻指女从男,有女子出嫁之象。杨亚利也说《归妹》卦"反映的是嫁女之事"⑥,确实如此。

但我们如果进一步发掘,该《归妹》卦还反映出夫妻生活及保健的问题。《归妹》卦象是上震下兑,震为男,又为震动之象;兑为女,为喜悦之象。总体上说,归妹有"少女而与长男交"⑦之象,《象传》谓之曰:"说以动,所归妹也。"夫妻生活是婚姻生活的组成部分,适当、良好的夫妻生活对保持身体健康,增加夫妻感情和家庭和谐有着一定的作用。程颐说:"阴阳交感,男女配合,天地之常理也。"⑧更重要的是,夫妻生活也是生儿育女,传宗接代的必要过程。《象传》曰:"归妹,天地之大义也。天地不交而万物不生。"指出天地相合,万物才能繁衍兴旺。于人事而言,夫妻结合,方可保证人类生生不息。王弼曰:"阴阳既合,长少又交,'天地之大义',人伦之终始。"⑨程颐也说:"男女交而

---

① 《论语·述而》,陈晓芬、徐儒宗译注:《论语·大学·中庸》,中华书局 2012 年版,第 80 页。
② 陈晓芬、徐儒宗译注:《论语·大学·中庸》,中华书局 2012 年版,第 276 页。
③ 陈铁民等译注:《十三经·春秋公羊传》,三秦出版社 2004 年版,第 1541 页。
④ (魏)王弼、(晋)韩康伯注,(唐)孔颖达疏:《周易正义》,中国致公出版社 2011 年版,第 214 页。
⑤ (魏)王弼、(晋)韩康伯注,(唐)孔颖达疏:《周易正义》,中国致公出版社 2011 年版,第 214 页。
⑥ 杨亚利:《周易与中国夫妇之道》,中国文史出版社 2003 年版,第 11 页。
⑦ (魏)王弼、(晋)韩康伯注,(唐)孔颖达疏:《周易正义》,中国致公出版社 2011 年版,第 215 页。
⑧ (宋)程颐:《周易程氏传》,九州出版社 2011 年版,第 218 页。
⑨ (魏)王弼、(晋)韩康伯注,(唐)孔颖达疏:《周易正义》,中国致公出版社 2011 年版,第 215 页。

后有生息,有生息而后其终不穷也。"①又《系辞传》指出:"男女媾精,万物化生。"进一步说明,男女配合才能繁衍生息,生育后代,人类方可传于无穷,诚如《礼记·郊特牲》所言:"天地合而后万物兴焉。夫昏礼,万世之始也。"②"孔子深刻地看准了《归妹》卦的这方面的意义,他作《彖传》,在言归妹之凶以前先言归妹的合理性及其在人类自身繁衍上的伟大作用。孔子认为男女交感,男女配合,使人类生生相续,代代不穷,如同天地相遇而有万物生一样自然,一样合理。"③

《归妹》卦辞:"征凶,无攸利。"上文提出归妹是人类繁衍的需要,这里怎么又说是凶呢?其实,这是古人忧患意识的表达:"'征凶,无攸利'者,归妹之戒也。"④《归妹》卦上震下兑,兑为喜悦、快乐之意,隐射出房事会带来某种快感,所谓"归妹动于说"⑤。也恰是因为这一点,归妹会有凶险。张英指出,归妹征凶之义有四,其中第一条就是"说而动"⑥。因为单纯以追求快感而没有节制,则不免纵欲或作出违背礼法之事,则其结果必然凶险,无疑矣!又,《兑》卦《彖传》曰:"说以先民,民忘其劳;说以犯难,民忘其死;说之大,民劝矣哉!"揭示出凶祸的源头之一———纵情恣欲。快感的力量真是巨大啊!快感,能够让人忘记疲惫、劳累,甚至为了追求快感,有的人连身体、生命都顾不上了。正因为如此,有的人为了一时肉欲,铤而走险,而不顾败节殒身、灾祸临身。因此,周安士先生发出这样的感叹:"业海茫茫,难断无如色欲;尘寰扰扰,易犯唯有邪淫。拔山盖世之英雄,坐此亡身丧国;绣口锦心之才士,因兹败节堕名。今昔同揆,贤愚共辙。"⑦败德取祸,莫甚于色。为追求苟合带来的所谓快感,致多少人纵情恣欲,沉迷其中,不能自拔,伤生伐命,恶疾缠身;又有多

---

① (宋)程颐:《周易程氏传》,九州出版社 2011 年版,第 219 页。
② 刘波、王川注释:《礼记》,东南大学出版社 2010 年版,第 167 页。
③ 金景芳、吕绍纲:《周易全解》,上海古籍出版社 2011 年版,第 425 页。
④ (魏)王弼、(晋)韩康伯注,(唐)孔颖达疏:《周易正义》,中国致公出版社 2011 年版,第 215 页。
⑤ (宋)程颐:《周易程氏传》,九州出版社 2011 年版,第 218 页。
⑥ (清)张英:《易经衷论》,景印文渊阁《四库全书》第 44 册,台湾商务印书馆 1986 年版,第 630 页。
⑦ (清)周安士:《安士全书》,线装书局 2012 年版,第 525 页。

少人为追求邪淫一时之快感,而丧名败德,倾家荡产,妻离子散,甚至命丧黄泉。吕洞宾《警世》诗云:"二八佳人体似酥,腰间仗剑斩凡夫。虽然不见人头落,暗里教君骨髓枯。"①《塔木德》指出:"当性驱力变得无控制和无节制时,它们则可能搞垮个人甚至社会。"②《戒淫宝训》言:"少壮者,前程甚远,因好色而不齿士林,身败名灭;迟暮者,光景无多,为贪淫而遄归死路,骨化形销。"③此皆所以归妹为凶矣。故圣人对此深感忧虑,垂戒再三。《归妹》卦《大象传》亦提出警醒:"君子以永终知敝。""敝"通"弊",指男女淫逸之行。这实际上是要警示人们,如果男女是正当合法夫妻关系,为了延续子嗣而合乎正道的交合,是被社会认可的。但若徇情而动,一味地追求肉体上的快感,则会出现凶险,小则伤风败俗,大则殒身害命。《周易学说》引丁晏曰:"永者,夫妇长久之道,永则可以有终;敝者,男女淫佚之行,敝则必不能永,自然之理也。思其永而防其敝,君子有戒心焉。"④程颐谓之曰:"然从欲而放流,不由义理,则淫邪无所不至,伤身败德,岂人理哉? 归妹之所以凶也。"⑤黄孝直也指出:"淫祸最大,这不单单是指邪淫,与自己的配偶之间稍有不节制,或者在独居时心中思想淫欲之事,都足以导致疾病而丧失身命,实在是不可不戒呀!"⑥这也告诫夫妇:一方面夫妻生活要有所节制,懂得爱护自己的身体,因为"纵欲过度的后果,往往都是乐极生悲"⑦。又有识者言:"人终身疾病,恒从初婚时起。年少兴高力旺,恣情无度,不知保守,多成痨怯,甚者早死,累妻孀苦。百年姻眷,终身配偶,何苦从一月内,种一生祸根。古人遇子孙将婚,必谆谆以此戒之。"⑧可谓是垂诫尤深! 另一方面双方都要谨守道德、礼法,洁身自好,万不可犯邪淫,男子尤其须要注意。《圣经·箴言》特别警告男子万不可与自己妻子以外的女子行淫,此亦合乎《归妹》卦之戒,同于卦

① 丁远、鲁越校正:《全唐诗》,国际文化出版公司 1994 年版,第 2747 页。
② 赛妮亚编译:《塔木德》,重庆出版社 2009 年版,第 116 页。
③ (清)黄正元:《欲海慈航》,团结出版社 2015 年版,第 2—3 页。
④ 马振彪遗著,张善文整理:《周易学说》,花城出版社 2002 年版,第 524 页。
⑤ (宋)程颐:《周易程氏传》,九州出版社 2011 年版,第 219 页。
⑥ 印光编:《寿康宝鉴》,团结出版社 2014 年版,第 67 页。
⑦ 王小纪:《周易与夫妻之道》,四川人民出版社 2012 年版,第 125 页。
⑧ (清)黄正元:《欲海慈航》,团结出版社 2015 年版,第 79 页。

爻之旨,兹引之以备参考。他说:"人若怀里撽火,衣服岂能不烧呢? 人若在火炭上走,脚岂能不烫呢? 亲近邻舍之妻的,也是如此,凡挨近她的,不免受罚……与妇人行淫的,便是无知,行这事的,必丧掉生命。他必受伤损,必被凌辱,他的羞耻不得涂抹。因为人的嫉恨,成了烈怒,报仇的时候,决不留情,什么赎价,他都不顾,你虽送许多礼物,他也不肯干休。"①此外,读者可自行参看《寿康宝鉴》、《欲海慈航》等书,以进一步加深对《归妹》卦之戒的认识和理解。

四、《蛊》卦:规劝父母之道

人非圣贤,孰能无过。父母也会有过错,然如何待之呢? 是顺从,还是规劝?

我们先看看儒家经典中是怎么说的。《荀子·子道》载孔子之言:"父有争子,不行无礼……故子从父,奚子孝?"②是说,父亲有能够给己劝谏的儿子,则不会作出违背理法之事……如果儿女一味地顺从父母,父母有过而不给予劝谏,这哪里算得上是孝顺呢?《孝经·谏争章》亦有类似的说法,其载曾子的发问:"敢问子,从父之令,可谓孝乎?"③孔子回答说:"是何言与!是何言与!……父有争子,则身不陷于不义。故当不义,则子不可以不争于父……故当不义,则争之。从父之令,又焉得为孝乎?"④这都说明了父母有过,儿女不可苟且顺从,须规劝之,这样就可以避免父母陷于不义。然而要如何规劝父母呢?《周易·蛊》卦爻辞以匡正父母之过为喻,指出规劝父母之道。

《蛊》卦☶,上卦为艮,为山;下卦为巽,为风;山下有风,风吹物动,有散乱之象,喻指事情纷扰、败坏。《序卦传》:"蛊者,事也。"程颐谓:"山下有风,风遇山而回,则物皆散乱,故为有事之象。"⑤事情败坏,则须治理、整治。故蛊又

---

① 《圣经·箴言》第 6 章第 27—35 节。
② 方勇、李波译注:《荀子》,中华书局 2011 年版,第 485 页。
③ (东汉)马融撰,(春秋)曾参著:《忠经·孝经》,中国华侨出版社 2002 年版,第 94 页。
④ (东汉)马融撰,(春秋)曾参著:《忠经·孝经》,中国华侨出版社 2002 年版,第 94—95 页。
⑤ (宋)程颐:《周易程氏传》,九州出版社 2011 年版,第 74 页。

有整治弊乱之义。孔颖达引褚氏曰："蛊者惑也。物既惑乱,终致损坏,当须有事也,有为治理也。"①《蛊》卦辞:"元亨,利涉大川。先甲三日,后甲三日。"指出整治错乱之事,结果恒通。《蛊》卦言拯救弊乱的一般原则和方法,然爻辞以匡正父母之过为喻,亦指出规劝父母之法。

(一)规劝父母须及时

父母有过,要及时规劝,防止事态变大。《蛊》卦初六:"干父之蛊,有子,考无咎,厉终吉。"《象传》曰:"干父之蛊,意承考也。""干",指的是"规劝"、"匡正",《广雅·释诂》:"正也。"②《周易集解》引虞翻曰:"干,正。"③初六处于《蛊》卦之初,喻指父亲之过未深,宜及时规劝之,以便尽快复归正道。《日讲易经解义》曰:"初六,蛊未深而事易济,为子者乘时之易更而善反之,故为有子能尽克家之道,以盖前人之愆,而'考'得以无咎矣。"④

父母有过恶,子女须尽早指出,以尽快纠正、补救之,正如《弟子规》所言:"亲有过,谏使更,怡吾色,柔吾声,谏不入,悦复谏,号泣随,挞无怨。"⑤不能惧怕父母的批评,而宽延顺从。一旦如此,则过恶不能纠正,甚至扩大,而引起咎憾。《蛊》卦六四:"裕父之蛊,往见吝"。《象传》曰:"裕父之蛊,往未得也。""裕",即宽缓之意。《周易集解》引虞翻曰:"裕,不能争也"⑥,指宽缓不急地治理蛊乱。六四阴爻居于阴位,又下无正应,其性柔弱,不能奋发有为;见父有过恶,不能指出,而拖延顺从,致使过恶没能及时弥补,而有致吝之憾。朱子谓之曰:"以阴居阴,不能有为,宽裕以治蛊之象也。如是则蛊将日深,故'往'则'见吝'。"⑦

(二)规劝母亲宜柔和

规劝母亲之法与规劝父亲之法有所不同。《蛊》卦九二:"干母之蛊,不可

---

① （魏）王弼、（晋）韩康伯注,（唐）孔颖达疏:《周易正义》,中国致公出版社 2011 年版,第 95 页。

② （魏）张揖撰,（隋）曹宪音:《广雅》,中华书局 1985 年版,第 3 页。

③ （唐）李鼎祚:《周易集解》,中央编译出版社 2011 年版,第 79 页。

④ （清）牛钮等撰,宋书功、萧红艳点校:《日讲易经解义》,中医古籍出版社 2011 年版,第 110 页。

⑤ 李逸安、张立敏译注:《三字经·百家姓·千字文·弟子规·千家诗》,中华书局 2011 年版,第 178 页。

⑥ （唐）李鼎祚:《周易集解》,中央编译出版社 2011 年版,第 80 页。

⑦ （宋）朱熹撰,李一忻点校:《周易本义》,九州出版社 2004 年版,第 52 页。

贞。"《象传》曰:"干母之蛊,得中道也。"是说,规劝母亲的过失,要依中道而行,不可过于固执刚硬。九二以刚居柔,又处于巽体之中,巽为柔顺,喻指应以柔顺中和之道规劝母亲。王弼解释说:"妇人之性难可全正,宜屈己刚。既干且顺,故曰'不可贞'也。干不失中,得中道也。"①《日讲易经解义》曰:"九二以刚中之德起而治蛊,干所当干,固其贞也。然恐以刚承柔,未免坚持佛戾,则于以子事母之道未有尽安,故当周旋委屈巽以入之,不可自以为贞而固执之也。"②胡炳文曰:"不可固执以为正也……固则反伤恩害义矣。"③诸家之说,于理可通,皆考虑到女性的生理和心理特点而立论。劝谏母亲应按照中道而行,本着柔和的原则,动之以情,晓之以理,以规劝之,不可过于果决固执,以免伤害恩义。

《左传》中庄公匡正母亲之事可为"干母之蛊,不可贞"作一注脚,兹录之以备参考。《左传·隐公元年》载:"庄公寤生,惊姜氏,故名曰'寤生',遂恶之。"④因庄公寤生,故其母厌恶之。后来,其母姜氏支持次子共叔段叛变,并作为内应:"大叔完、聚,缮甲、兵,具卒,乘,将袭郑,夫人将启之。"⑤后庄公平定叛乱,埋怨其母,"遂置姜氏于城颍"⑥,又放出狠话:"不及黄泉,无相见也。"⑦后来感到后悔,在颍考叔的启发下,庄公接回母亲,母子和好如初:"公入而赋:'大隧之中,其乐也融融。'姜出而赋:'大隧之外,其乐也泄泄。'遂为母子如初。"⑧一开始,庄公说不到黄泉,誓不相见,此乃伤恩害义之举。其后,能以柔和之中道化解之,规劝母亲,母子和好,实如《象传》所言:"干母之蛊,得中道也。"

---

① (魏)王弼、(晋)韩康伯注,(唐)孔颖达疏:《周易正义》,中国致公出版社2011年版,第96页。
② (清)牛钮等撰,宋书功、萧红艳点校:《日讲易经解义》,中医古籍出版社2011年版,第110页。
③ (元)胡炳文、(宋)李心传撰:《周易本义通释·丙子学易编》,吉林出版集团有限责任公司2005年版,第56页。
④ 陈铁民等译注:《十三经·春秋左传》,三秦出版社2004年版,第1079页。
⑤ 陈铁民等译注:《十三经·春秋左传》,三秦出版社2004年版,第1079页。
⑥ 陈铁民等译注:《十三经·春秋左传》,三秦出版社2004年版,第1079页。
⑦ 陈铁民等译注:《十三经·春秋左传》,三秦出版社2004年版,第1079页。
⑧ 陈铁民等译注:《十三经·春秋左传》,三秦出版社2004年版,第1079页。

（三）宁有悔，亦要规劝

《蛊》卦九三："干父之蛊，小有悔，无大咎。"《象传》曰："干父之蛊，终无咎也。"九三阳居阳位，又上无正应，刚健十足。喻其能对父亲之过直言规劝，犯颜敢谏，而稍有后悔，但没有大的过失。王弼谓之曰："以刚干事，而无其应，故'有悔'也。履得其位，以正干父，虽'小有悔'，终无大咎。"①于家庭而言，规劝父母之过，若事出紧急，或事关重大，则须犯难而行，宁有小悔，亦要直言敢谏，以避免父母陷于不义。

（四）修己之德，弥补父母过失

《蛊》卦六五："干父之蛊，用誉。"《象传》曰："干父用誉；承以德也。"六五以柔居中，下有九二正应，上承上九之阳；有以美德弥补父亲过失之象。《周易集解》引荀爽曰："体和应中，承阳有实，用斯干事，荣誉之道也。"②古人云："一失足成千古恨，再回头是百年身。"③是说，有些过恶一旦犯下，这一生都难以弥补了。即便没有这么严重，也很难再重来一遍。但《周易》还是给出了尽可能地补救之法，曰"用誉"，《象传》进一步解释为"承以德也"。也就是说，一旦父母不慎犯下过错，子女更应精进修养己德，立身行道，和顺待人，奉献社会，将功补过，尽可能地洗刷父母过失带来的影响。马振彪以大禹治水有功以补其父之过为例，说明此爻之曰："鲧治水九载弗成，禹能干济成功，其名誉足以补前人之缺憾。后世故赞之曰，美哉！禹功明德矣。"④甚是。

另外，《资治通鉴·晋纪三十三》载东晋将领沈劲为国立功以洗父过亦可谓是"干父之蛊，用誉"的例证，兹引之以作参考。史载沈劲之父沈充在东晋初年随王敦起兵造反。其子沈劲甚有气节，立志为国立功，以洗其父之耻："以其父死于逆乱，志欲立功以雪旧耻。"⑤但因为其父亲谋逆的原因，沈劲一直到了三十多岁，还未能入仕。后来，吴兴太守王胡之担任司州刺史，上疏请

---

① （魏）王弼、（晋）韩康伯注，（唐）孔颖达疏：《周易正义》，中国致公出版社 2011 年版，第 96 页。

② （唐）李鼎祚：《周易集解》，中央编译出版社 2011 年版，第 80 页。

③ （清）眠鹤道人编次：《花月痕》，《古本小说集成》，上海古籍出版社 1994 年版，第 590 页。

④ 马振彪遗著，张善文整理：《周易学说》，花城出版社 2002 年版，第 194 页。

⑤ （宋）司马光编纂：《资治通鉴》（二），岳麓书社 2010 年版，第 294 页。

示朝廷,称沈劲有才能,请求朝廷允许他在自己府上任事,得到了朝廷的同意。但恰巧王胡之有病,所以此事没有得到实质性的落实。后来,燕人侵逼洛阳,守将陈祐兵众不过二千。沈劲自告奋勇,请求前去支援。朝廷准许。沈劲自己招募士兵千余人,前往增援,并以少胜多,屡次催破燕军。后来,洛阳粮草断绝,难以再守了,陈祐以救许昌为名,先行撤退,留下沈劲率领五百人驻守洛阳。沈劲高兴地说:"我立志为国捐躯,现在有机会了。"次年三月,燕军攻克洛阳,沈劲被俘,但神气自若,没有惧色。慕容恪原本想赦免他。但慕舆虔却建议杀掉他,以绝后患。所以,沈劲最后还是死于敌手。后来,朝廷得知沈劲忠心耿耿,为国捐躯,特追赠其为东阳太守。

沈劲之父有"逆乱"之"盅",沈劲不卑不亢,立身行道,坚贞不屈,为国捐躯,以尽可能地洗刷父亲之过恶,还获得朝廷的认同和追封,尽孝尽忠,可谓是"干父用誉;承以德也"。故司马光评价说:"沈劲可谓能为子矣!耻父之恶,致死以涤之,变凶逆之族为忠义之门。《易》曰:'干父之盅,用誉。'《蔡仲之命》曰:'尔尚盖前人之愆,惟忠惟孝。'其是之谓乎!"①

五、积善之家,必有余庆

《坤》卦《文言传》曰:"积善之家,必有余庆;积不善之家,必有余殃。"是说积德行善之家,必定会有福庆;累积不善的人家,必定会有灾殃。程颐谓之曰:"家之所积者善,则福庆及于子孙;所积不善,则灾殃流于后世。"②《日讲易经解义》亦言:"如其家积善之久,和气足以召祥,则不独福集于一身,而且及于子孙,有无穷之庆矣。如其家积不善之久,乖气足以致戾,则不独祸中于一身,而且及于子孙,有无穷之殃矣。"③《文言传》用了两个"必","必"犹言"一定"。即是说,有了积善之因,则一定有福庆之果;有积不善之因,则必有祸殃之果。亦如《古兰经·地震(齐勒萨里)》所言:"行一个小蚂蚁重的善事

---

① (宋)司马光编纂:《资治通鉴》(二),岳麓书社2010年版,第295页。
② (宋)程颐:《周易程氏传》,九州出版社2011年版,第13—14页。
③ (清)牛钮等撰,宋书功、萧红艳点校:《日讲易经解义》,中医古籍出版社2011年版,第36页。

者,将见其善报;做一个小蚂蚁重的恶事者,将见其恶报。"①因此,为了获得家庭之吉祥和幸福,家人须行善积德。

但为何会出现这种现象?其原因在于"同类相动"。《乾》卦《文言传》曰:"同声相应,同气相求。"相同属性的事物,能够引起感应而互相吸引。董仲舒指出:"阳益阳而阴益阴,阴阳之气因可以类相益损也。"②"善"属于阳性事物,"福庆"亦属于阳性事物。因同类能够互相感应、吸引,故积善之家,必有余庆。反之,亦然。

值得注意的是,《文言传》提到了两个关键词,一个是"善",一个是"积"。然究竟什么行为是"善",《周易》并没有明确的界定。考诸相近之典籍,《国语·晋语》谓:"善,德之建也。"③可知"善"是"德"的属性和表现。又《系辞传》云:"天地之大德曰生。"是说"生"乃是天地之德的表现。据此可知,"善"与"生"相类等,即但凡有助于人们平安、健康、和谐、幸福之生活的思想、言语和行为,皆可归于"善"的范畴。"积"犹言"积累"。《周易》《坤》之初六爻、《渐》《升》等卦皆阐述积累渐变之理。当善的思想、言行量的积累达到临界点后,就会发生质变。根据"同声相应,同气相求"之原理,即可感召相应阳性、正面之事物的到来,则"必有余庆"也。

"积善之家,必有余庆;积不善之家,必有余殃。"明白此理,在日常生活中,家人须断绝恶事,多做善事。诸如,遵纪守法,敦伦尽分;夫妻恩爱,家庭和睦;捐钱捐物,志愿服务;和睦邻里,互帮互助;诸恶莫作,众善奉行。做一件好事不难,难的是做一辈子好事。任何事情要发生质的转变,必须有一定量的积累。积善亦是一个绵绵用力、久久为功的过程。《了凡四训》载袁了凡长期积德行善,终转变命运,可谓是给"积善之家,必有余庆"做了一个很好的注脚。商纣王"商罪贯盈,天命诛之"④,则是"积不善之家,必有余殃"的铁证。因此,家庭成员须铭记此训,断恶修善,坚持不懈地存好心,说好话,做好事,为家庭、社会奉献爱心,终会有好的结果。

---

① 《古兰经》,马坚译,中国社会科学出版社 2005 年版,第 495 页。
② (汉)董仲舒著,张世亮、钟肇鹏、周桂钿译注:《春秋繁露》,中华书局 2012 年版,第 481 页。
③ (春秋)左丘明著,熊蓉、邓启铜点校:《国语》,东南大学出版社 2010 年版,第 189 页。
④ 王世舜、王翠叶译注:《尚书》,中华书局 2012 年版,第 431 页。

第三节 《蒙》卦与家庭教育

男婚女嫁,生儿育女。有了孩子后,就要重视对他们的启蒙和教育了。可以说孩子的培养不仅事关家庭,更关系到整个社会和民族。诚如印光法师所言:"治国平天下之要道,在于家庭教育。"①

"蒙有开发之理"②,《蒙》卦探讨了"启发蒙稚"的问题。"蒙",本指"蒙昧不明"之义,此处犹言"幼稚而待启蒙"。孔颖达谓:"蒙者,微昧闇弱之名。"③《周易集解》引干宝曰:"蒙为物之稚也。施之于人,则童蒙也。"④《蒙》卦在《屯》卦之后。《序卦传》谓:"屯者,物之始生也。"物刚刚出生,则必有蒙昧,故需要启蒙,《序卦传》谓之曰:"物生必蒙。"

《蒙》卦推阐启发蒙昧之旨。广义上说,任何人在智慧没有圆满之前,都会有蒙昧不明的领域,都需要启蒙。也就是说,《蒙》卦阐述的是一般的启蒙、教育原则。对于家庭而言,孩子出生后,需要及时进行启蒙教育,故此节就《蒙》卦谈谈孩子的家庭教育问题。

一、要高度重视孩子的启蒙教育工作

《序卦》曰:"物生必蒙,故受之以蒙。蒙者,蒙也,物之稚也。"孩子小的时候,还比较稚嫩懵懂,程颐谓之曰:"物之始生稚小,蒙昧未发。"⑤故要尽快发蒙、启蒙。

其实,对于孩子的启蒙,在母亲怀胎时就应该开始了。南怀瑾先生指出:"家教里头最重要的第一个,是胎教,母教,母亲更重要。"⑥现代科学指出,母亲怀胎时,孩子的大脑细胞及各种感觉器官日渐发展,对外界的刺激已经有了

---

① 释印光:《印光法师文钞》(下册),宗教文化出版社2000年版,第1707页。
② (宋)程颐:《周易程氏传》,九州出版社2011年版,第19页。
③ (魏)王弼、(晋)韩康伯注,(唐)孔颖达疏:《周易正义》,中国致公出版社2011年版,第43页。
④ (唐)李鼎祚:《周易集解》,中央编译出版社2011年版,第30页。
⑤ (宋)程颐:《周易程氏传》,九州出版社2011年版,第20页。
⑥ 南怀瑾:《21世纪初的前言后语》,东方出版社2013年版,第48页。

相当的感受,故现代人比较重视胎教。实际上,古人早就意识到了这一点了。母亲一旦怀孕,一言一行都要十分注意,这实际上就是在教育腹中的胎儿。刘向《古列女传》指出:周文王母亲怀孕期间时刻谨遵礼法,"目不视恶色,耳不听淫声,口不出傲言,能以胎教",这就是在教育孩子。南宋医学家陈自明所辑医书《妇人大全良方·娠子论》明确论述了胎教的操作方法及其结果:"自妊娠之后,则须行坐端严,性情和悦,常处静室,多听美言,令人讲读诗书,陈礼说乐,耳不闻非言,目不观恶事,如此则生男女福寿敦厚,忠孝贤明。不然则男女既生,则多鄙贱不寿而愚,此所谓因外象而内感也。"①民国时期四大高僧之一印光大师对于胎教也是苦口婆心,谆谆劝诫:"家庭母教,乃是贤才蔚起,天下太平之根本。不于此讲求,治何可得乎?母教第一是胎教,胎教乃教于禀质之初。凡女人受孕之后,务必居心动念行事,唯诚唯谨,一举一动,不失于正……令胎儿禀受母之正气,则其生时,必安乐无苦。所生儿女,必相貌端严,性情慈善,天姿聪明。"②

孩子出生后更要加强启蒙教育,提高孩子的福德修养,诚如印光法师所言:"家庭有善教,则所生儿女皆贤善。"③现代医学认为孩子在1—8岁,大脑和身体进入快速发展期,要抓紧时间进行启蒙教育。

《蒙》卦认为蒙昧之人得到启蒙可以获得亨通。其卦辞曰:"亨。匪我求童蒙,童蒙求我。初噬告,再三渎,渎则不告。利贞。"《蒙》卦☶,上卦为艮,为山,下卦为坎,为水。又山为止,水为险,《象传》谓"山下有险",有蒙昧难通之象。《周易集解》引侯果曰:"艮为山,坎为险,是'山下有险'。险被山止,止则未通,蒙昧之象也。"④蒙昧难通,故需要启蒙。有了他人的教导和启发,则可以越过险难,获得亨通。《蒙》卦六五爻还指出蒙昧之人得到启发,还能获得吉祥,云:"童蒙,吉。"六五阴居中位,又正应于九二之实,有"童子"谦虚请教以获得启蒙之义。朱子谓之曰:"柔中居尊,下应九二,纯一未发,以听于人,

① (宋)陈自明:《妇人大全良方》,山西科学技术出版社2006年版,第173页。
② 释印光:《印光法师文钞》(下册),宗教文化出版社2000年版,第1660页。
③ 释印光:《印光法师文钞》(中册),宗教文化出版社2000年版,第1113页。
④ (唐)李鼎祚:《周易集解》,中央编译出版社2011年版,第31页。

故其象为'童蒙'。"①同样的道理,良好的家庭启蒙也能够让孩子避免各种陷阱和问题,生活得更加亨通顺利。

《颜氏家训》引俗谚曰:"教妇初来,教儿婴孩。"②又,墨子言:"染于苍则苍,染于黄则黄。"③对于孩子而言,儿童时期,处于行为养成阶段,模仿能力非常强。此时若能够得到父母正确的启蒙教育,养成良好的生活习惯,则可为一生打下坚实之基础,人生也会比较平稳、顺利。

孩子的启蒙要以养正为主。《象传》曰:"蒙以养正,圣功也。"这里"正"是指"合乎正道",联系家庭教育,可判断其有两层含义:一是良好的道德思想;二是合理的行为习惯。良好的道德是人生存发展的重要基础。"人之初,性本善"④,父母要在孩子还小的时候,严格要求,养成行为规范,"以纯一未发之蒙而养其正"⑤,培养其真诚善良的道德品质。亦如印光法师所言:"子女幼小时,切须养其善心,严加约束。"⑥"及至初开知识,即为彼说做人之道理。如孝、弟、忠、信、礼、义、廉、耻等……幼时如是,愈读书愈贤善,不患不到圣贤地位。"⑦培养他们的意志和胸怀,教之建立积极健康的人生态度。良好的行为习惯对孩子的成长同样意义重大。翼扬引杰克·坎菲尔德说:"如果你希望出类拔萃,也希望生活方式与众不同,那么,你必须明白一点——是你的习惯决定着你的未来。"⑧以前,有人问一位诺贝尔奖获得者,他最感谢的老师是谁,他说是幼儿园的老师,因为这些老师教会了他养成良好习惯,从而受益一生。由此可知,习惯力量之巨大,影响之深远。父母是孩子的第一任老师,须纠正孩子不良的习惯,帮他们养成健康、良好的生活习惯。

启蒙的过程中,父母要先做好表率和榜样,所谓"言传不如身教";还要和

---

① (宋)朱熹撰,李一忻点校:《周易本义》,九州出版社 2004 年版,第 16 页。

② (南北朝)颜之推:《颜氏家训》,中华书局 2011 年版,第 8 页。

③ 《墨子·所染》,方勇译注:《墨子》,中华书局 2012 年版,第 13 页。

④ 《三字经》,李逸安、张立敏译注:《三字经·百家姓·千字文·弟子规·千家诗》,中华书局 2011 年版,第 6 页。

⑤ (宋)程颐:《周易程氏传》,九州出版社 2011 年版,第 20 页。

⑥ 释印光:《印光法师文钞》(下册),宗教文化出版社 2000 年版,第 1706 页。

⑦ 释印光:《印光法师文钞》(下册),宗教文化出版社 2000 年版,第 1660 页。

⑧ 翼扬:《最炫的 7 大基本功 让你随时随地脱颖而出的技能全修炼》,北京邮电大学出版社 2008 年版,第 112 页。

孩子多沟通,多交流,循序渐进,不可急于求成。另外,孩子在15岁之前,记忆力非常好,父母还要指导他们多背诵一些经典,以存养其正。诚如王财贵先生所言:"'养正'之方,应以读经为最方便! 以这一种最简易可行但却最实际有效的办法,从根做起,来救助文化,扶持人心。"①

经典历经千百年的检验而历久弥新,是经验的浓缩,乃智慧之结晶,可谓是最有含金量的著作。"如中国的'四书五经'、印度的吠陀和佛典、西方的《圣经》等,大体都是给人安身立命的典册。她是人类智慧的直接表露,是创造文化、推动历史的动力核心。"②背诵经典可以涵养孩子之德性,开发其智慧,还可以打下牢固的学识基础,可谓是利在一时,功在千秋。正如清初江南大儒陆世仪所指出的:"凡人有记性,有悟性。自十五以前,物欲未染,知识未开,则多记性,少悟性;自十五以后,知识既开,物欲渐染,则多悟性,少记性。故人凡有所当读书,皆当自十五以前,使之熟读,不但《四书》、《五经》,即如天文、地理、史学、算学之类,皆有歌诀,皆须熟读。"③具体的做法,王财贵先生指出:"儿童的经典教育总括地说,只有两个重点,即是:从教材说,自小就让他接触'最有价值的书'、'永恒之书',只要有价值,不管艰深不艰深。从教法说,就是要他多念多反复乃至于背诵! 只要能背,不管懂不懂。"④这即是说,要在孩子记忆力最佳之时,通过反复读诵背诵的方式,将经典灌入脑海之中,以汲取古圣先贤的思想和智慧,供其终身之用。

得到启蒙可以获得亨通、吉祥。反之,则会陷入蒙昧之中,而有吝啬。《蒙》卦六四:"困蒙,吝。"《象传》曰:"困蒙之吝,独远实也。"六四本为阴爻,且处于阴位;又下无正应,所比无阳;为阴所围绕,远离阳实。刘沅谓之曰:"四阴位,上下皆阴,困于蒙昧之中而不能出。"⑤象征远离启蒙之师,没有获得智慧,而有致吝之憾。王弼谓之曰:"困于蒙昧,不能比贤以发其志,亦

---

① 王财贵:《教育的智慧学》,南京大学出版社2009年版,第5页。
② 王财贵:《教育的智慧学》,南京大学出版社2009年版,第5页。
③ (清)陆世仪撰,(清)张伯行编:《思辨录辑要》,景印文渊阁《四库全书》第724册,台湾商务印书馆1986年版,第5页。
④ 王财贵:《教育的智慧学》,南京大学出版社2009年版,第15页。
⑤ (清)刘沅:《周易恒解》,《续修四库全书》第26册,上海古籍出版社2002年版,第36页。

以鄙矣。"①孩子年幼之时,还不具备成熟的判断力,此时若没有父母良好的教育,孩子很有可能会走入误区、邪道。反观现在的一些家庭,父母往往重视满足孩子的物质需要,而缺乏精神和智慧上的引领。还有的家庭,只重视考试分数,而忽视德行之培养。这都或多或少地有所欠缺,而给孩子的成长埋下了一些隐患。观察社会上的问题少年,很多是因为没有得到良好的家庭教育而造成的。因此,为了对孩子负责,对家庭负责,也对国家民族负责,父母亲须高度重视对子女的启蒙和教育。

二、启蒙要重视五个方面的内容

《蒙》卦中隐含着启蒙五个方面的内容。《蒙》卦☶,为上艮下坎,其互卦为上坤、下震。由内外两经卦及互体经卦可以构成五个不同的别卦,分别是《解》卦、《师》卦、《复》卦、《剥》卦、《颐》卦,此五卦都蕴含在《蒙》卦之中,这就告诉我们在对孩子进行启蒙和教育的时候,要着力在这五个方面下功夫。

(一)《解》卦与危机处理教育

"解"有缓解、化解险难之义,《序卦传》、《杂卦传》曰:"解者,缓也。"《说文》说:"解,判也",即用刀具等来剖开、分开物体,如"庖丁解牛",引申为散解之义。孔颖达说:"'解'者,险难解,释物情舒缓"②。程颐谓之曰:"患难解散之象。"③《解》卦☳,上震为雷,下坎为水,《大象传》谓之"雷雨作",有雷雨兴起,泽润万物,旱情得以缓解之象,亦即《象传》所谓"天地解而雷雨作,雷雨作而百果草木皆甲坼"。我国古代乃农耕社会,若逢久旱不雨之时,则庄稼焦枯不长,影响生活,人民必然十分焦急。若忽逢雷雨交作,大雨倾盆,滋润万物,则人民欣喜万分,故"久旱逢甘霖"亦成为人生四大喜事之一。《解》卦以雷雨交作,缓解旱情为喻,说明化解险难的道理,孔颖达谓之曰:"此因震、坎有雷

---

① (魏)王弼、(晋)韩康伯注,(唐)孔颖达疏:《周易正义》,中国致公出版社2011年版,第46页。

② (魏)王弼、(晋)韩康伯注,(唐)孔颖达疏:《周易正义》,中国致公出版社2011年版,第167页。

③ (宋)程颐:《周易程氏传》,九州出版社2011年版,第92页。

雨之象，以广明'解'义。"①

　　《序卦传》曰："物不可终难，故受之以解。"《解》卦的前一卦是《蹇》卦，《序卦传》、《说卦传》："蹇者，难也。"朱子谓之曰："足不能进，行之难也。"②又，《蹇》卦☶☵，有"山上有水"之象，喻指阻塞、困难、境遇艰难。人在社会上生存发展，要与各种人、各种事发生关系，不免产生矛盾，甚至冲突、争讼，此即是"蹇"也。这时要学会化解危机。《解》卦即是危机处理的教育，父母要训教孩子如何化解危难，与这个世界保持和谐之关系。黄寿祺、张善文说："《解》卦的宗旨是要通过排患解难，追求一种安宁平和的环境。"③研读《解》卦爻辞，可知要顺利化解危机，解决矛盾，须特别注意两点：第一，要先自我反省，做自我批评。六三："负且乘，致寇至，贞吝。"《象传》："'负且乘'，亦可丑也。自我致戎，又谁咎也？"指出，匪寇的到来，不能怨别人，乃是自己招致的，真正的罪魁祸首是自己，王弼谓之曰："寇之来也，自己所致。"④《系辞传》又引孔子之言作出说明："慢藏诲盗，冶容诲淫。"财物疏于保管，易被盗贼盯上；女子打扮妖艳，举止轻佻，易诱人起邪心。这就对各种问题产生的原因作出了深度思考和反省，指出问题的根源乃在于自己，外在之生活境遇实乃自己引致，诚如《太上感应篇》所言："祸福无门，惟人自召。"因此，出现问题时，首先要从自己身上找原因、找过恶，而不是一味地怨天尤人。又，孔子曰："君子求诸己，小人求诸人。"⑤是说，君子遇到问题、面临挫折时，先从自己身上找原因；小人反是，遇到问题，就怨天尤人，埋怨环境，埋怨他人，牢骚满腹。孟子也指出："爱人不亲，反其仁；治人不治，反其智；礼人不答，反其敬。行有不得者皆反求诸己，其身正而天下归之。"⑥是说，关爱别人，别人却不亲近我，就要反思自己是

①　（魏）王弼、（晋）韩康伯注，（唐）孔颖达疏：《周易正义》，中国致公出版社2011年版，第167页。

②　（宋）朱熹撰，李一忻点校：《周易本义》，九州出版社2004年版，第106页。

③　黄寿祺、张善文：《周易译注》，上海古籍出版社2011年版，第235页。

④　（魏）王弼、（晋）韩康伯注，（唐）孔颖达疏：《周易正义》，中国致公出版社2011年版，第168页。

⑤　《论语·卫灵公》，陈晓芬、徐儒宗译注：《论语·大学·中庸》，中华书局2012年版，第190页。

⑥　《孟子·离娄上》，方勇译注：《孟子》，中华书局2012年版，第132页。

否真的有仁爱;治理国家,却没能治理好,就要反思自己是否有足够的智慧和能力;礼敬别人,别人却不怎么理会,就要反问自己是否真的礼敬。做事情没有成功,要先从自己身上找原因。如果自己能加强修养,立身行道,就会得到他人的支持和帮助,自己是会成功的。孔孟之言皆可谓深得六三爻之旨。因此,在孩子遇到问题、困难时,要引导他们回顾事情的整个过程,教导他们反思各种问题的前因后果。着力反省自己的思想、言语、行为有哪些过失,作自我批评,并及时改正,而不是急于找他人的问题。第二,勇于承担,以真诚之心化解危难。六五:"君子维有解,吉;有孚于小人。"《象传》曰:"君子有解,小人退也。"六五居于中位,又下应九二之阳,有化解危难,而获得吉祥之象。王弼谓之曰:"居尊履中而应乎刚,可以有解而获吉矣。"①有了深刻反省,父母还要教育孩子真诚而勇敢地面对问题,承担相应的责任,引导他们找出解决问题之策,以化解危机。

(二)《师》卦与人生之道

《师》卦阐述用兵之道。从广义上看,人生亦是一场出师之旅:出生作为出师之始,离开人世象征"班师回朝"。因此父母须参考《师》卦的内容,教导孩子如何正确、顺利地行"人生之师"。

考诸卦爻辞,可知《师》卦对于人生有如下启示。第一,遵守正道。《师》卦辞言:"贞,丈人吉,无咎。"贞,犹言"正",亦即"正道"。"丈人",王弼谓:"严庄之称也。"②陆德明说:"丈人,严庄之称。郑云:'能以法度长于人。'"③孔颖达言:"丈人谓严庄尊重之人。"④卦辞本意是指以正道出师,又有贤明的将帅带领,行师吉祥,没有咎害。于行"人生之师"而言,父母要教育孩子修养自我,立身行道,亦如《太上感应篇》所言:"是道则进,非道则退;不履邪径,不欺暗室;积德累功,慈心于物;忠孝友悌,正己化人。"⑤做一个堂堂正正、光明

① (魏)王弼、(晋)韩康伯注,(唐)孔颖达疏:《周易正义》,中国致公出版社2011年版,第169页。
② (魏)王弼、(晋)韩康伯注,(唐)孔颖达疏:《周易正义》,中国致公出版社2011年版,第55页。
③ (唐)陆德明:《经典释文》,上海古籍出版社1985年版,第80页。
④ (魏)王弼、(晋)韩康伯注,(唐)孔颖达疏:《周易正义》,中国致公出版社2011年版,第55页。
⑤ (宋)佚名撰,(清)黄正元图注,张兆裕编著:《太上感应篇》,北京燕山出版社1996年版,第18—19页。

正大的丈人,则没有祸患,生活吉祥。亦如《沉思录》所言:"如果你能够走正道,如果你能够按正道思考和行动,那你就可以永远生活顺畅。"①第二,谨守法度。《师》卦初六:"师出以律,否臧凶。"《象传》曰:"师出以律,失律凶也。"这是说行师要遵守军纪。不守军纪,则会有凶险。李士鉁谓之曰:"律,法也,谓阵伍号令之事,坐作进退之节,整齐严肃,出师之本也。若不善其律,失行军之法,必取败亡,故凶。"②引而伸之,父母要教育儿女,在人生之旅中,须谨守法律法规,不可违法乱纪;还要遵循伦理规范,恪守善道;如此则可避免各种凶险、祸患。

(三)《复》卦与因果教育

《杂卦传》:"复,反也。"《复》卦☷,上坤下震;为五阴在上,一阳在下;象征一阳来复之义。《周易集解》引何妥曰:"复者,归本之名。群阴剥阳,至于几尽,一阳来下,故称反复。"③又卦辞云:"反复其道,七日来复",指出阴阳的复归周期,即每隔七个阶段,就会复归一次。《象传》谓之"天行也","其见天地之心乎",说明阴阳之气循环往复乃是天地运行的规律。王弼曰:"以天之行,反复不过七日,复之不可远也。"④朱子言:"阴阳消息,天运然也。"⑤

《复》卦基于天地运行之道,指出了万事万物循环往复的运行规律。也就是说,发出去的一定还会返回来,朱子谓:"往而复来。"⑥通俗点讲,就是付出什么,就会返回什么,《泰》卦九三谓之曰:"无往不复。"老子曰:"其事好还。"因此,《复》卦可以引申为因果之说:有善因必返回善果,种恶因必返回恶果。你怎么评价别人,别人也会怎么评价你;你怎么对待别人,别人也会怎么对待你。亦如《大学》所言:"言悖而出者,亦悖而入。货悖而入者,亦悖而出。"当然,这中间是有一个周期的,并不是马上实现的,但自己发出去的思想、言行终

---

① [古罗马]马尔库斯·奥勒利乌斯:《沉思录》,王焕生译,上海三联书店 2010 年版,第 63 页。
② (清)李士鉁:《周易注》,《续修四库全书》第 39 册,上海古籍出版社 2002 年版,第 14 页。
③ (唐)李鼎祚:《周易集解》,中央编译出版社 2011 年版,第 95 页。
④ (魏)王弼、(晋)韩康伯注,(唐)孔颖达疏:《周易正义》,中国致公出版社 2011 年版,第 114 页。
⑤ (宋)朱熹撰,李一忻点校:《周易本义》,九州出版社 2004 年版,第 191 页。
⑥ (宋)朱熹撰,李一忻点校:《周易本义》,九州出版社 2004 年版,第 65 页。

究都会返回到自己身上的。故夫子言："己所不欲,勿施于人。"①因为自己施之于人的,都会返回到自己身上,分毫不差。所以要对自己之思想、言行谨而又谨,慎而又慎,因其终究会返回到自己身上。《大宝积经》谓之曰:"假使经百劫,所作业不忘,因缘会遇时,果报还自受。"②《马太福音》说:"你们不要论断人,免得你们被论断。因为你们怎样论断人,也必怎样被论断;你们用什么量器量给人,也必用什么量器量给你们。"《古兰经》指出:"行善者将获善报,且有余庆,脸上没有黑灰和忧色,这些人是乐园的居民,将永居其中。作恶者每作一恶,必受同样的恶报,而且脸上有忧色……他们的脸上仿佛有黑夜的颜色。这些人是火狱的居民,将永居其中。"③印光法师言:"世出世间之理,不出心性二字。世出世间之事,不出因果二字。"④由此可知,《复》卦及孔子之语,可谓是垂戒深远!

"因果者,圣人治天下、如来度众生之大本也。舍因果而谈治国平天下,何异缘木而求鱼,吾未见其能有得也。"⑤于家庭教育而言,父母从小就须明确告诫孩子要明因识果,告诉他们每个人都要为自己的起心动念,为自己的一言一行负责。要想得到好的回报和结果,就要存好心,说好话,做好事。如果违法乱纪,不走正道,则必要承担相应的恶果。

(四)《剥》卦与生命教育

"剥"犹言"剥落"、"剥离"。《说文》:"裂也";《广雅》:"离也。"《经典释文》:"马云:'落也'。"⑥《剥》卦䷖,上卦为艮,下卦为坤;一阳在上,五阴在下。象征阴逐步侵蚀、剥离阳,《象传》谓之"柔变刚也"。《周易集解》引郑玄曰:"阴气侵阳,上至于五,万物零落,故谓之剥。"⑦程颐谓:"群阴消剥于阳。"⑧在阴阳取象中,"阴"可指代"死","阳"则指代"生"。据此,《剥》卦可以看作

---

① 《论语·颜渊》,陈晓芬、徐儒宗译注:《论语·大学·中庸》,中华书局 2012 年版,第 139 页。
② (唐)菩提流志主编:《大宝积经》第 57 卷第 14 会,上海佛学书局 2013 年版,第 450 页。
③ 《古兰经》,马坚译,中国社会科学出版社 2005 年版,第 163 页。
④ 释印光:《印光法师文钞》(上册),宗教文化出版社 2000 年版,第 16 页。
⑤ 释印光:《印光法师文钞》(下册),宗教文化出版社 2000 年版,第 1705 页。
⑥ (唐)陆德明:《经典释文》,上海古籍出版社 1985 年版,第 90 页。
⑦ (唐)李鼎祚:《周易集解》,中央编译出版社 2011 年版,第 92 页。
⑧ (宋)程颐:《周易程氏传》,九州出版社 2011 年版,第 106 页。

是"死"消剥"生"的过程。也就是说随着人年龄的增大,阴逐步侵蚀阳,亦是说人从一出生就朝着死亡走去了,即老子所言的:"出生入死。"①《剥》卦阐释了削剥之旨,亦指出防止被削剥的方法。

从人之生命角度来看,《剥》卦描述了人从生到死的过程和规律,亦可以视为一种生命教育。对于家庭教育而言,父母从小就要向孩子灌输"身体是革命的本钱","留得青山在,不怕没柴烧"这一思想,教之高度重视身体健康。同时要让孩子认识生命、理解生命、珍爱生命,启发孩子认知生命绵延相续、因果真实不虚的道理。

《剥》卦《大象传》:"上以厚下安宅。"君子观察《剥》卦之象,领悟到应增厚基础,以防止被剥落。孔颖达曰:"剥之为义,从下而起,故在上之人,当须丰厚于下,安物之居,以防于剥也。"②"安宅",本指"安居"。郑玄注《诗经·小雅·鸿雁》"虽则劬劳,其究安宅",云:"此劝万民之辞。女今虽病劳,终有安居。"③在这里"安宅"乃是一种易象和比喻,指的是基础和根本。如在治国方面,人民是根本,"安宅"即指厚待人民,《御纂周易折中》引刘牧曰:"君以民为本,厚其下,则君安于上。"④对人生而言,身体则是基础和根本。有了健康的身体,才有事业的本钱,也才能为社会作出贡献,获得幸福之人生。司马光曰:"夫基薄则墙隤,下薄则上危,故君子厚其下者,所以自安其居也。"⑤"自安其居"亦即"自厚其身",养护身心也。故父母从小就要教育孩子珍惜生命,爱护自己的身体,学会养生方法,保持身体的平安和健康,并让孩子牢记《孝经》之训诫:"身体发肤,受之父母,不敢毁伤,孝之始也。"⑥此外,父母务必要从小教导孩子力行孝道。因为孩子力行孝道不仅是天经地义之事,而且还能给孩子本身带来极大的加持力量,让其更加健康、平安、顺利。诚如《圣经·

---

① 靳永、胡晓锐注译:《老子》,崇文书局 2007 年版,第 106 页。
② (魏)王弼、(晋)韩康伯注,(唐)孔颖达疏:《周易正义》,中国致公出版社 2011 年版,第 111 页。
③ 李学勤主编:《十三经注疏·毛诗正义》,北京大学出版社 1999 年版,第 662 页。
④ (清)李光地:《御纂周易折中》,中央编译出版社 2011 年版,第 396 页。
⑤ (宋)司马光著,袁永锋、马卫东译:《司马光讲周易:白话〈温公易说〉》,长春出版社 2010 年版,第 41 页。
⑥ (东汉)马融撰,(春秋)曾参著:《忠经·孝经》,中国华侨出版社 2002 年版,第 39—40 页。

以弗所书》所言："你们作儿女的……要孝敬父母,使你得福,在世长寿。这是第一条带应许的诫命。"

(五)《颐》卦与养生教育

颐本指脸颊、面腮,《方言》谓:"颔、颐,颌也。南楚谓之颔,秦晋谓之颌、颐,其通语也。"①《周易集解》引郑玄曰:"颐者,口车辅之名也。"②由此引申为"颐养",《序卦传》:"颐者,养也。"《尔雅·释诂》:"颐,养也。"《释名》:"颐,养也。动于下,止于上,上下咀物以养人也。"③

《颐》卦☷,上卦为艮,下卦为震;中间四阴为虚,上下两阳为实,有口之象;又上静下动,有"动口"之象。李士鉁解释曰:"上下二阳,中含四阴,其用上止,而下动;其体外实,而中虚,颐之象。又上覆下承,以象辅颊,中有四画以象众齿也。"④人靠嘴巴饮食,来获得生命的延续,故颐喻指饮食颐养。《彖传》言:"观颐,观其所养也;自求口实,观其自养也。"是说观察人咀嚼东西这样的现象,悟知"颐养"之义。《周易集解》引郑玄曰:"因辅嚼物以养人,故谓之颐。"⑤程颐言:"人口所以饮食养人之身,故名为颐。"⑥李士鉁亦指出:"颐,所以饮食,饮食所以养身,故又训为养。"⑦

《颐》卦于家庭教育而言,是为养生教育。父母应该从小教导孩子养生之道。养生之道,其内容十分广博,读者可自行研究。这里结合《颐》卦谈两点。第一,"养正则吉也"。《颐》卦辞:"贞吉。观颐,自求口实。"指出以正道养生,可以获得吉祥。正道乃是自然运行的法则和规律,以及世间的法律法规、伦理规范。程颐谓:"天地造化,养育万物,各得其宜者,亦正而已矣。"⑧人是自然的一部分,也要遵循大自然的规律生活,做到春夏养阳,秋冬养阴;白天认真工作,晚上早点休息。李士鉁谓之曰:"动于春夏,止于秋冬,天地所以养

---

① (汉)扬雄著,(清)戴震疏证:《方言疏证》,《小学名著六种》,中华书局1998年版,第54页。
② (唐)李鼎祚:《周易集解》,中央编译出版社2011年版,第105页。
③ (汉)刘熙:《释名》卷第二,《四部丛刊初编》经部第13册,上海书店1989年版。
④ (清)李士鉁:《周易注》,《续修四库全书》第39册,上海古籍出版社2002年版,第46页。
⑤ (唐)李鼎祚:《周易集解》,中央编译出版社2011年版,第105页。
⑥ (宋)程颐:《周易程氏传》,九州出版社2011年版,第146页。
⑦ (清)李士鉁:《周易注》,《续修四库全书》第39册,上海古籍出版社2002年版,第46页。
⑧ (宋)程颐:《周易程氏传》,九州出版社2011年版,第106页。

物。动于日出,止于日入,人物所以养生。"①亦如《黄帝内经》所言,要教育孩子在日常生活中做到"法于阴阳,知于术数,食饮有节,起居有常,不妄作劳"②,如此,人之生活方合乎自然正道,身体才能健康。第二,"节饮食"。《颐》卦《大象传》曰:"山下有雷,颐;君子以慎言语,节饮食。"指出,养生要十分重视节制饮食,不当的饮食,会损害健康。孙思邈说:"夫万病横生,年命横夭,多由饮食之患。饮食之患,过于声色。"③"饮食之患"有多方面的表现,如饮食过度、饮食不洁等。《颐》卦《大象传》则特别强调节制饮食,指出饮食要适可而止,不可贪吃,切勿暴饮暴食。有节制的饮食,一方面可以减少脏腑的负担,另一方面还能调动人体的免疫系统,促进身体健康。反之,则会损害身体健康,正所谓"饮食自倍,肠胃乃伤"④。

　　《周易》把《解》、《师》、《复》、《剥》、《颐》五卦巧妙地嵌入《蒙》卦之中,启示父母亲要在危机处理、人生之道、因果报应、生命教育、养生之道五个方面做好孩子的启蒙教育工作。孟子言:"先立乎其大者。"⑤《大学》也说:"物有本末,事有终始。知所先后,则近道矣。"⑥这五个方面可谓是人生的大根大本。父母亲若能够在这几个方面给予孩子教育,则是抓住了人生启蒙的根本问题。这样孩子既能遵纪守法,有所敬畏,又可自尊自爱,自立自强;还能乐天知命,淡定从容。内有修己之德,外有济世之功,内外双修,福德大矣!

---

① (清)李士鉁:《周易注》,《续修四库全书》第 39 册,上海古籍出版社 2002 年版,第 46 页。

② 姚春鹏译注:《黄帝内经》,中华书局 2010 年版,第 17 页。

③ 参见孙思邈:《摄养枕中方·自慎》,(宋)张君房纂辑,蒋力生等校注:《云笈七签》,华夏出版社 1996 年版,第 186 页。

④ 姚春鹏译注:《黄帝内经》,中华书局 2010 年版,第 367 页。

⑤ 《孟子·告子上》,方勇译注:《孟子》,中华书局 2012 年版,第 229 页。

⑥ 陈晓芬、徐儒宗译注:《论语·大学·中庸》,中华书局 2012 年版,第 249 页。

第四章 《周易》治国之道

"治国"，即治理国家，包括对内对外的各项政务。其作为独立范畴，始于先秦，如《老子》言："爱民治国，能无为乎？"①《管子·立政》曰："治国有三本，而安国有四固，而富国有五事。"②

桓宽《盐铁论·诏圣》曰："春夏生长，圣人象而为令。秋冬杀藏，圣人则而为法。故令者教也，所以导民人；法者刑罚也，所以禁强暴也。二者，治乱之具，存亡之效也，在上所任。"③这是说，对于治国理政而言，教育和刑狱极为重要。前者，效法春夏之生长舒发，主于教化人民，教人遵纪守法，立身行道；后者，效法秋冬之肃杀收敛，主于禁奸除恶，打击违反犯罪，辅助教化。其实，早在《周易》中，教育和刑狱就已经得到了特别的强调和凸显。此外，军事斗争对于保家卫国也有着十分重要的作用，孙子所谓："兵者，国之大事"④，而这在《周易》中早已得到了充分的重视。因此，本章就主要从教育、刑狱和军事三个方面来论述《周易》的治国之道。

教育，即国民教育。《周易》曰："教思无穷，容保民无疆"，把教育视为最为重要的治国之道。教育的内容包括科学文化教育和道德伦理教育两个方面。前者曰"神道设教"；后者曰"作乐崇德"，曰"振民育德"。教育又要因材施教、因地制宜，曰"观民设教"。教育的目的则是希望人民遵纪守法，立身行道，亦如《白虎通·三教》所言："欲民反正道也。"⑤

刑狱，即刑罚治狱。在《周易》看来，刑罚惩处，可以化解纠纷，打击邪恶，

---

① 靳永、胡晓锐注译：《老子》，崇文书局 2007 年版，第 22 页。
② 黎翔凤撰，梁运华整理：《管子校注》，中华书局 2011 年版，第 59 页。
③ （汉）桓宽著，王利器校注：《盐铁论校注》（增订本），天津古籍出版社 1983 年版，第 610 页。
④ （春秋）孙武撰，（三国）曹操注，郭化若今译：《孙子兵法》，上海古籍出版社 2011 年版，第 2 页。
⑤ （汉）班固：《白虎通（及其他一种）》，中华书局 1985 年版，第 199 页。

惩治犯罪;但更重要的是,刑狱乃是一种特殊教育,是为了教化人、挽救人、归正人,促人修养德行,走向正道。可以说,在《周易》看来,德政、教化才是治国之根本,刑法、惩处只是辅助和补充。故《周易》言"折狱",言"致刑":曰"明",曰"慎",曰"赦过",曰"宥罪",曰"议狱",曰"缓死",无非是仁民、爱民之心也。

军事,即行师作战。军队维护国家安全,战争乃国之大事。《周易》专门辟出一个《师》卦,论述行师用兵之道。指出在迫不得已的情况下,要兴正义之师、仁义之师,讨伐无道,归正天下。在行师过程中,要严肃军规军纪,还要选贤任能,遵守用兵之道,以保证战争的胜利和成功。

第一节　建国君民,教学为先

《礼记·学记》指出:"君子如欲化民成俗,其必由学乎……是故古之王者建国君民,教学为先。"①董仲舒在《春秋繁露·精华》中也说:"教,政之本也,狱,政之末也。"②这都说明,在治理国家过程中,教化人民应该是排在首位的。当然,这一认识早在《周易》中就已经有了。《周易》第四卦《蒙》卦就专门阐发启蒙、教育之旨。③ 其后《易传》则从礼乐教化的角度推阐国民教育之道:《临》卦《大象传》言"教思无穷,容保民无疆",指出两条最重要的治国之道——"教之"、"富之",并把国民教育排在首位;《观》卦《象传》言"神道设教",这里的"神道"即天地自然运行之规律、法则。"神道设教"就是要把天地运行的规律及其道德启示教给人民。《观》卦《大象传》言"观民设教",有因材施教的意味;其重点在"观民",即体察民情,根据人民的不同特点和需求制定教育方针、内容。《豫》卦《大象传》言"作乐崇德",强调正乐的道德教化功能,指出可以借助乐教来感化人、塑造人、教育人、完善人,亦如《孝经·广要

---

① 刘波、王川注释:《礼记》,东南大学出版社 2010 年版,第 225 页。
② (汉)董仲舒著,张世亮、钟肇鹏、周桂钿译注:《春秋繁露》,中华书局 2012 年版,第 96 页。
③ 《蒙》卦的教育意义在第三章《周易》的齐家之道中,已作专门阐发。其中蕴含教育五个方面的内容,即危机处理、人生之道、因果报应、生命教育、养生之道,不仅适用于孩子的启蒙教育,也适合针对人民大众的国民教育。前文既已阐发,这里就不再赘述。

道章》所指出的："移风易俗,莫善于乐。"①《蛊》卦《大象传》言"振民育德",强调当社会出现道德问题时,要尽快采取各种教育措施,振民养德,拯救时弊。

一、"教思无穷,容保民无疆"

《周易·临》卦阐发治国理政之道,《大象传》提出要治国好国家,首先必须发展好教育。当然要保证国家的和谐稳定,还必须有充足的物质条件,也就是要富民。在《周易》看来,"教之"、"富之"是最为重要的治国之道。俗话说"要富口袋,先富脑袋",在一定意义上说,"富脑袋"的教育更具有优先地位。

《临》卦《大象传》曰:"泽上有地,临;君子以教思无穷,容保民无疆。""教",犹言"教育"、"教导"。《说文》:"上所施下所效也。"《国语·周语下》:"教,文之施也。"②《礼记·学记》:"教也者,长善而救其失者也。"③郑玄注《周礼·师氏》"以教国子弟"曰:"教之者,使识旧事也。"④"思",从心,即"认真思虑"、"用心思考"。《说文》谓:"睿也。"段玉裁注曰:"谓之思者,以其能深通也。"孔颖达疏解《尚书·洪范》"思曰睿",曰:"思是心之所虑。"⑤《六书总要》言:"念也,虑也,绎理为思。"《说文通训定声》:"《书·洪范》'思曰容',言心之所虑无不包也。"⑥"无穷",是说"没有穷尽","没有极限"。"容",又见于《师》卦《大象传》"君子以容民畜众",指"宽容"、"容纳"、"包容"。《周易集解》引虞翻曰:"容,宽也。"⑦《说文》谓:"盛也。从宀从谷。""容"之象为房屋、谷仓,引申为盛装、包容之义。徐铉曰:"屋与谷,皆所以盛受也。"朱骏声:"《书·洪范》'思曰容',《汉书·五行志》'言宽大包容',《春秋繁露》'容

---

① (东汉)马融撰,(春秋)曾参著:《忠经·孝经》,中国华侨出版社 2002 年版,第 87 页。

② (春秋)左丘明著,熊蓉、邓启铜点校:《国语》,东南大学出版社 2010 年版,第 47 页。

③ 刘波、王川注释:《礼记》,东南大学出版社 2010 年版,第 227 页。

④ (汉)郑玄注,(唐)贾公彦疏,彭林整理:《周礼注疏》,上海古籍出版社 2010 年版,第 496 页。

⑤ (汉)孔安国传,(唐)孔颖达正义,黄怀信整理:《尚书正义》,上海古籍出版社 2012 年版,第 454 页。

⑥ (清)朱骏声编著:《说文通训定声》,中华书局 1984 年版,第 171 页。按,《尚书·洪范》本作"思曰睿",或以伏生作"思曰容"。段玉裁《说文解字注》:"睿也,各本作'容也',或以伏生《尚书》'思心曰容'说之,今正。"[参见(东汉)许慎撰,(清)段玉裁注,许惟贤整理:《说文解字注》,凤凰出版社 2011 年版,第 875 页。]

⑦ (唐)李鼎祚:《周易集解》,中央编译出版社 2011 年版,第 42 页。

者,言无不容'。按,宇宙之大,古今之遥,惟思能容。"①《康熙字典》引《增韵》曰:"受也,包函也。""保"本义为"背负"。"保"甲骨文写作仔,金文写作孯,像人背着一个孩子,唐兰《殷墟文字记·释保》:"负子于背谓之保,引申之则负之者为保。"②又引申为"保养"、"保护",《说文》:"保,养也。"如《尚书·召诰》:"夫知保抱携持厥妇子。"③《孟子·藤文公上》:"儒者之道,古之人'若保赤子'。"④进一步引申为"保佑"。如蔡沈《书集传》释《尚书·召诰》"天迪格保",曰:"今视有殷,天固启迪之,又使其格正夏命而保佑之。"⑤"无疆"又见于《坤》卦《象传》"牝马地类,行地无疆",指时间和空间上没有穷尽。孔颖达说:"凡言'无疆'者,其有二义:一是广传无疆,二是长久无疆也。"⑥据上所考,可知,"教思无穷,容保民无疆",是指反复思考,花费心思考虑教育百姓的事宜;心存无疆之德,以民为本,包容、保养百姓。程颐谓之曰:"君子观亲临之象,则教思无穷,亲临于民,则有教导之意思也……观含容之象,则有容保民之心。"⑦胡炳文也说:"不徒曰'教',而曰'教思',其意思如兑泽之深;不徒曰'保民',而曰'容民',其度量如坤土之大。"⑧

"临",小象写作臨,右边像一个人,左边中间两个圆孔象征眼睛,下面的"口"象征器物,有人俯视临察器物之象。《尔雅·释诂》:"临,视也。"《说文》:"临,监临也。"又如《荀子·劝学》:"不临深溪,不知地之厚也。"⑨"临"由"俯视、临察"引申为"治理"、"统治",如《诗经·鲁颂·閟宫》:"无贰无虞,上帝临女。"⑩《韩非子·十过》:"廉外,则可以大任;少欲,则能临其众。"⑪

---

① (清)朱骏声编著:《说文通训定声》,中华书局1984年版,第47页。
② 唐兰:《殷墟文字记》,中华书局1981年版,第59页。
③ 王世舜、王翠叶译注:《尚书》,中华书局2012年版,第220页。
④ 方勇译注:《孟子》,中华书局2012年版,第104页。
⑤ (宋)蔡沈注,钱宗武、钱忠弼整理:《书集传》,凤凰出版社2010年版,第181页。
⑥ (魏)王弼、(晋)韩康伯注,(唐)孔颖达疏:《周易正义》,中国致公出版社2011年版,第32页。
⑦ (宋)程颐:《周易程氏传》,九州出版社2011年版,第78页。
⑧ (元)胡炳文、(宋)李心传撰:《周易本义通释·丙子学易编》,吉林出版集团有限责任公司2005年版,第177页。
⑨ 方勇、李波译注:《荀子》,中华书局2011年版,第1页。
⑩ 邓启铜注释,殷光熹审读:《诗经》,东南大学出版社2010年版,第390页。
⑪ 高华平、王齐洲、张三夕译注:《韩非子》,中华书局2011年版,第99页。

《论语·雍也》："居敬而行简,以临其民,不亦可乎?"①《临》卦☷,上卦为坤,为地,下卦为兑,为泽。"泽上有地",地高泽卑,有大地居高临下以监临泽水之象,《周易集解》引荀爽曰:"泽卑地高,高下相临之象也。"②考诸爻辞之"咸临"、"甘临"、"至临"、"知临"、"敦临",皆含上级对下级的视察、治理和统治之义。黄寿祺、张善文指出:"《临》卦所谓'监临',正是侧重揭示上统治下、尊统治卑、君主统治臣民的道理。"③

《临》卦有大君治国理政之义,《大象传》言"教思无穷,容保民无疆",亦是对执政者的训导,提出治国之道。

第一,要不遗余力地推行教育,教化百姓。《临》卦☷,下卦为泽,泽有口舌之象,喻指言辞、讲演。临下互卦为震,有"振动"之义,《蛊》卦《大象传》言"振民育德",亦有教育之义。治国理政,教育先行。《临》卦《大象传》仅仅提出两点治国建议,又将教育置于首位,可见《易传》对于教育的极度重视。教育是立国之本,其在国家建设和管理中应是最优先、最重要、最根本的事情,诚如朱舜水所言:"敬教劝学,建国之大本;兴贤育才,为政之先务。"④关于教育的内容,《周易》也有所说明:《观》卦"神道设教",侧重于文化教育;《蛊》卦"振民育德"和《豫》卦"作乐崇德",侧重道德伦理教育。下文将有详细的论述。

第二,保障人民的物质生活。"容保民无疆"可以直接解释为容纳、养育百姓,这就意味着要增加百姓收入,保障人民的正常生活。"凡治国之道,必先富民,民富则易治也,民贫则难治也。"⑤我国古代是农业社会,农耕收入是主要的经济来源。《临》卦☷,上卦为坤,上互卦也为坤;坤象征土地,两坤相重,启示执政者要高度重视农业生产。"先王之业以农为本"⑥,"国以农为本,民以食为天"⑦。五谷丰登乐太平,只有具备充足的粮食供应和良好的经

---

① 陈晓芬、徐儒宗译注:《论语·大学·中庸》,中华书局 2012 年版,第 62 页。
② (唐)李鼎祚:《周易集解》,中央编译出版社 2011 年版,第 81 页。
③ 黄寿祺、张善文:《周易译注》,上海古籍出版社 2011 年版,第 118 页。
④ (明)朱舜水著,朱谦之整理:《朱舜水集》,中华书局 1981 年版,第 501 页。
⑤ 黎翔凤撰,梁运华整理:《管子校注》,中华书局 2011 年版,第 924 页。
⑥ (汉)郑玄注,(唐)贾公彦疏,王辉整理:《仪礼注疏》,上海古籍出版社 2011 年版,第 473 页。
⑦ (明)陈继儒辑:《捷用云笺》,《四库未收书辑刊》第 3 辑第 30 册,北京出版社 2000 年版,第 551 页。

济收入,人民才能安居乐业,社会方可和谐稳定。

"教思无穷,容保民无疆",分别从人民教化和经济发展两个方面给执政者提出了建议,并认为这两点是最为重要的治国之道。这亦是孔子的"富之""教之"之道,也是现在所说的物质文明建设和精神文明建设。《论语·子路》载:"子适卫,冉有仆。子曰:'庶矣哉!'冉有曰:'既庶矣,又何加焉?'曰:'富之。'曰:'既富矣,又何加焉?'曰:'教之。'"①这里,"庶矣"是说人口众多;"富之"是说要增加人民收入,让大家富起来;"教之"是说要对人民进行教育,教之遵纪守法,立身行道。可以说,"富之""教之"是治理任何组织、民族、国家的根本之道。《管子·牧民》曰:"仓廪实则知礼节,衣食足则知荣辱。"②人民丰衣足食,生活富裕有保障,又能得到良好的教化,则规范有序,谨守法律道德,自然风清气正,国泰民安。

二、"神道设教"

国民教育,有两个方面的内容:科学文化教育和道德伦理教育。科学文化教育,是天地自然之道教育的延伸和具体化,这在《观》卦中有着明确的体现。

《观》卦《彖传》曰:"观,盥而不荐,有孚颙若,下观而化也。观天之神道,而四时不忒,圣人以神道设教,而天下服矣。"这是说,圣人观察自然运行的神妙规律,来设置教化。"神道"并非神学意义上的鬼神之道,而是自然运行的法则、天地万物变化之规律。诚如程颐所言:"观天之运行,四时无有差忒,则见其神妙。圣人见天道之神,体神道以设教,故天下莫不服也。"③亦如朱子指出的:"'观天之神道',只是自然运行底道理,四时自然不忒。'圣人神道',亦是说他有教人自然观感处。"④甚是。但有一些易学家在解释"神道"时,将其宗教化、神学化、神秘化,则非也。

查诸《周易》,经文中并没有出现"神"字,《易传》中出现三十余次"神"字,如"阴阳不测之谓神","神也者,妙万物而为言者也"。而所谓的"道",

---

① 陈晓芬、徐儒宗译注:《论语·大学·中庸》,中华书局2012年版,第154页。
② 黎翔凤撰,梁运华整理:《管子校注》,中华书局2011年版,第2页。
③ (宋)程颐:《周易程氏传》,九州出版社2011年版,第81页。
④ (宋)黎靖德:《朱子语类》,中华书局1986年版,第1779页。

《易传》解释为："一阴一阳之谓道。"由此可见，"神道"并不是指具有人格化的鬼神之道，而是指阴阳运动变化的规律。《周易》的作者正是在观察自然运行变化之基础上，抽象出阴阳二爻，画出八卦、六十四卦，来模拟万事万物的运动过程："于是始作八卦，以通神明之德，以类万物之情。"《系辞传》谓之曰："天数二十有五，地数三十，凡天地之数，五十有五，此所以成变化而行鬼神也"。既然"神道"指的是自然万物运行的法则和规律。"圣人以神道设教"，就是圣人按照这种自然变化的法则来教育百姓，所谓"作《易》者因自然之神以垂教"①。而这个"自然之神"就是天文、地理等知识，用现代话语讲就是科学文化知识。也就是说，执政者要教育人民认知天地自然之道，学习数学、物理、化学、医学、农学、天文学、地理学、技术等方面的知识，以对自己生存的天地自然环境有一个全面、系统、深入的理解。

学习科学文化知识，一方面可以得到知识，获取谋生的手段和技能；但其更高层次的意义乃在于洞达天人，效天法地，以更健康、合理地生活，用《易传》的话来说，就是要让人们达到"与天地合其德，与日月合其明，与四时合其序，与鬼神合其吉凶"的状态，而这也是人效法天地之道的过程。

然天地之道为何？人又要怎样效法呢？其实，《周易》的六十四卦各描述了一种自然状态，其反映出来的就是一种天地自然之道。经、传之文则联系人事，阐发其象外之旨，指出其中蕴含的人道教训，也就明确了人类效法天地之道的内容和方法。如《恒》卦描述天地运行恒久不息之道，《彖传》言"天地之道，恒久而不已也"，《大象传》则推阐其教育意义："君子以立不易方。"指出人们应该效法天地恒久之道，坚持不懈地立身行道，永不停息，孔颖达谓之曰："君子立身得其恒久之道，故不改易其方。方犹道也。"②又如《乾》卦《文言传》提出了"同类相动"的思想，其云："同声相应，同气相求；水流湿，火就燥；云从龙，风从虎；圣人作而万物觌；本乎天者亲上，本乎地者亲下，则各从其类也。"同类的事物能够互相感应，这也是天地运行的规律。董仲舒在《春秋繁

---

① （魏）王弼、（晋）韩康伯注，（唐）孔颖达疏：《周易正义》，中国致公出版社 2011 年版，第260 页。

② （魏）王弼、（晋）韩康伯注，（唐）孔颖达疏：《周易正义》，中国致公出版社 2011 年版，第144 页。

露·同类相动》中进一步解释了这个自然规律,曰:"今平地注水,去燥就湿;均薪施火,去湿就燥。百物去其所与异,而从其所与同。故气同则会,声比则应,其验皦然也。试调琴瑟而错之,鼓其宫则他宫应之,鼓其商而他商应之。五音比而自鸣,非有神,其数然也。美事召美类,恶事召恶类,类之相应而起也⋯⋯故阳益阳而阴益阴,阳阴之气因可以类相益损也。"①《系辞传》则联系人事,阐释"同类相动"规律在人道教训上的启示,其曰:"言行,君子之枢机。枢机之发,荣辱之主也。言行,君子之所以动天地也,可不慎乎!"这就是在告诫人们要谨慎自己之言行,务要存好心,说好话,做好事。因为好心、好话、好事会产生相应的波动,能够感召和吸引好事的到来,所谓五福临门也。另外,《乾》卦九二与九五皆处于中位,皆是修养道德、立身行道之人,彼此能够互相感应、互相吸引、互相欣赏,故他们"利见"彼此。此亦是"同类相动"之规律在人事上的例证。

总之,"神道设教"是一种理性教育。"神道设教"的前提是对于"神道"的把握,这主要是一种科学上的认识,也即是朱子"格物"之过程。"格物",就是学习和研究自然运行变化之规律,也即是认识天地自然之道的过程,所谓"即凡天下之物,莫不因其已知之理而益穷之,以求至乎其极"②。一旦对于各种事理认识清楚了,就可以联系人事,明晓其人道教训,而这也恰是"神道设教"的最终目的。

三、"观民设教"

治国理政,了解民情十分重要。执政者要善于观察民风民俗,根据各地方人民的不同心理、习惯和特点,来施行教化,这就是"观民设教"。

"观民设教"起源很早,早在周代,执政者就经常出巡采风,了解民情,以便有针对性地推行教化。据《礼记·王制》记载,天子每隔五年就要大规模地出巡一次,每到一地,都要进行"采风",命采诗官采集当地民间歌谣,以知民

---

① (汉)董仲舒著,张世亮、钟肇鹏、周桂钿译注:《春秋繁露》,中华书局 2012 年版,第 480—481 页。

② 陈晓芬、徐儒宗译注:《论语·大学·中庸》,中华书局 2012 年版,第 262 页。

风民情:"命大师陈诗,以观民风;命市纳贾,以观民之所好恶,志淫好辟。"①《汉书·艺文志》也说:"古有采诗之官,王者所以观风俗,知得失,自考正也。"②君王通过这些采集来的歌谣了解民意,体察人民疾苦,反思自己执政之得失,并及时制定对策,教化民众,提高民众的德行和能力,改善他们的生活。

周朝这种"采风"以了解民情的政治实践,在《周易·观》卦中得到了理论上的提升和阐发,《大象传》称之为"观民设教",其曰:"风行地上,观,先王以省方,观民设教。""设教"的前提"观民",即体察民情。《周易义海撮要》引刘牧谓之曰:"风行地上,无所不至。散采万国之声诗,省察其俗。"③

然具体说来,要如何体察民情呢?对此,《观》卦有着详细之说明。

《观》卦☰,上卦为巽,为风,下卦为坤,为地;有风吹拂大地,无所不到之象。程颐曰:"风行地上,周及庶物,为由历周览之象。"④《大象传》联系治国理政,阐发"观民设教"之义,指出执政者要效法风吹拂大地之象,深入、广泛、真实地体察民情民意,了解民众在想什么,在干什么,困难是什么,问题在哪里。根据民众的实际情况来推行教化,施行政事。亦如杨万里所言:"随其地、观其俗、因其情、设其教。"⑤

"观",《说文》谓"谛视也",段玉裁注曰:"谛视也,宷谛之视也。"《春秋穀梁传·隐公五年》注"公观鱼于棠",曰:"常事曰视,非常曰观。"⑥又"宷",《说文》谓"悉也"。又"悉",《说文》:"详尽也",《尔雅》:"悉,尽也。"可知,"观民"并非是走马观花式的观览,更非是浅尝辄止、做表面文章、搞形式主义,而是一种非常仔细、深入、真实、全面的辨认和体察。关于如何"观民",《观》卦的九五爻给出了正确的启示和建议。九五:"观我生,君子无咎。"《象传》曰:"观我生,观民也。"九五阳刚中正,为观卦之主爻,指出大君"观民"之道:"观民"须立意明确、诚心无伪,即体察民情的主要目的是明自己执政之得失;及

---

① 刘波、王川注释:《礼记》,东南大学出版社2010年版,第77页。
② (汉)班固撰,陈焕良、曾宪礼标点:《汉书》,岳麓书社2008年版,第679页。
③ (宋)李衡取蜀人房审权原本删增:《周易义海撮要》,吉林出版集团有限责任公司2005年版,第74页。
④ (宋)程颐:《周易程氏传》,九州出版社2011年版,第81页。
⑤ (宋)杨万里:《诚斋易传》,九州出版社2008年版,第75页。
⑥ 陈铁民等译注:《十三经·春秋穀梁传》,三秦出版社2004年版,第1716页。

时了解人民之疾苦,真正找出对策,切实解决问题。王弼谓之曰:"居于尊位,为观之主,宣弘大化,光于四表,观之极者也。上之化下,犹风之靡草,故观民之俗,以察己道,百姓有罪,在予一人。"①程颐亦指出:"人君欲观己之施为善否,当观于民,民俗善则政化善也。"②又,六三爻指出"观民"须要十分认真和细致。六三曰:"观我生,进退。"六三以阴居阳,上应上九,有既能观察外界,又可省察自己之象,喻指"观民"时,能内外兼顾。如此体察民情,则如《象传》所言"未失道也"。民情具体而丰富,既包括人民的生产生活、风俗习惯等情况,又包括民众真实的思想、情绪、愿望等。外在的情况容易把握,内心真实想法不易了解。在"观民"时,要像九三爻所指出的那样,内外兼顾,具体而微。要同人民打成一片,建立感情,取得信任,以"明察秋毫"的眼光,全面细致地体察人民的喜怒哀乐,并以之作为"设教"、施政的重要依据。反之,若缺乏"观民"的能力,出现了"童观"或"窥观",则"观民"失道,更遑论"设教"了。即便是勉强"设教",亦不能合乎民情民意,解决人民疾苦。所谓"童观",犹言"像儿童一样观察问题"。《观》卦初六曰:"童观,小人无咎,君子吝。"初六阴柔在下,上无所应,喻指智慧不足、所见甚浅。如此观察问题,于小人无咎,《象传》谓"小人道也"。但如果位高权重的执政者,也是这么观察问题,则就有所吝惜了,王弼谓之曰:"君子处大观之时而为'童观',不亦鄙乎?"③何谓"窥观"?《说文》:"窥,小视也。""窥观",指的是不能系统、深入、细致地观察问题。《象传》指出,对于在位的君子来说,"窥观"是"可丑"的,朱子谓之曰:"在丈夫则为丑也。"④

"没有调查研究,就没有发言权。""观民设教"的训诫,启示执政者要切实践行群众路线,经常深入到民众中去,放下架子,实事求是地体察民情、了解民意、集中民智,避免形式主义和走马观花式的调研。要同人民建立感情,虚心倾听他们的心声。同人民拉家常话,谈身边事,系统、深入、细致、真实地了解他们的

① (魏)王弼、(晋)韩康伯注,(唐)孔颖达疏:《周易正义》,中国致公出版社 2011 年版,第 103 页。
② (宋)程颐:《周易程氏传》,九州出版社 2011 年版,第 83 页。
③ (魏)王弼、(晋)韩康伯注,(唐)孔颖达疏:《周易正义》,中国致公出版社 2011 年版,第 102 页。
④ (宋)朱熹撰,李一忻点校:《周易本义》,九州出版社 2004 年版,第 229 页。

生产、生活情况,了解他们的愿望和诉求,体察他们的喜与忧、想与盼,倾听他们的意见和建议。这样才能对民情民意有直观、真实而深刻地认识和理解,才能及时发现问题,正确分析问题,科学制定对策,也才能有效地示教、施政于民。

四、"作乐崇德"

《周易》还特别提出了乐教,论述了乐的道德教化功能,告知执政者要以正乐来熏陶、教化和涵养民众之德行。

《豫》卦《大象传》曰:"雷出地奋,豫。先王以作乐崇德,殷荐之上帝,以配祖考。""乐"指"音乐"。《说文》:"乐,五声八音总名。"《礼记·乐记》:"比音而乐之,及干、戚、羽、旄,谓之乐。"[1]"崇"本义指"高大"。《尔雅》:"崇,高也。"《说文》:"崇,嵬高也。"由"高大"引申为"推崇"、"尊崇",如《礼记·祭统》:"崇事宗庙社稷,则子孙孝顺。"[2]《汉书·郊祀志》:"莽遂崇鬼神淫祀。"[3]又,"崇"有"兴盛"之义。《六臣注文选》引薛综注张衡《东京赋》"进明德而崇业",曰:"崇,犹兴也。"[4]"崇德"又见于《系辞传》:"夫易,圣人所以崇德而广业也","利用安身,以崇德也"。"崇德"皆有"弘扬道德"、"兴盛道德"之义。此外,《韩非子·难三》载:"子思对曰:'君子尊贤以崇德,举善以观民'"[5],"崇德"亦是此意。《周易集解》引郑玄曰:"崇,充也。"[6]按,"崇"通"充",指"充实"、"补充"、"充满"。如王逸注《楚辞·招魂》"氾崇兰些",曰:"崇,充也。"[7]又如郑玄注《仪礼·乡射礼》"主人坐奠爵于序端,阼阶上再拜崇酒",曰:"崇,充也。"[8]据此可知,这里的"作乐崇德"应是指用

---

① 刘波、王川注释:《礼记》,东南大学出版社 2010 年版,第 231 页。
② 刘波、王川注释:《礼记》,东南大学出版社 2010 年版,第 303 页。
③ (汉)班固撰,陈焕良、曾宪礼标点:《汉书》,岳麓书社 2008 年版,第 522 页。
④ (梁)萧统编,(唐)李善、吕延济、刘良、张铣、吕向、李周翰注:《六臣注文选》,中华书局 1987 年版,第 75 页。
⑤ 高华平、王齐洲、张三夕译注:《韩非子》,中华书局 2011 年版,第 567 页。
⑥ (唐)李鼎祚:《周易集解》,中央编译出版社 2011 年版,第 72 页。
⑦ (汉)王逸注,(宋)洪兴祖补注:《楚辞章句补注》,吉林人民出版社 1999 年版,第 200 页。
⑧ (汉)郑玄注,(唐)贾公彦疏,王辉整理:《仪礼注疏》,上海古籍出版社 2011 年版,第 276 页。又,《仪礼·乡饮酒礼》:"主人坐奠爵于西楹南,介右,再拜崇酒,介苔拜。"(同上书,第 217—218 页)"崇",亦是"充"义。

音乐来充实人的精神生活,弘扬道德,兴盛道德,净化人心,提高人的思想境界。

《大象传》推阐《豫》卦"豫乐"之义,联系人事,言先王制乐以教化人民,养成道德,启示执政者要以正乐来养心蓄德,移风易俗。具体说来,《豫》卦言乐,有两层意涵:

第一,正乐可以给人带来喜悦。"豫",即"欢喜、悦乐"。《尔雅》:"豫,乐也。"《周易集解》引郑玄曰:"豫,喜逸悦乐之貌也。"①《豫》卦☷,上卦为震,下卦为坤。坤为顺,震为动,顺性而动,喻指喜乐。《周易集解》引郑玄曰:"坤,顺也。震,动也。顺其性而动者,莫不得,得其所,故谓之豫。"②此是说,先王作正乐,可以丰富人民的生活,还能疏解压力,放松心情,给人带来欢欣愉悦。亦如《礼记·乐记》所言:"夫乐者,乐也,人情之所不能免也。"③

第二,正乐能净化人心,提升人民道德水平。先秦、两汉时期,音乐教化较为普及,主要用来规正人心,改善风俗,稳定社会秩序。如《荀子·王制》曰:"论礼乐,正身行,广教化,美风俗。"④《礼记·乐记》亦指出:"乐也者,圣人之所乐也,而可以善民心。其感人深,其移风易俗,故先王著其教焉。"⑤又言:"致乐以治心,则易、直、子、谅之心,油然生矣。"⑥《汉书·艺文志》也说:"圣王制外乐以禁内情,而为之节文。传曰:'先王之所乐,所以节百事也。'"⑦《豫》卦作乐崇德之旨,实是上述乐教论的内在机理和源头活水。"作乐崇德"出于"雷出地奋"之象。"乐"与"雷"在阴阳属性上皆为阳,属于同类取象。《史记·天官书》:"夫雷电、虾虹、辟历、夜明者,阳气之动者也。"⑧《礼记·郊特牲》:"乐,阳气也。"⑨又,乐与德密切相关,正乐可以是德的载体和表达。

---

① （唐）李鼎祚:《周易集解》,中央编译出版社2011年版,第71页。
② （唐）李鼎祚:《周易集解》,中央编译出版社2011年版,第71页。
③ 刘波、王川注释:《礼记》,东南大学出版社2010年版,第245页。
④ 方勇、李波译注:《荀子》,中华书局2011年版,第130页。
⑤ 刘波、王川注释:《礼记》,东南大学出版社2010年版,第237页。
⑥ 刘波、王川注释:《礼记》,东南大学出版社2010年版,第244页。
⑦ （汉）班固撰,陈焕良、曾宪礼标点:《汉书》,岳麓书社2008年版,第699页。
⑧ （汉）司马迁著,韩兆琦译注:《史记》,中华书局2012年版,第2129页。
⑨ 刘波、王川注释:《礼记》,东南大学出版社2010年版,第168页。

《礼记·乐记》曰:"德者,性之端也;乐者,德之华也。"①又说:"德音之谓乐。"②《豫》卦下卦为"坤"属阴,喻指内心。"振民育德",是说用正乐的阳刚之力,净化人之心灵,陶冶人之性情,提升人民道德水平,诚如杨简指出的:"故先王之乐,足以感人中正、庄敬、和平之心,是谓易、直、子、谅之心;足以消人放逸、淫靡、繁急之心。故曰:'移风易俗,莫善于乐'。"③

五、"振民育德"

教育人民培养德行需要一个过程,德行培养好了,要长久保持之更非易事。《史记·货殖列传》言:"天下熙熙,皆为利来;天下攘攘,皆为利往。"④追名逐利,古今皆然,但当以道义得之,夫子谓之曰:"富与贵,是人之所欲也;不以其道得之,不处也。"⑤又说:"见利思义。"⑥但是,当出现人们为了物欲和名利,不择手段,不守道义之时,就是道德滑坡、衰落和蛊坏之际,这时就须要执政者大力进行道德整顿和教育,《周易》谓之曰:"振民育德。"

"振民育德"出自《蛊》卦《大象传》,其言:"山下有风,蛊;君子以振民育德。""振",犹言"振济"、"帮助"。如《说文》:"举救之也。"《小尔雅·广言》:"振,救也。"⑦《广雅·释诂一》:"动也。"《经典释文》:"济也。"⑧《康熙字典》引《增韵》曰:"拯也。"颜师古注《汉书·元帝纪》"振业贫民",曰:"振起之,令有作业。""育"即"教育"、"培育"、"育养"。"育",另见于《蒙》卦《大象传》"君子以果行育德"。王弼曰:"'育德'者,养正之功也。"⑨孔颖达:"育养其德。"⑩《说

---

① 刘波、王川注释:《礼记》,东南大学出版社 2010 年版,第 239 页。
② 刘波、王川注释:《礼记》,东南大学出版社 2010 年版,第 241 页。
③ (宋)杨简:《杨氏易传》,景印文渊阁《四库全书》第 14 册,台湾商务印书馆 1986 年版,第 72 页。
④ (汉)司马迁著,韩兆琦译注:《史记》,中华书局 2012 年版,第 7564 页。
⑤ 《论语·里仁》,陈晓芬、徐儒宗译注:《论语·大学·中庸》,中华书局 2012 年版,第 41 页。
⑥ 《论语·宪问》,陈晓芬、徐儒宗译注:《论语·大学·中庸》,中华书局 2012 年版,第 168 页。
⑦ (汉)孔鲋著,(宋)宋咸注:《小尔雅(及其他一种)》,中华书局 1985 年版,第 2 页。
⑧ (唐)陆德明:《经典释文》,上海古籍出版社 1985 年版,第 87 页。
⑨ (魏)王弼、(晋)韩康伯注,(唐)孔颖达疏:《周易正义》,中国致公出版社 2011 年版,第 44 页。
⑩ (魏)王弼、(晋)韩康伯注,(唐)孔颖达疏:《周易正义》,中国致公出版社 2011 年版,第 44 页。

文》:"育,养子使作善也。"又,《说文》引《虞书》:"教育子。"《诗经·大雅·生民》:"载生载育,时维后稷。"①"育"皆有"教育"之义。"德"字,《周易》中共出现七十多次,如"进德修业"、"成德为行"、"厚德载物"、"敬义立而德不孤"等,多是就道德修养而言,指的是"德行"、"准则"、"规范"。《篇海类编》:"德,德行。"郑玄注《周礼·地官·师氏》"以三德教国子……教三行",曰:"德行,内外之称。在心为德,施之为行。"②《洪武正韵》:"凡言德者,善美、正大、光明、纯懿之称也。"③据此,"振民育德"乃是指执政者要教育、振济、帮助人民,培育品格,彰显光明的德行,王弼谓之曰:"君子以济民养德也。"④

此明君子观察蛊之象,联系治国理政,提出在社会道德滑坡、败落之时,必须拯救时弊,大力培育百姓之道德。《蛊》卦䷑,上艮为山,下巽为风。风在山下吹动,遇山而回,致使万物飞扬回旋、散乱不堪,喻指惑乱、不明之情境。程颐谓之曰:"山下有风,风遇山而回,则物皆散乱,故为有事之象。"⑤于社会而言,"蛊"则指社会精神空虚、思想混乱、道德滑坡、诚信缺失等现象。《大象传》联系社会政治,指出在这种情形下,有德有位之君子,应该尽快加强道德建设,引导人们培育德行,立身行道。诚如李简所言:"蛊之时,民德败矣,败而育之,必振动之,使离其故习,可也。"⑥亦如马振彪所指出的:"蛊象之成,由于人民不振,实由于民德不明。欲新其民而振作之,当先重德育,使人皆各明其德,乃可新民。以此知康诰言作新民,即治其国民之蛊也。"⑦

"人无德不立,国无德不兴。"社会道德的缺失和败坏,会引发一系列的经济、政治、文化和社会问题。"人无常心,习以成性;国无常俗,教则移风。"⑧要

① 邓启铜注释,殷光熹审读:《诗经》,东南大学出版社 2010 年版,第 299 页。
② (汉)郑玄注,(唐)贾公彦疏,彭林整理:《周礼注疏》,上海古籍出版社 2010 年版,第 493 页。
③ (明)宋濂撰,(明)杨时伟补笺:《洪武正韵》,《四库全书存目丛书》经部第 207 册,齐鲁书社 1997 年版,第 326 页。
④ (魏)王弼、(晋)韩康伯注,(唐)孔颖达疏:《周易正义》,中国致公出版社 2011 年版,第 96 页。
⑤ (宋)程颐:《周易程氏传》,九州出版社 2011 年版,第 74 页。
⑥ (元)李简:《学易记》,景印文渊阁《四库全书》第 25 册,台湾商务印书馆 1986 年版,第 189 页。
⑦ 马振彪遗著,张善文整理:《周易学说》,花城出版社 2002 年版,第 191 页。
⑧ (唐)白居易著,丁如明、聂世美校点:《白居易全集》,上海古籍出版社 1999 年版,第 846 页。

解决这个问题,《周易》给出的方法是教育,即大力推行道德教育,用教育的手段规范人的思想和行为,重新建立起良好的社会道德。孟子说:"善政不如善教之得民也……善政得民财,善教得民心。"①只有大力加强道德教育,从人心、思想入手,才能从根本上解决道德蛊坏之问题。按照《蛊》卦之提示,在"振民育德"的过程中,有两方面需要特别注意。

第一,执政者要带好头,为人民作出榜样。《大象传》言"君子以振民育德",而不言"小人以振民育德",即作出暗示。"君子"有两层含义:①就社会地位而言,是指执政者、掌权者,亦即社会的管理者,如《诗经·魏风·伐檀》:"彼君子兮,不素餐兮!"②②就道德上说,是指品行、德才出众者,《白虎通·号》:"或称君子何? 道德之称也。君之为言,群也;子者,丈夫之通称也。"③此处《大象传》之"君子"应是兼而有之,指有德有才、有权有位的执政者。孔子曰:"政者,正也。子帅以正,孰敢不正?"④执政者率先垂范,立身行道,以身言教,人民观之,必受教化。故要"振民育德",执政者一定要做好表率,给大家以示范。

第二,丰富教育内容,创新教育形式,"无所不用其极"⑤地推行道德教化。蛊乱之起,风吹山下。要改之,则须反其道而行之,从正面运用"风"、"山"之力。程廷祚引杨文焕曰:"振万物者莫如风,育万物者莫如山。"⑥这即是说,在领导人做好榜样的前提下,要效法风之善入,活化教育模式,采用多种教育方法,因材施教,因地制宜,广泛、深入地推动道德教化。还要取法山之安止,惩防并举,对于违反道德的行为给予惩处。如此振民育德,假以时日,教化大行,民德归厚矣!

第二节 以刑辅德与明刑弼教

《周易》主张以德治国,十分重视对人民进行礼乐教化,但并不否认法律

---

① 《孟子·尽心上》,方勇译注:《孟子》,中华书局 2012 年版,第 263 页。
② 邓启铜注释,殷光熹审读:《诗经》,东南大学出版社 2010 年版,第 103 页。
③ (汉)班固:《白虎通(及其他一种)》,中华书局 1985 年版,第 20 页。
④ 《论语·颜渊》,陈晓芬、徐儒宗译注:《论语·大学·中庸》,中华书局 2012 年版,第 145 页。
⑤ 陈晓芬、徐儒宗译注:《论语·大学·中庸》,中华书局 2012 年版,第 254 页。
⑥ (清)程廷祚:《大易择言》,景印文渊阁《四库全书》第 52 册,台湾商务印书馆 1986 年版,第 631 页。

和刑罚对于社会的治理作用。《大象传》就提出了刑罚治狱之道:《噬嗑》卦"明罚勅法"、《贲》卦"明庶政,无敢折狱"、《解》卦"赦过宥罪"、《丰》卦"折狱致刑"、《旅》卦"明慎用刑,而不留狱"、《中孚》卦"议狱缓死"。《御纂周易折中》引徐几曰:"《象》言刑狱五卦,噬嗑、丰以其有离之明,震之威也。贲次噬嗑,旅次丰,离明不易,震皆反为艮矣。盖明贵无时不然,威则有时当止。至于中孚,则全体似离,互体有震艮,而又兑以议之,巽以缓之,圣人即象垂教,其忠厚恻怛之意,见于谨刑如此。"①

　　《周易》言刑狱之道,其表现出的形式是权威性的规范和强制性的惩罚,但从本质上说,刑狱乃是一种特殊的教育,最终的目的还是为了规范人们的行为,提高人们的德行。在《周易》看来,德政、礼乐教化才是治国理政的核心和根本,刑罚惩处只是辅助和补充,诚如《尚书·大禹谟》所言:"明于五刑,以弼五教,期于予治"②。亦如朱子所指出的:"故圣人之治,为之教以明之,为之刑以弼之,虽其所施或先或后,或缓或急,而其丁宁深切之意,未尝不在乎此也。"③又,孔子曰:"为政以德,譬如北辰居其所而众星共之。"④可以说,"治狱"、"刑罚"亦只是"众星"中的一颗,其最终目的乃是为德政服务的。基于这样的治国理念,《周易》特别强调"明法"、"慎刑",指出运用刑狱是本于仁民、爱民之心,目的是让民众因惩处而受到教化,认识到过恶,从而能遵纪守法,立身行道,完善自我,获得平安之人生,达到社会的稳定与和谐。另外,据《尚

---

① (清)李光地:《御纂周易折中》,中央编译出版社 2011 年版,第 456 页。

② 王世舜、王翠叶译注:《尚书》,中华书局 2012 年版,第 358 页。"五刑"指的是五种刑罚。《周礼·秋官司寇第五》:"以五刑纠万民:一曰野刑,上功纠力。二曰军刑,上命纠守。三曰乡刑,上德纠孝。四曰官刑,上能纠职。五曰国刑,上愿纠暴。"[参见(汉)郑玄注,(唐)贾公彦疏,彭林整理:《周礼注疏》,上海古籍出版社 2010 年版,第 1319—1320 页。]"五教"指的是"五常"之教,即"父义、母慈、兄友、弟恭、子孝"。《尚书·舜典第二》:"百姓不亲,五品不逊,汝作司徒,敬敷五教,在宽。"孔安国注曰:"布五常之教,务在宽,所以得人心。亦美其前功。"孔颖达疏云:"教之义、慈、友、恭、孝,此事可常行,乃为五常耳……《文》十八年《左传》云:'布五教于四方,父义、母慈、兄友、弟恭、子孝。'是布五常之教也。"[参见(汉)孔安国传,(唐)孔颖达正义,黄怀信整理:《尚书正义》,上海古籍出版社 2012 年版,第 100 页。]

③ 《晦庵先生朱文公文集》卷第十四《奏札·戊申延和奏札一》,(宋)朱熹撰,朱杰人、严佐之、刘永翔主编:《朱子全书》第二十册,上海古籍出版社、安徽教育出版社 2010 年版,第 656 页。

④ 《论语·为政》,陈晓芬、徐儒宗译注:《论语·大学·中庸》,中华书局 2012 年版,第 15 页。

书》记载,西周初年周朝政治家就提出了"明德慎罚"①、"敬明乃罚"②的原则。其后,儒家又有"以德服人"③、"省刑罚"④之论。汉代以降,又有"省刑恤罚"、"执法公允"、"理直而刑正"、"惟刑之恤"等慎用刑罚之主张。由此可知,"以刑辅德"与"明刑弼教"亦是儒家一贯的治国主张。

一、"明罚赦法"

《周易·噬嗑》卦认为法律、刑狱之道,贵在公开、公平、公正、严肃、谨慎,以充分发挥其预防、惩治和教育之作用。

《噬嗑》卦《大象传》曰:"雷电,噬嗑;先王以明罚勑法。""明",甲骨文作 ◐), 有日月照耀之象,指明亮。《说文》:"照也",《左传·昭公二十八年》:"照临四方曰明。"⑤引申为"明确",如《荀子·成相》:"君法明,论有常,表仪既设民知方。"⑥又作"清楚"、"明示",如《战国策·赵策》:"太后明谓左右。"⑦"罚"犹言"刑罚"、"处罚"。《说文》:"罪之小者。"郑玄注《周礼·地官司徒下》"三让而罚",曰:"罚谓挞击之也。"⑧"敕",本义为"告诫"、"警醒"。《说文》:"敕,诫也。"又有劝勉之义。《释名》:"敕,饬也,使自警饬,不敢废慢也。"如《韩非子·主道》:"贤者敕其材,君因而任之。"⑨又"敕"通"饬",犹言"整治"、"匡正"。如《诗经·小雅·楚茨》:"既匡既敕。"⑩《康熙字典》引《博雅》曰:"理也,谨也,语也,进也。"《小尔雅》:"正也。"《广韵》:"固也。"《经典

① 《尚书·康诰》记载王若之言:"惟乃丕显考文王,克明德慎罚。"(参见王世舜、王翠叶译注:《尚书》,中华书局2012年版,第180—181页。)
② 王世舜、王翠叶译注:《尚书》,中华书局2012年版,第185页。
③ 《孟子·公孙丑上》:"以力服人者,非心服也,力不赡也。以德服人者,中心悦而诚服也。"(参见方勇译注:《孟子》,中华书局2012年版,第56页。)
④ 《孟子·梁惠王上》:"王如施仁政于民,省刑罚,薄税敛,深耕易耨,壮者以暇日修其孝弟忠信,入以事其父兄,出以事其长上,可使制梃以挞秦、楚之坚甲利兵矣。"(参见方勇译注:《孟子》,中华书局2012年版,第8页。)
⑤ 陈铁民等译注:《十三经·春秋左传》,三秦出版社2004年版,第1395页。
⑥ 方勇、李波译注:《荀子》,中华书局2011年版,第415页。
⑦ 缪文远、缪伟、罗永莲译注:《战国策》,中华书局2012年版,第657页。
⑧ (汉)郑玄注,(唐)贾公彦疏,彭林整理:《周礼注疏》,上海古籍出版社2010年版,第503页。
⑨ 高华平、王齐洲、张三夕译注:《韩非子》,中华书局2011年版,第35页。
⑩ 邓启铜注释,殷光熹审读:《诗经》,东南大学出版社2010年版,第239页。

释文》："郑云：'敕，犹理也'，一云'整也'。"①"法"指"法律"、"刑罚"。如《管子·心术》："杀僇禁诛谓之法"②；《尚书·吕刑》："惟作五虐之刑曰法"③；《盐铁论·诏圣》："法者刑罚也，所以禁强暴也"④。据上所考，"先王以明罚勅法"，即是说执政者要向民众申明法律法规，严肃刑罚。

"明罚勅法"的训诫取象于《噬嗑》卦☲☳，该卦上卦为离为电，下卦为震为雷。上下两爻为阳爻，中间除九四爻外，均为阴爻。是为口中有物之象，喻指用牙齿咬合以去物之义。朱子谓之曰："为卦上下两阳而中虚，颐口之象。九四一阳，间于其中，必啮之而后合，故为噬嗑。"⑤李士鉁亦指出："上、初象辅颊，二、三、五象上下齿，九四在中象物，九四不中不正，故须啮而去之。"⑥又，《太平御览》引《燕书》曰："申弼烈祖常从容问诸侍臣曰：'夫口以下动乃能制物，铁鑽为用，亦噬嗑之意，而从上下何也？'弼答曰：'口之下动，上使下也；铁镂之用，上斩下也。'烈祖称善。"⑦口中有物，牙齿咬合即可以化除此物。与之类似，古代刑具"鉄锁"亦有此象，卦辞以之为喻，联系人事，推阐其"刑狱"之道，曰："亨，利用狱。"此即是说，仿效牙齿咬合食物之象，执政者可动用刑狱打击不法分子，惩治犯罪，规范人们的言行，实现社会的和谐稳定。尚秉和谓之曰："夫上下之不能相合者，中必有物间之。啮而去其间，则合而通矣。国家之有刑狱，亦复如是。民有梗化者，以刑克之，则顽梗去，而上下通矣，故曰'利用狱'。"⑧

《噬嗑》卦《大象传》推阐卦辞"利用狱"之旨，指出在治国理政过程中，要"明罚勅法"。联系《噬嗑》卦的爻辞，可知"明罚勅法"有多层含义：

第一，广泛深入宣传，明示法令条文。"明"有"明示"、"清楚"之义。"明罚"即是说执政者要以法律条文的形式，明确、清晰地告诫民众，什么可以做、

---

① （唐）陆德明：《经典释文》，上海古籍出版社1985年版，第89页。
② 黎翔凤撰，梁运华整理：《管子校注》，中华书局2011年版，第759页。
③ 王世舜、王翠叶译注：《尚书》，中华书局2012年版，第318页。
④ （汉）桓宽著，王利器校注：《盐铁论校注》（增订本），天津古籍出版社1983年版，第610页。
⑤ （宋）朱熹撰，李一忻点校：《周易本义》，九州出版社2004年版，第57页。
⑥ （清）李士鉁：《周易注》，《续修四库全书》第39册，上海古籍出版社2002年版，第36页。
⑦ （宋）李昉等撰：《太平御览》（第4册），上海古籍出版社2008年版，第365页。
⑧ 尚秉和：《周易尚氏学》，九州出版社2011年版，第95页。

什么不能做,哪些是合法的、哪些是违法的,如果违法了、会有什么惩罚等等,并广泛宣传,广而告之,所谓"圣人为法必使之明白易知,名正,愚知遍能知之"①。这样人们的言行才能有所凭借和依据,社会也才会稳定有序。反之,若事先没有广泛、详细之宣传、教导和警告,一旦人们违法犯罪,就大用刑狱、大加惩处,则有失治国之正道,孔子谓之曰:"不教而杀谓之虐;不戒视成谓之暴;慢令致期谓之贼。"②

第二,维护法律权威,严格公正执法。《噬嗑》卦䷔,上卦为离,下卦为震。离为太阳、为光明、为正大,象征公开、公正执法;震为雷、为动、为威,喻指有法必依,执法必严。又,九四爻言"利艰贞",六五爻言"贞厉",都指出治狱执法必须坚守刚正之道。具体而言,是指一旦有人违法犯罪,就要查明情况,严格按照法律惩办,刘沅曰:"圣王以礼乐化天下,而有顽梗不顺者,必以刑罚治之。"③在执法过程中,不可受歪风邪气的侵袭。要做到实事求是,以事实为依据,以法律为准绳,严格、公正执法,维护法律的权威。亦如《韩非子·有度》所言:"法不阿贵,绳不挠曲。法之所加,智者弗能辞,勇者弗敢争。刑过不避大臣,赏善不遗匹夫。"④又,《周易集解》引宋衷曰:"雷动而威,电动而明,二者合而其道章也。用刑之道,威明相兼。若威而不明,恐致淫滥;明而无威,不能伏物。故须雷电并合,而噬嗑备。"⑤

第三,慎终慎始慎微,务要小心谨慎。《大象传》言"明",言"勑",都有严谨规范之义。《噬嗑》卦䷔,上互卦为坎,象征险难,说明治狱并非易事,执法过程也可能存在着证据不足、量刑不当或冤假错案等险难之问题。考诸爻辞,亦有明征。《噬嗑》卦六二、六三、九四、六五皆为执法、治狱之人,刘沅曰:"六爻,五君位也,为治狱之主;四大臣位也,为治狱之卿;三、二又其下也,为治狱之吏。"⑥执法者位居显位,万众瞩目,本来应风光无限,但从爻辞来看,情况并

① 石磊译注:《商君书》,中华书局 2011 年版,第 180 页。
② 《论语·尧曰》,陈晓芬、徐儒宗译注:《论语·大学·中庸》,中华书局 2012 年版,第 240 页。
③ (清)刘沅:《周易恒解》,《续修四库全书》第 26 册,上海古籍出版社 2002 年版,第 67—68 页。
④ 高华平、王齐洲、张三夕译注:《韩非子》,中华书局 2011 年版,第 50 页。
⑤ (唐)李鼎祚:《周易集解》,中央编译出版社 2011 年版,第 87 页。
⑥ (清)刘沅:《周易恒解》,《续修四库全书》第 26 册,上海古籍出版社 2002 年版,第 68 页。

非如此。六二仅得"无咎",六三则有"小吝",九四"利艰贞",六五亦仅得"无咎",可见治狱并非易事,稍有不慎,即可能出错、误判,而造成吝憾,乃至无法挽回的损失。这就要求执法者必须小心谨慎地审案、判案,切不可麻痹大意,徇私枉法。

第四,善用小惩大诫,发挥刑狱作用。《系辞传》引孔子曰:"小人不耻不仁,不畏不义,不见利不劝,不威不惩。小惩而大诫,此小人之福也。《易》曰:'履校灭趾,无咎。'此之谓也。"《噬嗑》卦初九爻言"履校灭趾,无咎",喻指初犯法者,其过尚微,此时给予及时的惩处,使之受到教训而悔过,从而避免犯大的过恶。若其能痛改前非,返回正道,则"无咎"矣。王弼谓之曰:"凡过之所始,必始于微,而后至于著。罚之所始,必始于薄,而后至于诛。过轻戮薄,故'屦校灭趾',桎其行也。足惩而已,故不重也。过而不改,乃谓之过。小惩大诫,乃得其福,故'无咎'也。"①反之,若不能及时给予惩戒,犯法者又不能反躬自省,改过自新,"以小恶为无伤而弗去也",继续违法犯罪,则"恶积而不可掩,罪大而不可解",积重难返,则有上九"何校灭耳"之象,而致"灭身"之凶。李士鉁曰:"'灭趾'则缩足不行,可无长恶之患;'灭耳',则善言不入,终无改过之由,故凶。圣人设刑狱,所以生人悔愧之心,而示以迁善之道。"②这即启示执法者要发挥法律、刑罚的预防和校正作用:对于触犯法律者,要及时给予教育和强制性的惩戒,让其有所畏惧,以促其尽快悔悟,返归正道。刘沅曰:"故治狱者戒其过刚;而受罚者,欲其改恶;无非仁民之心也。"③

二、"明庶政,无敢折狱"

执政者治国理政,身担重任,事务繁多,要如何从容应对呢?《贲》卦给出的建议是"明庶政"。而在诸多政务之中,刑狱则更须要"明",尤其要"慎",《贲》卦诫之曰:"无敢折狱。"

---

① (魏)王弼、(晋)韩康伯注,(唐)孔颖达疏:《周易正义》,中国致公出版社 2011 年版,第105 页。
② (清)李士鉁:《周易注》,《续修四库全书》第 39 册,上海古籍出版社 2002 年版,第 37—38 页。
③ (清)刘沅:《周易恒解》,《续修四库全书》第 26 册,上海古籍出版社 2002 年版,第 68 页。

《贲》卦《大象传》曰："山下有火,贲;君子以明庶政,无敢折狱。""明"这里应作动词,有"使……明白、清楚、有条理"之义。"庶",甲骨文写作𤇅,象征房屋下面有众多的东西。如《说文》:"庶,屋下众也。"《尔雅》:"庶,众也。"又如《诗经·大雅·卷阿》:"既庶且多。"①后来金文变成𤇅,小象写作庶,喻指房屋中有人,故"庶"又引申为平民百姓,如《左传·昭公三十二年》:"三后之姓,于今为庶,王所知也。"②"政"本义为"规正",《说文》、《释名》皆谓:"政,正也。"郑玄注《周礼·夏官司马第四》"使帅其属而掌邦政",曰:"政,正也,政所以正不正者也。《孝经说》曰:'政者,正也,正德名以行道'。"③又如何晏《论语注疏》引马融释"有政",曰:"政者,有所改更匡正。"④由此,"政"引申为"政教"、"政治"、"政务",又如孔颖达疏解《诗经·大雅·皇矣》"其政不获",曰:"政,政教也。"⑤据之,"庶政",是指关乎国家、人民的各种政务。"折",即"判决"。"折狱",犹言"断案"、"判决狱案",孔颖达谓:"折断讼狱。"⑥又如邢昺疏解《论语·颜渊》"片言可以折狱者",曰:"折,犹决断也",谓"折狱"为"决断狱讼"。⑦"无敢",即"不敢",这里是"不敢随意"的意思。

据上所考,"明庶政,无敢折狱",即是说执政者要认真处理各种政务,把事关国计民生、国家发展、国防外交的事物处理得清楚、明白、有头绪。在处理狱讼案件时,要多方审查、考证、认真、严肃、公正对待,切不可主观臆断、贪赃枉法。程颐谓之曰:"君子观山下有火明照之象,以修明其庶政,成文明之治,而无果敢于折狱也……折狱者,专用情实,有文饰则没其情矣,故无敢用文以折狱也。"⑧

"明庶政,无敢折狱"取象于《贲》卦☶☲,此卦上艮为山,下离为火。"山下

---

① 邓启铜注释,殷光熹审读:《诗经》,东南大学出版社 2010 年版,第 314 页。

② 陈铁民等译注:《十三经·春秋左传》,三秦出版社 2004 年版,第 1399 页。

③ (汉)郑玄注,(唐)贾公彦疏,彭林整理:《周礼注疏》,上海古籍出版社 2010 年版,第 1073 页。

④ 李学勤主编:《十三经注疏·论语注疏》,北京大学出版社 1999 年版,第 175 页。

⑤ 李学勤主编:《十三经注疏·毛诗正义》,北京大学出版社 1999 年版,第 1018 页。

⑥ (魏)王弼、(晋)韩康伯注,(唐)孔颖达疏:《周易正义》,中国致公出版社 2011 年版,第 108 页。

⑦ 李学勤主编:《十三经注疏·论语注疏》,北京大学出版社 1999 年版,第 164 页。

⑧ (宋)程颐:《周易程氏传》,九州出版社 2011 年版,第 89 页。

有火",山下火光一片红,光明照耀映山野,象征文饰。程颐曰:"山者草木百物之所聚生也,火在其下而上照,庶类皆被其光明,为贲饰之象也。"①又"贲",《说文》谓:"饰也。"《经典释文》:"傅氏云:'贲,古班字。文章皃。'郑云:'有也,文饰之皃。'王肃:'符文反。云有文饰,黄白色。'"②又《序卦传》:"贲,饰也。"《杂卦传》:"贲,无色也。"再联系卦爻辞,可知《贲》卦阐释的是"文饰"之道。

　　《论语·雍也》曰:"质胜文则野,文胜质则史。文质彬彬,然后君子。"③可见古人在有"质"的前提下,还是十分重视"文"之作用的。"文"即"文饰"、"装饰"。《贲》卦辞言:"亨,小利有攸往。"是说在有"本"的前提下,作出一些文饰和打扮,是可致亨通的。程颐曰:"物有饰而后能亨,故曰无本不立,无文不行,有实而加饰,则可以亨矣。文饰之道,可增其光采,故能小利于进也。"④"小利有攸往",是说文饰要适可而止,不可过度。《贲》卦诸爻也说明了这一点:初九"舍车而徒",不尚文饰;六二"贲其须",但仍以实质为主;六三重视质实,不尚虚文,而有"永贞之吉";六四"白马翰如",崇尚淡雅,没有咎害;六五"束帛戋戋",以诚感人,又有文饰之礼,终获吉祥;上九"白贲,无咎",归于平淡,没有咎害。整体上看,《贲》卦揭示出的道理是:凡事要以实质为重,适当文饰可锦上添花。但文饰过度就会华而不实,甚至会跌入到象征剥落的《剥》卦之中。《序卦传》:"致饰然后亨,则尽矣,故受之以剥",这样就会导致只重外表,而远离其实,而有金玉其外,败絮其中的情形发生。王申子曰:"文盛则实必衰,苟专尚文,以往则流,故曰:'小利有攸往。'小者,谓不可太过以灭其质也。"⑤李士鉁亦指出:"阴主小,小不可以大也。至敬无文,大礼不饰,文饰之道固不可大用也。互震为往,离为光明,艮为止。文太繁则灭其质,华太盛则伤其根,光明而遇艮止,欲其文,不欲其过乎文也,故小利有攸往。"⑥

---

① (宋)程颐:《周易程氏传》,九州出版社 2011 年版,第 89 页。
② (唐)陆德明:《经典释文》,上海古籍出版社 1985 年版,第 89 页。
③ 陈晓芬、徐儒宗译注:《论语·大学·中庸》,中华书局 2012 年版,第 68 页。
④ (宋)程颐:《周易程氏传》,九州出版社 2011 年版,第 88 页。
⑤ (元)王申子、(元)雷思齐撰:《大易辑说·易图通变》,吉林出版集团有限责任公司 2005 年版,第 132 页。
⑥ (清)李士鉁:《周易注》,《续修四库全书》第 39 册,上海古籍出版社 2002 年版,第 38 页。

正是对于文饰过度的担心,《大象传》由《贲》卦推阐"君子以明庶政,无敢折狱"之旨,告诫执政者不可过于追求文饰,重形式而轻内容,贪图虚名,追求虚浮的政绩而大搞形式主义、面子工程,而要实事求是,认真负责,重视实效,多出一些经得起历史和人民考验的政绩。故程颐评价此语曰:"乃圣人之用心也,为戒深矣。"①具体说来,"君子以明庶政,无敢折狱"有两方面的意涵:

第一,"明庶政"。是说,执政者在处理政事时,不仅要实事求是、扎扎实实,勤勤恳恳、兢兢业业,尽心尽力、恪尽职守;而且还要注重调查研究,切实体察民情,了解民意,办实事、出实招、求实效,真正为人民解决问题。反之,一旦轻于内容,而重于形式,就会出现各种不实之风,如:工作中不认真调查研究,不了解实际情况,夸夸其谈,搞面子工程,作表面文章,搞形式主义;或贪图虚名,追求浮夸,不求实效;或只顾眼前,不顾长远;或好大喜功,弄虚作假。其结果则是劳民伤财,沽名钓誉,败坏风气,甚至失去民心,可谓是危害甚重,不可不慎。

第二,"无敢折狱"。这是针对诉讼、治狱而言的。《贲》卦☲,下卦为离为明,上卦为艮为止,上互卦为震为动,与《噬嗑》卦相似,亦有治狱之象;又《贲》卦下互卦为坎、为险、为难,同样象征治狱过程中会存在着艰难。治狱乃是"庶政"中的一种,这里特别强调"无敢折狱",可见《周易》对于刑法、诉讼的重视。"无敢折狱",告诫法官在判案过程中,不可随意判决案件;审理每一个案件都要以实情为依据,认真负责,明察秋毫;秉公执法,刚正不阿。在具体审判的过程中,要仔细审查,认真分析;不主观臆断、不偏听偏信;对每一份证据、每一个矛盾、每一个疑点,都要作出敏锐的判断和缜密的推论。这样才能公平、公正地判决案件,也才能弘扬司法正义,解决纠纷,打击邪恶,实现社会的和谐稳定。

三、"赦过宥罪"

惩处刑罚,能够惩治打击邪恶,打击犯罪,还能够预防违法犯罪;但其最终之目的却是为了教化人、规正人,促人反省,教人遵纪守法,立身行道。正是在

---

① (宋)程颐:《周易程氏传》,九州出版社 2011 年版,第 89 页。

这种仁民、爱民之心的观照下，《周易·解》卦提出对那些真心忏悔，接受教育改造，又能够改过迁善的违法犯罪者，给予适当宽大处理。

《解》卦《大象传》曰："雷雨作，解；君子以赦过宥罪。""赦"，犹言"赦免"、"免除"或"减轻刑罚"。如《尚书·胤征》引《政典》曰："先时者杀无赦，不及时者杀无赦。"①《说文》："赦，置也。"段玉裁注："赦与舍音义同，非专谓赦罪也，后舍行而赦废，赦专为赦罪矣。"《广韵》："赦，宥也。"《公羊传·昭公十九年》："赦止者，免止之罪辞也。"②"过"，指"错误"、"过失"，多指无心而为之。蔡沈注《尚书·大禹谟》"宥过无大"，曰："过者，不识而误犯也。"③"宥"，犹言"宽恕"、"原谅"、"赦免"。《说文》谓："宥，宽也。"徐铉曰："宽之而已，未全放也。"段玉裁注曰："贳罪曰宥。"《广雅》："宥，赦也。"又，韦昭注《国语·齐语》"君若宥而反之"，曰："宥，赦也。"④"罪"，指作恶、犯法的行为。孔颖达曰："赦谓放免，过谓误失，宥谓宽宥，罪谓故犯，过轻则赦，罪重则宥，皆解缓之义也。"⑤再联系《解》卦之旨，"君子以赦过宥罪"，即是说执法者对于无意犯过错而又能悔过的人给予适当赦免；对于违法犯罪又能悔过者给予适当宽大处理。

"赦过宥罪"是《大象传》对于《解》卦之旨的阐发。《解》卦☳☵，上震为雷，下坎为雨。《彖传》"天地解而雷雨作"，《大象传》"雷雨作"，有雷雨交作、旱情缓解之象，喻指缓解险难，来知德谓之曰："'雷雨交作'，天地以之解万物之屯。"⑥又《序卦传》"解者，缓也"，《说文》"解，判也"，可知"解"有散解、舒缓之义。孔颖达说："'解'者，险难解，释物情舒缓。"⑦《解》卦论述缓解险难之旨，六爻依次说明了排除险难的情况。仔细分析爻辞，不难发现一

---

① 王世舜、王翠叶译注：《尚书》，中华书局2012年版，第376页。
② 陈铁民等译注：《十三经·春秋公羊传》，三秦出版社2004年版，第1677页。
③ （宋）蔡沈注，钱宗武、钱忠弼整理：《书集传》，凤凰出版社2010年版，第23页。
④ （吴）韦昭注，明洁辑评，金良年导读，梁谷整理：《国语》，上海古籍出版社2008年版，第105页。
⑤ （魏）王弼、（晋）韩康伯注，（唐）孔颖达疏：《周易正义》，中国致公出版社2011年版，第167页。
⑥ （明）来知德：《来注易经图解》，中央编译出版社2010年版，第313页。
⑦ （魏）王弼、（晋）韩康伯注，（唐）孔颖达疏：《周易正义》，中国致公出版社2011年版，第167页。

个规律,即排除险难主要靠自己,靠自己修养德行,提高能力,立身行道,而不可过于依赖他人,亦即孟子所言:"行有不得者皆反求诸己。"①请看诸爻:初六"无咎",《象传》言:"义无咎也。"《坤》卦《文言传》言:"义以方外",可知"义"是内在德行的外化。又,《说文》谓"义"为"己之威仪也"。可见,正是自己处于"刚柔之际",无善无恶,德行无亏欠,患难不来,故无咎。九二"田获三狐,得黄矢;贞吉"。"田"为坤,喻指内心世界。"狐",王弼:"狐者,隐伏之物也。"②又《康熙字典》引《埤雅》曰:"狐性疑",象征内心不正之念。"黄"指中道,如《坤》卦《文言传》:"君子黄中通理。""矢"本指"箭",象征"正直"、"端正"。如《诗经·小雅·大东》:"周道如砥,其直如矢。"③《广雅》:"矢,直也。"又,王弼言:"黄,中之称。矢,直也。"④可知,"黄矢",犹言"正直、端正、正念"。此爻是说自己能反躬自省,及时发现不正的念头,并回归正念,险难自解,结果吉祥。故《象传》曰:"九二贞吉,得中道也。"王弼谓之曰:"田而获三狐,得乎理中之道,不失枉直之实,能全其正者也。"⑤九四"解而拇,朋至斯孚"。"而",孔颖达谓:"汝也。"⑥"拇",《经典释文》曰:"陆云'足大指'。"⑦"拇"位于身体最下端,又《咸》卦初六《象传》"咸其拇,志在外也",可知"拇"与"狐"相对,喻指外在之言行。"解而拇"即象征修正自己的言行,隐患消亡。"朋至斯孚",似《咸》卦九四之"朋从尔思",指朋友们受到感应,原谅自己,前来交往。九五"君子维有解,吉,有孚于小人"。九四力行改过,但行义未纯,仅得朋友之感应,《象传》谓之"未当位也",盖即此意。然六五以柔中居尊,下应九二,有君子之象。君子慎独自律,严格修身,德行深厚,感应来至,不但能

---

① 《孟子·离娄上》,方勇译注:《孟子》,中华书局 2012 年版,第 132 页。

② (魏)王弼、(晋)韩康伯注,(唐)孔颖达疏:《周易正义》,中国致公出版社 2011 年版,第 168 页。

③ 邓启铜注释、殷光熹审读:《诗经》,东南大学出版社 2010 年版,第 228 页。

④ (魏)王弼、(晋)韩康伯注,(唐)孔颖达疏:《周易正义》,中国致公出版社 2011 年版,第 168 页。

⑤ (魏)王弼、(晋)韩康伯注,(唐)孔颖达疏:《周易正义》,中国致公出版社 2011 年版,第 168 页。

⑥ (魏)王弼、(晋)韩康伯注,(唐)孔颖达疏:《周易正义》,中国致公出版社 2011 年版,第 169 页。

⑦ (唐)陆德明:《经典释文》,上海古籍出版社 1985 年版,第 103 页。

够化解险难,就连小人也受感化,敬畏而退,《象传》谓"小人退也"。上六"公用射隼于高墉之上,获之,无不利"。"隼",鸟名。"墉",《经典释文》曰:"马云'城也'。"①《系辞传》引孔子释曰:"隼者,禽也;弓矢者,器也;射之者,人也。君子藏器于身,待时而动。何不利之有。"这是说上六修炼本领,不触险难,相时而动,可取得成功,所谓"动而不括,是以出而有获,语成器而动者也"。《解》卦六爻中唯六三是反面设喻,其爻辞曰:"负且乘,致寇至,贞吝。"其他诸爻都指出须修养己德,立身行道以化解险难。而六三阴柔失正,乘凌九二,上无正应,有德行亏缺之象。德行亏缺,不但不能化解险难,还会自招祸患。《象传》谓之曰:"自我致戎,又谁咎也。"《系辞传》中孔子评价曰:"慢藏诲盗,冶容诲淫","盗之招也"。王弼曰:"寇之来也,自己所致。"②修养己德,方能从根本上排除险难,卦辞也同样说明了这一点。其曰:"利西南,无所往,其来复吉。有攸往,夙吉。"这里有两个"吉"字,指结果吉祥。而其前提分别是"来复"和"夙"。"来复"又见于《复》卦"七日来《复》",复卦《象传》释之曰:"其来复吉,乃得中也",是指回归中正之道。又《复》卦初九《象传》曰:"不远之复,以修身也。"此说明,"来复"乃是修养己德,回归正道之义。"夙",通"速",犹言"迅速",又如《诗经·卫风·硕人》:"大夫夙退,无使君劳。"③焦循说:"凡事早则速,速、夙音义皆通。"④"夙吉"中间似是省略了"复"字,其含义应是"夙复吉"。《象传》进一步推阐曰:"有攸往夙吉,往有功也。"是说外出行事,碰到险难,能够迅速回归正道,可化解险难,结果成功、吉祥。另外,解的覆卦为蹇,《蹇》卦《大象传》言"反身修德",亦证明解除险难须反躬自省,立身修德。

据上所考,《解》卦通过正反两方面的阐述,说明消除、舒解险难主要靠自己。自己能够反躬自省,遵纪守法,立身行道,自然可以化解过恶,避免祸患。正是基于这种理解,《大象传》指出要"赦过宥罪",提醒执法者对于有过恶,但

---

① (唐)陆德明:《经典释文》,上海古籍出版社 1985 年版,第 103 页。

② (魏)王弼、(晋)韩康伯注,(唐)孔颖达疏:《周易正义》,中国致公出版社 2011 年版,第 168 页。

③ 邓启铜注释,殷光熹审读:《诗经》,东南大学出版社 2010 年版,第 55 页。

④ (清)焦循:《周易补疏》,《续修四库全书》第 27 册,上海古籍出版社 2002 年版,第 548 页。

又能诚心忏悔、迁善改过者,给予宽大处理。在日常生活和工作中,每个人都有可能犯错误,甚至有的人还会违法乱纪,为非作歹。面对过恶者,特别是有意为之者,身居要位者要明白,如果无原则地宽容,不及时惩处,就会姑息养奸,造成更大的过恶。但俗话又说"坦白从宽,抗拒从严",一方面,若当事者特别是无心为之者,认识到错误,能够悔过自新,却又大加惩罚的话,则不免会引发怨恨情绪,不利于社会的团结稳定。执法者须知,惩罚仅仅是手段,而不是目的。惩罚是为了教育人、挽救人、归正人,为了让当事者认识到自己的过恶,起悔过之心,尽快修正自己的行为,迁善改过。另一方面,过恶的发生并不是一个单纯的事件,其背后隐藏着当事者相应的思想、心理和意念。从这个意义上讲,"赦过宥罪"并不是为求苟安,而无原则的纵容和妥协,而是有前提的,这个前提就是当事者能够进行深刻的检讨、反省和悔过,并及时改正错误,承担责任,立下改过迁善的决心。而忏悔、悔过恰是从修正内心下手,也正是自我修养的开始,"解铃还须系铃人",按照《解》卦主旨,这才是真正化解过恶的根本之道。基于此,"赦过宥罪"还要与教育紧密结合起来。对于犯过恶者,要给予严肃的教育和相应的惩处,一旦当事者认识错误、真诚忏悔并承担责任,改正行为,就可以考虑给予适当的宽大处理。反之,若不从心灵和思想深处入手,不加教育和矫正,不从根本上引导当事者悔过自新,只对之大加刑罚,其结果则可能是"刑罚不足以畏其意,杀戮不足以服其心……刑罚繁而意不恐……杀戮众而心不服"[1],"刑罚不足以移风,杀戮不足以禁奸"[2],"严刑不能禁,峻法不能止"[3],是难以从根本上解决问题的。

四、"折狱致刑"

儒家传统素有君子、小人之分。就德性而言,君子是指能够积极修养德行,言行合乎道义,品格高尚之人,如《乾》卦之君子"终日乾乾","反复其道";又如《丰》卦之君王,与天地合其德,始终保持正大光明之德,即"王假之,尚大也"。小人则是指德行鄙陋、恣意妄为之人,《系辞传》谓之曰:"小人不耻

---

① 黎翔凤撰,梁运华整理:《管子校注》,中华书局2011年版,第13页。
② 《淮南子·主术训》,(汉)刘安、陈广忠译注:《淮南子》,中华书局2012年版,第423页。
③ (汉)桓宽著,王利器校注:《盐铁论校注》(增订本),天津古籍出版社1983年版,第608页。

不仁,不畏不义,不见利不劝,不威不惩。"君子戒慎敬惧,"终日乾乾",犹恐德之不修,业之不广。小人则反是,他们"以小善为无益,而弗为也,以小恶为无伤,而弗去也",其结果则很有可能是"恶积而不可掩,罪大而不可解",而致凶祸临身。正是基于这样的担忧,有德有位之君子,给予不服教化、违法犯罪之小人以刑罚惩戒,以促其尽快回归正道,《系辞传》谓之曰:"小惩而大诫,此小人之福也。"这一思想在言狱讼之事的诸卦中皆有表达,并集中体现于《丰》卦之中。

《丰》卦《大象传》曰:"雷电皆至,丰;君子以折狱致刑。""折狱",指"断案"、"审判狱讼"。"致",犹言"施行",又如《尚书·多士》:"将天明威,致王罚。"[①]"致刑",即"动用刑罚"、"实行刑罚"。"折狱致刑"是说,对违法犯罪者进行审判,并动用惩处,甚至刑罚。

"折狱致刑"取象于《丰》卦。《丰》卦䷶,上震为雷,下离为电;"雷电皆至",电闪雷鸣,象征丰大。孔颖达曰:"雷者,天之威动,电者,天之光耀。雷电俱至,则威明备,足以为丰也。"[②]丰,有丰盛、多、大之义。《说文》:"豆之丰满者也。"《广韵》:"茂也,盛也。"《玉篇》:"大也。"《广韵》:"多也。"扬雄《方言》:"凡物之大貌曰丰。"[③]陆德明《经典释文》曰:"丰,是腆厚光大之义。郑云'丰之言倜,充满意也'。"[④]孔颖达:"《彖》及《序卦》皆以'大'训'丰'也,然则丰者,多大之名,盈足之义,财多德大,故谓之为丰。"[⑤]

丰,指丰大。但天地变动不居,事物盛衰无常:"日中则昃,月盈则食,天地盈虚,与时消息,而况于人乎? 况于鬼神乎?"想要长久保持丰而不衰并非易事,须有持盈保泰之道方可。《丰》卦因此立意,阐发处丰之道,指出想要保持丰而不衰,须恒常保持中正之德行。卦辞曰:"亨,王假之;勿忧,宜日中。"

① 王世舜、王翠叶译注:《尚书》,中华书局2012年版,第243页。
② (魏)王弼、(晋)韩康伯注,(唐)孔颖达疏:《周易正义》,中国致公出版社2011年版,第219页。
③ (汉)扬雄著,(清)戴震疏证:《方言疏证》,《小学名著六种》,中华书局1998年版,第4—5页。
④ (唐)陆德明:《经典释文》,上海古籍出版社1985年版,第114页。
⑤ (魏)王弼、(晋)韩康伯注,(唐)孔颖达疏:《周易正义》,中国致公出版社2011年版,第218页。

"假",犹言"大",《象传》:"'王假之',尚大也。"《尔雅·释诂》:"假,大也。"
又,孔颖达训"假"为"至也"①,于意亦通,可备一说。"日中",象征内心光明,
喻指德行中正。李士鉁曰:"日之方中,幽隐毕照,不为阴暗小人之所蒙蔽,则
无忧矣……中者,不可过之谓也,日过则昃,阳过则阴,故圣人保泰持盈只有一
中。"②刘沅指出:"人之心,犹天之日也,日中明乃益盛,保丰者宜顾諟缉熙,常
使心如日中,普照四方,则丰可久丰矣。"③卦辞是说,君王福庆丰盈盛大、亨
通。不必忧虑担心,但要保持德行之中正。孔颖达谓之曰:"丰亨之道,王之
所尚,非有王者之德,不能至之。"④然而,要做到"宜日中"、德行中正之态,也
并非易事。《丰》卦䷶,六爻主以"日"为象,说明了这一点:初九"遇其配主"、
六二"日中见斗"、九三"日中见昧"、九四"日中见斗"、上六"蔀其家",皆有日
不处中之象,喻指德行不中正。唯有六五"来章",德行光明彰显,获有庆之
吉。正是认识到中正之不易,《象传》因象立意,联系人事,训诫保丰之道:初
六须适可而止,不可"过旬";六二须"有孚发若",诚心正意;九三须慎守己身,
"不可大事也","终不可用也";九四须"遇其夷主",得名师指点,恒守正道;
上六须群龙无首,"天际翔也","自藏也"。据此可知,《丰》卦全卦充满了居
安思危的忧患意识,各爻着眼于时位,指出克服自己之缺点和不足的办法,谦
恭谨慎,兢兢业业,修养己德,以保住丰大之成果。

　　《大象传》由全力修养己德立意,领悟"折狱致刑"之道。君子终日乾乾,
自强不息,犹恐道之不修,德之不逮。而小人却是"不耻不仁,不畏不义,不见
利不劝,不威不惩","以小恶为无伤,而弗去也",更遑论"无所不用其极"⑤地
修养道德了。对此,君子深感忧虑,不得已采用"折狱致刑"之道,"小惩而大
诫"以警示之,使之归于正道,而得平安之人生,可谓是仁心备至矣!具体而
言,"折狱致刑"有三个方面的意涵:

① (魏)王弼、(晋)韩康伯注,(唐)孔颖达疏:《周易正义》,中国致公出版社2011年版,第218页。
② (清)李士鉁:《周易注》,《续修四库全书》第39册,上海古籍出版社2002年版,第93页。
③ (清)刘沅:《周易恒解》,《续修四库全书》第26册,上海古籍出版社2002年版,第138页。
④ (魏)王弼、(晋)韩康伯注,(唐)孔颖达疏:《周易正义》,中国致公出版社2011年版,第218页。
⑤ 陈晓芬、徐儒宗译注:《论语·大学·中庸》,中华书局2012年版,第254页。

第一，动用法律法规来制裁违法乱纪者，促使之尽快回归正道。"夫刑罚者，治乱之药石也。"①法律、刑罚虽有"兴功惧暴"②、"定分止争"③、"刑以防其奸"④之效，但"是药三分毒"，实在是不得已而为之。当位执政者，既需对人民"道之以德，齐之以礼"⑤，先有"作乐崇德"、"振民育德"之教化，教人自我约束，修养道德，用正确的思想指导言行，又要有《噬嗑》卦"明罚敕法"之警醒，告诫民众遵纪守法，诸恶莫作，使民知畏知惧。"夫礼禁未然之前，法施已然之后。"⑥在道德规范强力之教化下，若仍有人冥顽不灵，顽固不化，不听教育和劝说，违法犯罪，则须动用法律的权威性和强制性，给予制裁，以"禁奸止过"⑦，并动用惩处和刑罚，促其深刻反省和忏悔，改过迁善，尽快回归正道。亦如《周礼·地官司徒第二》所言："凡万民之不服教而有狱讼者，与有地治者听而断之。"⑧

第二，动用刑罚时，须公平公正。《丰》卦☳☲，上卦为震，象征法律的强制和威严；下卦为离，喻指审判要光明正大。上互卦为兑，指明辨是非；下互卦为巽，喻明察秋毫。这是说，在动用刑罚前，审判人员须仔细、严谨审视和研究，多方取证，用心辨析，查明事实真相，作出公平公正的判断。孔颖达谓之曰："断决狱讼，须得虚实之情；致用刑罚，必得轻重之中。若动而不明，则淫滥斯及，故君子象于此卦而折狱致刑。"⑨朱子亦指出："《丰》威在上，明在下，是用这法时，须是明见下情曲折，方得，不然，威动于上，必有过错也，故云'折狱致刑'。此是伊川之意，其说极好。"⑩

---

① 参见《后汉书·崔骃列传》所引崔寔所著之《政论》，（南朝宋）范晔、（西晋）司马彪撰，陈焕良、李传书标点：《后汉书》，岳麓书社 2008 年版，第 627 页。

② 《管子·七臣七主》，黎翔凤撰，梁运华整理：《管子校注》，中华书局 2011 年版，第 998 页。

③ 《管子·七臣七主》，黎翔凤撰，梁运华整理：《管子校注》，中华书局 2011 年版，第 998 页。

④ 《礼记·乐记》，刘波、王川注释：《礼记》，东南大学出版社 2010 年版，第 231 页。

⑤ 《论语·为政》，陈晓芬、徐儒宗译注：《论语·大学·中庸》，中华书局 2012 年版，第 16 页。

⑥ 《史记·太史公自序》，（汉）司马迁著，韩兆琦译注：《史记》，中华书局 2012 年版，第 7664 页。

⑦ 《商君书·赏刑》，石磊译注：《商君书》，中华书局 2011 年版，第 124 页。

⑧ 陈铁民等译注：《十三经·周礼》，三秦出版社 2004 年版，第 434 页。

⑨ （魏）王弼、（晋）韩康伯注，（唐）孔颖达疏：《周易正义》，中国致公出版社 2011 年版，第 219 页。

⑩ （宋）黎靖德：《朱子语类》，中华书局 1986 年版，第 1780—1781 页。

第三,惩罚与教育并用,以促使违法犯罪者尽快改过迁善。《丰》卦☳,上互卦为兑,兑为口舌,为讲演,可象征教育;下互体卦为巽,巽为风,为善入,可象征文化。合起来看,即是教育和文化。按照儒家"人性善"的观点,小人虽违法犯罪,但其本性还是善的,只是因为其善端被私欲和恶念蒙蔽住了。故《丰》卦言惩处,言威严,言震动,言光明,无非是想通过严明正大的惩处以振动出其本有的善端。在这个过程中,《丰》卦还以互体卦的形式启示执政者,须要对这些人进行大体量的教育和训化,用古圣先贤的思想和道德法律,去教导他们,感化他们,教之知善恶,辨荣辱,明事理,建立正确、健康的世界观、人生观和价值观,引发出他们本有的善端,使之逐步生根发芽,发展壮大,从而改过迁善,重新做人。

五、"明慎用刑而不留狱"

人生如旅,人似是寄居于天地之间的匆匆过客,《尸子》引老莱子曰:"人生于天地之间,寄也。"[①]在人生之旅中,有行旅之道,曰法律法规,曰伦理道德。《尸子》引舜云:"从道必吉,反道必凶。如影如响。"[②]《尚书·大禹谟》载禹曰:"惠迪吉,从逆凶,惟影响。"[③]圣人反复叮咛,万般嘱咐,无非是告诫人们务要修身养德,立身行道,以获得健康平安之人生。然就是有人,不能克己自律,而违法乱纪,误入歧途,自取其辱,殒身害命。圣人本于仁爱之心,好生之德,不得已采用狱讼刑罚之道,以惩戒之,教导之,震动其心,以促使之尽快回归正道。这一思想,亦详备于《旅》卦。下文述之。

《旅》卦《大象传》曰:"山上有火,旅;君子以明慎用刑,而不留狱。""明慎",犹言"明察谨慎"。"留",犹言"停留"、"停滞"、"拖延"。《说文》:

---

① (战国)尸佼撰,颜玉科整理,朱维铮审阅:《尸子》,《传世藏书·子库·诸子1》,海南国际新闻出版中心1996年版,第1108页。

② (战国)尸佼撰,颜玉科整理,朱维铮审阅:《尸子》,《传世藏书·子库·诸子1》,海南国际新闻出版中心1996年版,第1099页。

③ 孔安国注曰:"迪,道也。顺道吉,从逆凶,吉凶之报若影之随形、响之应声,言不虚。"[参见(汉)孔安国传、(唐)孔颖达正义、黄怀信整理:《尚书正义》,上海古籍出版社2012年版,第125页。]蔡沈亦曰:"惠,顺。迪,道也。逆,反道者也。"[参见(宋)蔡沈注,钱宗武、钱忠弼整理:《书集传》,凤凰出版社2010年版,第21页。]是说,遵守正道行事的,结果吉祥;违背正道的,就会产生灾祸。如影随形,响之应声,丝毫不爽。

"留,止也。"《尔雅》:"留,久也。""留狱",即"拖延狱讼"。"君子以明慎用刑,而不留狱",是说有德有位的君子,须明察谨慎地进行审判,动用刑罚,对于狱讼不拖延、不搁置。孔颖达谓之曰:"静止明察,审慎用刑,而不稽留狱讼。"①

"明慎用刑,而不留狱"取意于《旅》卦。《旅》卦䷷,上卦为离为火,下卦为艮为山。山上有火,火顺山势而蔓延,有行旅而过之象。《周易集解》引侯果曰:"火在山上,势非长久,旅之象也。"②旅,喻指"旅居"、"旅人"。孔颖达曰:"旅者,客寄之名,羁旅之称,失其本居,而寄他方,谓之为旅。"③李士鉁说:"艮之止,似馆舍;火之动,似行人。逆旅有定,过客无常,所谓旅也。"④

《旅》卦阐述外出行旅之道。古代交通不便,外出艰难,关山迢递,音信难通,旅途中不免有寥落和孤寂之感。如张衡《思玄赋》"顿羁旅而无友兮,余安能乎留兹",李白《静夜思》"举头望明月,低头思故乡",王维《渭城曲》"劝君更尽一杯酒,西出阳关无故人",温庭筠《商山早行》"晨起动征铎,客行悲故乡。鸡声茅店月,人迹板桥霜",都道出了旅人漂泊无定,离多聚少的惆怅之感,以及对家乡、亲人的眷恋和思念之情。更重要的是,客居他乡,远离故土,举目无亲,万事皆要小心,为人处世更须谦虚谨慎。或许正是基于这样的考虑,《周易》设一《旅》卦,告人以处"旅"之道。

《旅》卦辞曰:"小亨,旅贞吉。""小",犹言"低微"。《说文》:"物之微也。"《玉篇》:"细也。"这里指"谦和"、"柔顺",《周易集解》引虞翻曰:"小谓柔。"⑤"贞"者,正也,表示正道。卦辞指出,出门在外,行旅之时,凡事须以谦和柔顺、持中守正为本。修身养德,立身行道,如此方可远离咎害,获得吉祥。王宗传曰:"旅道以柔顺谦下为本。"⑥《御纂周易折中》引徐几曰:"旅贵柔顺

---

① (魏)王弼、(晋)韩康伯注,(唐)孔颖达疏:《周易正义》,中国致公出版社 2011 年版,第 223 页。
② (唐)李鼎祚:《周易集解》,中央编译出版社 2011 年版,第 203 页。
③ (魏)王弼、(晋)韩康伯注,(唐)孔颖达疏:《周易正义》,中国致公出版社 2011 年版,第 222 页。
④ (清)李士鉁:《周易注》,《续修四库全书》第 39 册,上海古籍出版社 2002 年版,第 95 页。
⑤ (唐)李鼎祚:《周易集解》,中央编译出版社 2011 年版,第 202 页。
⑥ (宋)王宗传:《童溪易传》,吉林出版集团有限责任公司 2005 年版,第 300 页。

中正。"①刘沅说:"旅人,亲寡。故不可以自大,小其心以自敛,卑其身以自防,则亨,故曰'小亨'也。"②《旅》卦中诸爻也进一步说明了这一点:初六"旅琐琐",心志卑下,行为猥琐,自取灾祸。《御纂周易折中》引谷家杰曰:"爻贱其行,象鄙其志。"③六二"得童仆,贞",柔中居正,持守正道,没有咎害。《御纂周易折中》引赵玉泉曰:"二处旅而有柔顺中正之德,则内不失己,而己无不安,外不失人,而人无不与。"④九三以刚居刚,上无正应,处于旅中不能柔和谦下,阳刚亢盛,而致"焚次",有"丧童仆"之灾。《重定周易费氏学》引晏斯盛曰:"旅,小亨,惟柔得之。三刚不中,是不能安于旅者。"⑤九四"旅于处",心性未修,定力不足,虽有栖身之所,但内心自卑,有所不快。蒋悌生说:"九四虽得其处,姑足以安其身而已。"⑥六五以柔居中,又处于上离之中,有柔顺谦和,持守正道之象,卦辞以"射雉,一矢亡"为喻,说明其德才兼备,合乎处旅之正道,而"终以誉命"。刘沅谓之曰:"当羁旅之时,才足自见,不患其不遇,合故为射雉一矢而亡之,有能如此,虽在羁旅,终以此得誉命也。"⑦上九阳刚高亢,下无正应。虽暂处于高位,而有"先笑"之欢;但不能谦和谨慎,处旅失道,而终有"号咷"之凶。王弼指出:"客旅得上位,故先笑也。以旅而处于上极,众之所嫉也。以不亲之身而当被害之地,必凶之道也,故曰'后号啕'。"⑧通览《旅》卦中六爻,但凡柔顺谦和、持守中道者,结果吉祥。而自甘下流,不能自爱自强者,则有致辱之患。自高自大、恃才傲物者,亦不免凶咎。不守正道,违法乱纪,则有灾祸临身。蒋悌生谓之曰:"凡卦爻阳刚皆胜阴柔,惟旅卦不然。二、五皆以柔顺得吉,三、上皆以阳刚致凶。盖人无楼身之地,不得已而依

---

① (清)李光地:《御纂周易折中》,中央编译出版社 2011 年版,第 257 页。
② (清)刘沅:《周易恒解》,《续修四库全书》第 26 册,上海古籍出版社 2002 年版,第 140 页。
③ (清)李光地:《御纂周易折中》,中央编译出版社 2011 年版,第 448 页。
④ (清)李光地:《御纂周易折中》,中央编译出版社 2011 年版,第 256 页。
⑤ 马其昶:《重定周易费氏学》,《续修四库全书》第 40 册,上海古籍出版社 2002 年版,第 462 页。
⑥ (明)蒋悌生:《五经蠡测》,景印文渊阁《四库全书》第 184 册,台湾商务印书馆 1986 年版,第 453 页。
⑦ (清)刘沅:《周易恒解》,《续修四库全书》第 26 册,上海古籍出版社 2002 年版,第 141 页。
⑧ (魏)王弼、(晋)韩康伯注,(唐)孔颖达疏:《周易正义》,中国致公出版社 2011 年版,第 224 页。

于他人,岂得恃其刚明?"①范文正公亦评价说:"夫旅人之志,卑则自辱,高则见嫉,能执其中,可谓智矣。是故初琐琐而四不快者,以其处二体之下,卑以自辱者也。三焚次而上焚巢者,以其据二体之上,高而见嫉者也。二怀资而五誉命者,柔而不失其中者也。君子旅之时也,道其然乎!"②

《旅》卦爻辞阐发"行旅"之道,《大象传》却言"明慎用刑,而不留狱",似乎并不相关,但仔细分析卦象及卦爻辞,则可见其中之理致:

第一,"明慎用刑,而不留狱"的目的在于惩恶扬善,使违法犯罪分子返归正道。上文谈及行旅之道,然从广义上来看,人生何尝不是一场"行旅"呢!屈原《离骚》言:"路漫漫其修远兮,吾将上下而求索"③,道出了人生之旅的遥远和漫长,值得自己倾心去追求和探索。李白《春夜宴从弟桃李园序》称:"夫天地者,万物之逆旅也;光阴者,百代之过客也。而浮生若梦,为欢几何?"④是说,天地自然是万物行旅之旅舍,时间光阴则是淙淙而流的过客。人生如浮泛之旅,又似梦境一般,能有几多欢乐呢? 静心而思,人生确似一场行旅,诚所谓"人生天地间,忽如远行客"⑤。从空间上看,人生移步换景,到不同的地方,接触不同的人,变换不同的场景;从时间上看,自其长者而观之,岁月无限,自其短者而言,则又是"人生天地之间,若白驹之过隙,忽然而已"⑥。可以说,人从一出生,就开始了他的人生之旅,一直到逝世,这段旅程才结束。然查《旅》卦诸爻辞,走好这段人生之旅,却并非易事:初六有灾患,九三有危险,九四有不快,上九有凶险;就连处于中位的六二也仅得"无尤"而已。诚如上文所言,这些灾患、危险是不守行旅之道,而自己招致的。全卦惟有六五终获得吉祥,但也是时常戒慎恐惧,终日乾乾不息,方才有此好的结果。可以说,人生之旅,藏有不少的考验和试探、引诱和迷惑。人一旦放松警惕,就可能误入歧途,失足不能自拔,而有终身之恨。对此,有德有位者深感忧虑,夙夜在公,尽可能地教

---

① (明)蒋悌生:《五经蠡测》,景印文渊阁《四库全书》第184册,台湾商务印书馆1986年版,第453页。
② (宋)范仲淹著,李勇先、王蓉贵校点:《范仲淹全集》,四川大学出版社2002年版,第150页。
③ 林家骊译注:《楚辞》,中华书局2012年版,第19页。
④ 朱炯远选注:《千古美文》,上海文化出版社2000年版,第40页。
⑤ 杨效知:《古诗十九首鉴赏》,兰州大学出版社1992年版,第1页。
⑥ 《庄子·知北游》,方勇译注:《庄子》,中华书局2012年版,第366页。

化民众,申明法令,教之恒守正念,遵纪守法,立身行道,以获安康之人生。若仍有人不守人生行旅之正道,无奈之下,才动用狱讼刑罚,"小惩大诫",以强制的手段震动之、教化之,促其尽快归于正道。在执行过程中,又突出"明慎"和"不留狱"的原则,以达到惩戒的公正性和及时性,可谓是爱民心切、用心良苦。

第二,"明慎用刑,而不留狱",要求执法者慎用刑狱,而一旦需要动用就要查明真相,及时处理。此义取于《旅》之卦象"山上有火"。《旅》卦☲☶,上卦为离卦,火光明亮,程颐谓:"火之在高,明无不照"①,象征光明。又山上之火,燃烧迅速,《周易集解》引侯果曰:"火在山上,势非长久,旅之象也。"②据此可知,离象喻指光明和迅速。下卦为艮,为不动之山,象征沉稳。下互体卦为巽,为入,象征明察秋毫。上互体卦为兑,为口,象征明辨是非。《大象传》联系人事,比类此象,提出"明慎用刑,而不留狱"的治狱之道。"明慎用刑",是说审判狱讼之事须以明察、谨慎为原则,多方调查、取证,仔细分析、研究,审慎、公正判断,以极尽可能地减少冤假错案的发生,实现刑狱的公平和正义。张英谓之曰:"犴狴桎梏,淹滞拘留,或为无辜之株连,或为老弱之累系,动经岁时,宜仁人君子隐恻于此。然非至明至慎,亦不敢轻言决狱。能明慎而不留狱,斯可谓祥刑矣。"③《周易孔义集说》引张中溪指出:"明无遁情,慎无滥罚。"④狱讼刑罚之用,事关重大,一旦误判,轻则致人名誉受损,声名狼藉;重则残身害命,不可挽回。《周易》提出"明慎用刑",实在是着眼长远,亦是以人为本的重要体现。"不留狱",则是要发挥刑狱惩处的有效性和及时性。在当事人过恶发生后,要高效、迅速地进行调查和审判。在"明慎"的前提下,一旦查明真相,就要尽快处理,给予其应得的惩处和刑罚。如此,才能有效发挥刑狱的惩戒和威慑作用,也才会有好的教育效果,诚如意大利法学家切萨雷·贝卡利亚所

---

① (宋)程颐:《周易程氏传》,九州出版社 2011 年版,第 227 页。
② (唐)李鼎祚:《周易集解》,中央编译出版社 2011 年版,第 203 页。
③ (清)张英:《易经衷论》,景印文渊阁《四库全书》第 44 册,台湾商务印书馆 1986 年版,第632 页。
④ (清)沈起元:《周易孔义集说》,景印文渊阁《四库全书》第 50 册,台湾商务印书馆 1986 年版,第 413 页。

言："惩罚犯罪的刑罚越是迅速和及时,就越是公正和有益。"①

六、"议狱缓死"

《周易·中孚》卦认为,法官判案一定要遵纪守法,严肃谨慎,一丝不苟。务必要认真对待每一份证据,仔细分析每一个疑点,妥善处理每一个案件,切不可疏忽大意、贪赃枉法、草菅人命。只有这样才能对得起国家,对得起人民,对得起自己,对得起历史,也才能保证法律的公平正义。

《中孚》卦《大象传》曰:"泽上有风,中孚;君子以议狱缓死。""议",犹言"讨论"、"商量"。《说文》:"语也"。徐锴曰:"定事之宜也。"《广雅》:"言也,谋也。"《广韵》:"评也。"《洪武正韵》:"谋议。"②又说:"议,谋也,评也,择也,谪也。"③按"谪"古通"商",犹言"商量"。"狱"指"狱讼"、"讼案"。"缓",即"延缓"、"缓慢"。《说文》:"绰也。""绰"即"宽缓",如《诗经·卫风·淇奥》:"宽兮绰兮。"④《玉篇》:"缓,迟缓也。"《广韵》:"缓,舒也。""死",本义为"死亡",这里指"死刑"。《说文》谓:"民之卒事也。"《庄子·知北游》:"人之生,气之聚也;聚则为生,散则为死。"⑤《列子·天瑞》:"死者,人之终也。"⑥"君子以议狱缓死",是说执法者要认真仔细审议、评判、商讨,以判决狱讼之事,对于死刑的判决和执行,要慎之又慎。有疑点的宁可迟缓一些,也要查明真相后再做定夺。

"议狱缓死"取象于《中孚》卦。《中孚》卦☴,上卦为巽为风,下卦为兑为泽。通观六爻,中间两爻为阴爻,其他四爻为阳爻,有内空虚而外充实之象。刘沅谓之曰:"为卦二阴在内,四阳在外,而二、五之阳皆得中。以二体言,为中实;以六爻言,为中虚。中虚则无私,中实则无妄。无私心而当于天理至诚

---

① [意]切萨雷·贝卡利亚:《论犯罪与刑罚》,黄风译,中国法制出版社 2002 年版,第 65 页。

② (明)宋濂撰,(明)杨时伟补笺:《洪武正韵》,《四库全书存目丛书》经部第 207 册,齐鲁书社 1997 年版,第 41 页。

③ (明)宋濂撰,(明)杨时伟补笺:《洪武正韵》,《四库全书存目丛书》经部第 207 册,齐鲁书社 1997 年版,第 221 页。

④ 邓启铜注释,殷光熹审读:《诗经》,东南大学出版社 2010 年版,第 53 页。

⑤ 方勇译注:《庄子》,中华书局 2012 年版,第 359 页。

⑥ 叶蓓卿译注:《列子》,中华书局 2012 年版,第 14 页。

相契,故曰中孚。"①

　　"中孚",《易传》释为"信",又《说文》:"信,诚也。""信"与"诚"是儒家德行修养的上乘境界,故《乾》卦《文言传》言:"忠信所以进德也。""忠",《六书精蕴》释为:"竭诚也。"郑玄笺《诗经·邶风·北门》"已焉哉,天实为之,谓之何哉",云:"诗人事君无二志,故自决归之于天。我勤身以事君,何哉? 忠之至。"②可知,"忠"指"无二志"、心志专一之状态。此外,"忠"亦有"真实不欺"、"无私"之义。《增韵》:"内尽其心,而不欺也。"《广韵》:"无私也。"《左传·成公九年》:"无私,忠也。"③又,第二章已经分析过,"中孚"是指"大信"。从卦象上看,"中孚"中间空虚,喻指心中不着一物,象征心量广大,心定神一,没有私欲,而能达到至诚、"大信"的状态。曾文正公曰:"人必中虚,不着一物,而后能真实无妄。盖实者,不欺之谓也……不欺者,心无私着也;无私着者,至虚者也。是故天下之至诚,天下之至虚者也。"④据上所考,德行修养就是要达到"忠信"、"中孚"之状态,亦即全心全意、专一、"大信"、无私之状态。

　　《中孚》诸爻详阐致诚之道,指出无私心邪欲,内心专一,专心致志,修身立德,方能达到至诚之境。反之,若三心二意,见异思迁,或有私心杂念,则与"大信"无缘。请看诸爻:初九"虞吉,有它不燕","虞"犹言"安定",《象传》言"志未变也",告诫人们要心志安定,制心一处,修身存诚,可获吉祥。九二以"鸣鹤在阴,其子和之"为喻,指出内心果真竭诚,并加以积累,则感应自至,《象传》谓之"中心愿也"。六三以"或鼓或罢,或泣或歌"为象,喻指诚心不足、三心二意、言行不能专一之人,王弼谓之曰:"不量其力,进退无恒,忿可知也。"⑤《周易会通》引刘牧曰:"人惟信不足,故言行之间,变动不常如此。"⑥这样,则徒劳无益,难以至诚,感应不至。六四以"马匹亡"为喻,象征专心致志,

---

① (清)刘沅:《周易恒解》,《续修四库全书》第26册,上海古籍出版社2002年版,第151页。
② 李学勤主编:《十三经注疏·毛诗正义》,北京大学出版社1999年版,第169页。
③ 陈铁民等译注:《十三经·春秋左传》,三秦出版社2004年版,第1228页。
④ (清)曾国藩著,李瀚章编撰,李鸿章校刊:《曾文正公全集》(第一册),线装书局2012年版,第247页。
⑤ (魏)王弼、(晋)韩康伯注,(唐)孔颖达疏:《周易正义》,中国致公出版社2011年版,第237页。
⑥ (元)董真卿:《周易会通》,吉林出版集团有限责任公司2005年版,第431页。

不顾他事，合乎修诚之道。九五居中守正，"有孚挛如"，德行大修，达到至诚之境。胡瑗谓之曰："九五居至尊之位，履正处中也。夫居尊而有中正之德，是有至诚至信之心。"①上九居于《中孚》卦终，以"翰音登于天"为象，喻指不能持盈保泰，而致信德消丧。王弼谓之曰："居卦之上，处信之终，信终则衰，忠笃内丧。"②

《中孚》卦言修信立诚之道，然《大象传》何以推阐出"君子以议狱缓死"之理？

凡人修养须以尽心致诚为宗，对于社会管理而言，凡事亦皆须尽心尽力，认真负责，审判狱讼尤须如此。诚如程颐所言："君子之于议狱，尽其忠而已；于决死，极于恻而已……于天下之事，无所不尽其忠，而议狱缓死，最其大者也。"③审判狱讼必须谨而又谨，慎而又慎。因为冤假错案一旦发生，刑罚一旦动用，即便后来查明真相，作出改判，当事人身体和精神上受到的损害和创伤已经难以弥补了。更为严重的是，死刑一旦执行，就更难以挽回。《礼记·王制》言："刑者，侀也。侀者，成也，一成而不可变，故君子尽心焉。"孔颖达疏曰："容貌一成之后，若以刀锯凿之，断者不可续，死者不可生，故云'不可变'。"④这进一步说明，刑狱一旦误判，就难以弥补，故狱讼之道要"尽心焉"。"尽心焉"，犹言"尽心竭诚"、"全力以赴"，亦即"中孚"也。因此，《大象传》告诫有位之君子须效法中孚至诚之道，竭尽全力、小心慎重地评判狱讼，其具体的方法就是"议狱缓死"。

如前文所述，"议狱"是仔细审议、评判、商讨以判决狱讼之事，其实质乃是一种法官会审制度。"会审"，顾名思义，是指会同各方人士，共同讨论、研究、审理案件，亦如巩富文先生所言："是指中国古代对某些重大、疑难或特殊类型的案件，采取由若干法官会同审理的一种审判组织制度。"⑤会审制度起

---

① （宋）倪天隐述其师胡瑗之说：《周易口义》，吉林出版集团有限责任公司 2005 年版，第275 页。

② （魏）王弼、（晋）韩康伯注，（唐）孔颖达疏：《周易正义》，中国致公出版社 2011 年版，第238 页。

③ （宋）程颐：《周易程氏传》，九州出版社 2011 年版，第 244 页。

④ （汉）郑玄注，（唐）孔颖达正义：《礼记正义》，上海古籍出版社 2011 年版，第 560 页。

⑤ 巩富文：《中国古代法官会审制度》，《史学月刊》1992 年第 6 期。

源很早,据巩富文先生考证,"早在西周时期就已经有了法官会审的制度"①。查诸典籍,于史有证。《周礼·秋官·小司寇》就载有审判庶民狱讼的"三刺"会审制度,其曰:"以三刺断庶民狱讼之中:一曰讯群臣,二曰讯群吏,三曰讯万民。听民之所刺宥,以施上服下服之刑。"②郑玄注曰:"刺,杀也,三讯罪定则杀之。讯,言也。宥,宽也。民言杀,杀之;言宽,宽之。上服,劓墨也。下服,宫刖也。"③这是说,在审判案件时,不论犯罪者是平民百姓还是达官贵人,也不论是刑事案件还是民事案件,都要征询群臣、群吏、万民(绅士)三方的意见,仔细分析,综合讨论,查明真相,取得一致意见后再定罪、行刑。《周礼·秋官·乡士》指出在审案之时,群士、司刑等都要到场,参与会审。贾公彦解释说,在断案时"恐专有滥,故众狱官共听之……当如其罪状,各依其罪,不得滥出滥入,如此以议狱讼也"。④ 清太祖努尔哈赤也说:"凡事不可一人独断,如一人独断,必致生乱。"⑤可以说,这种法官"议狱"、会审制度,进行集体研究和讨论,不仅能够有效地避免个人独断、主观片面和徇私舞弊的发生,而且还可以充分发挥集体智慧,克服个人经验不足及知识偏差,查明案件证据,理清各种线索,作出公正合理的判断。又,《礼记·王制》亦载有"三公会审定案制",要求审判狱案时,要仔细考辨,反复研究,征询多方面的意见,再定罪,其曰:"疑狱,泛与众共之;众疑,赦之。必察小大之比以成之。成狱辞,史以狱成告于正,正听之。正以狱成告于大司寇,大司寇听之棘木之下。大司寇以狱之成告于王,王命三公参听之。三公以狱之成告于王,王三又,然后制刑。"⑥因狱讼案件的复杂性和困难性,特别是涉及一些疑案、悬案或重大案件时,更需要集体商议,才可有效避免冤假错案的发生。另外,有些属于过失犯罪,如

---

① 巩富文:《中国古代法官会审制度》,《史学月刊》1992 年第 6 期。
② (汉)郑玄注,(唐)贾公彦疏,彭林整理:《周礼注疏》,上海古籍出版社 2010 年版,第 1343—1344 页。
③ (汉)郑玄注,(唐)贾公彦疏,彭林整理:《周礼注疏》,上海古籍出版社 2010 年版,第 1344 页。
④ (汉)郑玄注,(唐)贾公彦疏,彭林整理:《周礼注疏》,上海古籍出版社 2010 年版,第 1356 页。
⑤ 《辽左肇基纪署卷一》,(清)金象豫:《国朝大事记》,《续修四库全书》第 390 册,上海古籍出版社 2002 年版,第 308 页。
⑥ 刘波、王川注释:《礼记》,东南大学出版社 2010 年版,第 84 页。

年幼无知、疏忽大意、精神疾病犯罪者的量刑,亦当集体商议来决定。人死不能复生,一旦涉及死刑的审判,则更需要反复斟酌,慎而又慎。

"缓死",类似于今天所说的"死缓",是说对于被判处死刑者,如果在法律允许的范围之内,又属于不必立即执行的,可以给予宽缓处理。这亦是执政者仁民、爱民之心的体现,所谓"好生之德,恰于民心"①。

第三节　兵者,国之大事

《周易》强调以德治国,但对于违法犯罪分子,则坚持动用刑狱之道,加以惩戒。而对于更大范围的的奸凶无道者以及外部的干扰和威胁,必要时就要动用战争手段来解决了。

战争起源很早,据史料记载,在中石器时代就已有战争的发生,如黄帝攻伐蚩尤、神农与斧燧氏之战等,故《淮南子·兵略训》称:"兵之所由来者远矣。黄帝尝与炎帝战矣,颛顼尝与共工争矣。故黄帝战于涿鹿之野,尧战于丹水之浦,舜伐有苗,启攻有扈,自五帝而弗能偃也,又况衰世乎?"②

战争是国家大事,关系民族荣辱、人民存亡,《孙子兵法》开章明义就指出:"兵者,国之大事,死生之地,存亡之道,不可不察也。"③战争要动用大量的人力、财力、物力,所谓"驰车千驷,革车千乘,带甲十万,千里馈粮,则内外之费,宾客之用,胶漆之材,车甲之奉,日费千金"④。还会造成大量的财产损失,引发灾难、伤亡和杀戮,故《老子》云:"夫兵者不祥之器。"⑤

《六韬·文韬·兵道》曰:"圣王号兵为凶器,不得已而用之。"⑥可以说,除非在万不得已的情况下,圣王是不会发动战争的,而一旦动用战争,则要力

---

① 《尚书·大禹谟》,王世舜、王翠叶译注:《尚书》,中华书局 2012 年版,第 359 页。
② (汉)刘安、陈广忠译注:《淮南子》,中华书局 2012 年版,第 846 页。
③ (春秋)孙武撰,(三国)曹操注,郭化若今译:《孙子兵法》,上海古籍出版社 2011 年版,第 2 页。
④ 《孙子兵法·作战篇》,(春秋)孙武撰,(三国)曹操注,郭化若今译:《孙子兵法》,上海古籍出版社 2011 年版,第 12 页。
⑤ 靳永、胡晓锐注译:《老子》,崇文书局 2007 年版,第 65 页。
⑥ 徐玉清、王国民注译:《六韬》,中州古籍出版社 2008 年版,第 71 页。

求胜利,并要尽可能地减少伤亡。为此,行军、用兵的策略就十分重要了。正是基于这样的考虑,《周易》专门辟出一个《师》卦,阐发用兵行师之道。告诫人们在"不得已而用之"①的情况下,要兴正义之师、仁义之师,讨伐罪孽,替天行道。行军作战过程中要谨守用兵之道,以减少伤亡,取得胜利。胡炳文谓《师》卦曰:"六爻中,出师、驻师、将兵、将将、伐罪、赏功,糜所不载,其终始节次严矣。"②下面择其要者述之。

一、"能以众正",师出有名

《礼记·檀弓下》言:"师必有名。"③是说,出兵作战须要有正当的理由。出兵之由合乎正道,才能成为正义之师、文明之师、威武之师,也才有机会获得最后的胜利。《师》卦提出,出师作战的正道是"能以众正","毒天下"。即是说,征伐无道,归正天下方是出师之正道。单纯为争夺一时之私利,不顾及道义而进行的战争是不为《周易》所赞许的。

"师"本指"兵众",《周易集解》引何晏曰:"师者,军旅之名。故《周礼》云'二千五百人为师'也。"④朱子说:"'师',兵众也。"⑤又引申为军事战争。《师》卦☷,上卦为坤为地,下卦为坎为水,有"地中有水"之象。《师》卦以地下之水取象,喻兵众之义,《周易集解》引陆绩曰:"师,众也。坤中众者,莫过于水。"⑥又,《大象传》言"君子以容民蓄众",指出兵众之来源是寓兵于农。朱子谓:"水不外于地,兵不外于民,故能养民则可以得众矣。"⑦先秦时期,

---

① "不得已而用之"最早应出于《老子·三十一章》,此章亦较为系统地表达了老子的战争观,他说:"夫兵者不祥之器,物或恶之,故有道者不处。君子居则贵左,用兵则贵右。兵者不祥之器,非君子之器,不得已而用之,恬淡为上。胜而不美,而美之者是乐杀人。夫乐杀人者,则不可得志于天下矣。吉事尚左,凶事尚右。偏将军居左,上将军居右;言以丧礼处之。杀人之众,以悲哀泣之,战胜以丧礼处之。"(参见靳永、胡晓锐注译:《老子》,崇文书局 2007 年版,第 65 页。)

② (元)胡炳文撰,(宋)李心传撰:《周易本义通释·丙子学易编》,吉林出版集团有限责任公司 2005 年版,第 27 页。

③ 刘波、王川注释:《礼记》,东南大学出版社 2010 年版,第 59 页。

④ (唐)李鼎祚:《周易集解》,中央编译出版社 2011 年版,第 41 页。

⑤ (宋)朱熹撰,李一忻点校:《周易本义》,九州出版社 2004 年版,第 23 页。

⑥ (唐)李鼎祚:《周易集解》,中央编译出版社 2011 年版,第 42 页。

⑦ (宋)朱熹撰,李一忻点校:《周易本义》,九州出版社 2004 年版,第 219 页。

"兵农合一"是一种基本的军事制度。农民有两重身份:既是农民,又是军人。《国语·周语上》记载周代农民"三时务农而一时讲武,故征则有威,守则有财"①。又,《周礼·地官·大司徒》:"令五家为比,使之相保;五比为闾,使之相受;四闾为族,使之相葬;五族为党,使之相救;五党为州,使之相赒;五州为乡,使之相宾。"②《周礼·地官·小司徒》说:"五人为伍,五伍为两,四两为卒,五卒为旅,五旅为师,五师为军。"③这里的"比"、"闾"、"族"、"党"、"州"、"乡"是行政组织,指向的是农民身份。"伍"、"两"、"卒"、"旅"、"师"、"军"则是军事组织,指向的是军人身份。这两者形成了一一对应的关系。农民平时耕作,并作适当的军事训练,战争时期就成为军人,参加作战。

前文已指出,用兵之道必须守正。正的标准则如《象传》所言:"能以众正,可以王矣。刚中而应,行险而顺,以此毒天下,而民从之"。"能以众正",即是说"规正天下"。"毒",本义为"害人之毒草"。《说文》:"厚也,害人之艸,往往而生。"段玉裁注:"葢制字本意。因害人之艸,往往而生。"又引申为一种治病的药物。《周礼·天官·医师》:"医师,掌医之政令,聚毒药以共医事",郑玄注曰:"毒药,药之辛苦者,药之物恒多毒。"④故"毒"又衍生出治理、整治之义。王弼云:"毒犹役也。"⑤《经典释文》言:"役也。马云'治也'。"⑥郭象注《庄子·人间世》"无门无毒",曰:"毒,治也。"⑦这就说明,采取军事行动的正当原因,乃在于治理天下。用战争手段攻伐无道,规正不义者服从王法正道,亦即《礼记·月令》所云:"以征不义,诘诛暴慢,以明好恶,顺彼远方。"⑧又如《周易集解》引干宝所言:"五刑之用,斩刺肌体,六军之锋,残破城邑,皆所以荼毒奸凶之人,使服王法者也。"⑨攻伐无道,归正天下,如商汤灭夏

① (春秋)左丘明著,熊蓉、邓启铜点校:《国语》,东南大学出版社 2010 年版,第 11 页。
② 陈铁民等译注:《十三经·周礼》,三秦出版社 2004 年版,第 433—434 页。
③ 陈铁民等译注:《十三经·周礼》,三秦出版社 2004 年版,第 434 页。
④ (汉)郑玄注,(唐)贾公彦疏,彭林整理:《周礼注疏》,上海古籍出版社 2010 年版,第 149 页。
⑤ (魏)王弼、(晋)韩康伯注,(唐)孔颖达疏:《周易正义》,中国致公出版社 2011 年版,第 55 页。
⑥ (唐)陆德明:《经典释文》,上海古籍出版社 1985 年版,第 80 页。
⑦ (晋)郭象注,(唐)成玄英疏:《南华真经注疏》,中华书局 1998 年版,第 83 页。
⑧ 刘波、王川注释:《礼记》,东南大学出版社 2010 年版,第 103 页。
⑨ (唐)李鼎祚:《周易集解》,中央编译出版社 2011 年版,第 41 页。

桀、武王伐纣,为了这样的目的而进行的战争是合乎天之正道的,也会得到人民的支持和拥护,所谓"顺乎天而应乎人",故结果也是吉祥的,正如《彖传》所言:"以此毒天下,而民从之,吉又何咎矣!"上文指出,"毒"有"治理"之义,这里要注意的是,此处言"毒"还有一层深意。用兵作战,征伐无道,流血牺牲在所难免,故为明君所慎,实乃是迫不得已而为之。所谓"杀人一万,自损三千","是药三分毒","毒"字盖有此意。胡炳文谓之曰:"毒之一字,见得王者之师,不得已而用之。如毒药之攻病,非有沈痼坚症,不轻用也,其指深矣。"①

在《序卦传》中,《周易》还分析了战争的起因,乃在于对物资、利益的争夺。但单纯为了一时之私利的争夺,不顾及正道,不遵守礼法,而悍然发送战争却也不为《周易》所赞许。《序卦传》:"需者饮食之道也。饮食必有讼,故受之以讼。讼必有众起,故受之以师;师者众也。"《需》卦䷄,上坎下乾,《大象传》谓之有"云上于天"之象。天上有云雨,须待时而降,故需有"等待"之义。又,雨水降下可以滋养万物,带来生机,司马光谓之曰:"云上于天,万物荫之,滂沱下施,万物饮之,以丰以肥,以荣以滋。"②《需》卦的上互卦为《离》卦,有太阳光明之义。阳光和雨水是万物生长的必要条件,故需又有"滋养"之义。于人类而言,可引申为饮食之道。故《大象传》言"饮食宴乐",《序卦传》言"饮食之道"。黄泽推阐曰:"雨自上降,然后生万物,草木之味,实能养人,醴醪酒浆,笾豆俎实,皆出于此,此需所以为饮食。"③饮食是人之基本欲望,《孟子·告子上》引告子曰:"食色,性也。"④《礼记·礼运》言:"饮食男女,人之大欲存焉。"⑤饮食还是延续生命的物质基础,《淮南子·主术训》谓"食者民之本也"⑥,《汉书·郦陆朱刘叔孙传》亦曰"民以食为天"⑦。食物对于人类之生

①　(元)胡炳文、(宋)李心传撰:《周易本义通释·丙子学易编》,吉林出版集团有限责任公司2005年版,第260页。

②　(宋)司马光著,袁永锋、马卫东译:《司马光讲周易:白话〈温公易说〉》,长春出版社2010年版,第18页。

③　(元)黄泽:《易学滥觞》,《读易私言·易学滥觞》,又称《读易私言(及其他一种)》,中华书局1985年版,第4—5页。

④　方勇译注:《孟子》,中华书局2012年版,第215页。

⑤　刘波、王川注释:《礼记》,东南大学出版社2010年版,第143页。

⑥　(汉)刘安、陈广忠译注:《淮南子》,中华书局2012年版,第486页。

⑦　(汉)班固撰,陈焕良、曾宪礼标点:《汉书》,岳麓书社2008年版,第820页。

存和发展极为重要。早期，人口较少，食物相对充足，又处于"大同"时期，"天下为公，选贤与能，讲信修睦。故人不独亲其亲，不独子其子"①，较少出现为饮食财物争夺之事。但后来，随着人们"各亲其亲，各子其子，货力为己"②，从而产生了争讼，甚至战争，所谓"谋用是作，而兵由此起"③。此外，在这种转型过程中，还出现了人口的增加，这就加剧了食物、物资相对短缺的态势，而引发争夺之乱。《韩非子·五蠹》称："古者丈夫不耕，草木之实足食也；妇人不织，禽兽之皮足衣也。不事力而养足，人民少而财有余，故民不争。是以厚赏不行，重罚不用，而民自治。今人有五子不为多，子又有五子，大父未死而有二十五孙。是以人民众而货财寡，事力劳而供养薄，故民争，虽倍赏累罚而不免于乱。"④

据上所考，人们为了争取食物、资源等利益，难免要发生冲突和争端。故《序卦传》言："饮食必有讼。"《说文》："讼，争也。"《经典释文》："郑云'辩财曰讼'。"⑤韩康伯曰："夫有生则有资，有资则争兴也。"⑥此时，人们还可以诉诸官府，请求裁决，《经典释文》言讼："争也，言之于公也。"⑦如果诉讼仍不能解决问题，或争讼发送在国与国之间，就可能发生众人对抗和战争了，"讼必有众起，故受之以师"。

正是对于争夺和纷乱的担忧，先王制礼作乐，规范物资的分配，以尽可能避免诉讼和战争的发生。《荀子·礼论》云："先王恶其乱也，故制礼义以分之，以养人之欲，给人之求，使欲必不穷于物，物必不屈于欲，两者相持而长，是礼之所起也。"⑧但当人们不遵守礼法的时候，就会出现争讼。而无义之争讼却是《周易》所大加警戒和避免的。《讼》卦之义不是教人如何诉讼，而是告诫人们要遵守礼法，不可为个人私欲，不顾及法律法规强讼不止。初六不长久与人争讼，尽管略受责备，但获"终吉"；九二诉讼失利，而速归正道，终而"无眚"；六三

①　《礼记·礼运》，刘波、王川注释：《礼记》，东南大学出版社 2010 年版，第 138 页。
②　《礼记·礼运》，刘波、王川注释：《礼记》，东南大学出版社 2010 年版，第 138 页。
③　《礼记·礼运》，刘波、王川注释：《礼记》，东南大学出版社 2010 年版，第 138—139 页。
④　高华平、王齐洲、张三夕译注：《韩非子》，中华书局 2011 年版，第 699—700 页。
⑤　（唐）陆德明：《经典释文》，上海古籍出版社 1985 年版，第 79 页。
⑥　（魏）王弼、（晋）韩康伯注，（唐）孔颖达疏：《周易正义》，中国致公出版社 2011 年版，第 313 页。
⑦　（唐）陆德明：《经典释文》，上海古籍出版社 1985 年版，第 79 页。
⑧　方勇、李波译注：《荀子》，中华书局 2011 年版，第 300 页。

安分守己,不与人争讼,亦获"终吉";九四讼不能胜,及时悔悟,安于正道,没有过失,而吉祥随之。唯上九为己之私利诉讼不止,尽管暂时得胜一筹,但"不足敬也",终有"终朝三褫"之辱。同样,孔子在《论语》中亦提出止讼免争的思想:"必也使无讼乎!"①如此看来,单纯为争夺一时之私利,而不遵守道义和礼法规范,进行争讼,尚且不为《周易》所赞许,更何况是要流血牺牲的战争呢!

二、"师出以律",治军严整

上文提出,用兵须师出有名。而一旦出师,则要严格遵守用兵之道,才可能取得胜利。用兵之道的第一条就是要严守军纪。《师》卦初六言:"师出以律,否臧凶。"《象传》曰:"师出以律,失律凶也。"

"律"犹言"律法"、"规章"、"军法"。《尔雅·释诂》云:"律,法也。"孔颖达②、朱子③等亦皆谓:"法也。""以"犹言"用",《说文》:"以,用也。"《小尔雅》同。"否"即"不如此","不这样",《说文》:"否,不也。"孔安国注《尚书·尧典》:"否!德忝帝位。"曰:"否,不。"④"臧",本义为"善也"。《尔雅·释诂》:"臧,善也。"毛亨注《诗经·邶风·雄雉》:"不忮不求,何用不臧",曰:"臧,善也。"⑤杜预集解《左传·隐公十一年》"师出臧否,亦如之",曰:"臧否,谓善恶得失也。"⑥此爻辞是说,行军用兵一定要严格遵守军法、纪律,如果不守军纪,则会有凶险。孔颖达曰:"初六为师之始,是整齐师众者也。既齐整师众,使师出之时,当须以其法制整齐之……若其失律行师,无问否之与臧,皆为凶也。"⑦李士鉁亦指出:"初爻者,师之方出也。出师之道,始于谨严,故以

---

① 《论语·颜渊》,陈晓芬、徐儒宗译注:《论语·大学·中庸》,中华书局 2012 年版,第 144 页。

② (魏)王弼、(晋)韩康伯注,(唐)孔颖达疏:《周易正义》,中国致公出版社 2011 年版,第 56 页。

③ (宋)朱熹撰,李一忻点校:《周易本义》,九州出版社 2004 年版,第 23 页。

④ (汉)孔安国传、(唐)孔颖达正义,黄怀信整理:《尚书正义》,上海古籍出版社 2012 年版,第 58 页。

⑤ 李学勤主编:《十三经注疏·毛诗正义》,北京大学出版社 1999 年版,第 137 页。

⑥ (战国)左丘明撰,(西晋)杜预集解:《左传(春秋经传集解)》,上海古籍出版社 2007 年版,第 62 页。

⑦ (魏)王弼、(晋)韩康伯注,(唐)孔颖达疏:《周易正义》,中国致公出版社 2011 年版,第 56 页。

律。律,法也。谓阵伍号令之事,坐作进退之节,整齐严肃,出师之本也。若不善其律,失行军之法,必取败亡,故凶。"①

"没有规矩,不成方圆",是说言谈举止要有规范和原则,不可恣意而为。军队出战,要同敌人进行激烈的对抗,事关家国荣辱、生死存亡,故军纪尤须严谨,治军必要威严,诚如《礼记·曲礼上》所云:"班朝治军,涖官行法,非礼威严不行。"②这里所说的"礼"就是规矩、军规也。另据《尚书·甘誓》记载,夏朝时期,就强调军规军纪的重要性,并为后世所传承和发扬。当时,夏启要在甘这个地方进行一场战争,召集了六军的将领,强调军纪,告诫他们说:"用命,赏于祖;弗用命,戮于社。予则孥戮汝。"③是说,严格遵守军命纪律的,在祖先神位面前进行赏赐;而违反军规军纪的,就要在社神神位面前给予惩罚。并且还要把违反军规军纪的人变成奴隶,以示严惩。又《尚书·汤誓》言:"尔不从誓言,予则孥戮汝,罔有攸赦"④,也同样明确了军纪。是说,如果士兵不听从军命军规的话,就要被处罚,变成奴隶,决不宽恕。《尚书·牧誓》亦有类似的言语:"勖哉夫子! 尔所弗勖,其于尔躬有戮!"⑤是说:"战士们,你们如果不听从指挥,不努力作战,我就要把你们杀掉。"《孙子兵法·计篇》也严肃地指出,决定战争胜负、成败的重要一项就是"法令孰行"⑥,即是否能够严格遵守军规军纪。

《师》卦缘何如此重视军纪,且在初爻即申之明之,视为出师征战的第一条诫命?《师》卦䷆,下卦为坎,上卦为坤,初爻处于坎险之中。又,下互卦为震,上互卦为坤。可知,初六爻同时又处于《震》卦和两个《坤》卦之下。震象征雷声震动,《震》卦辞言:"震来虩虩",喻指天下恐惧。又,《说卦传》"震为玄黄",《坤》卦上六曰"龙战于野,其血玄黄",知"玄黄"可指战争中的流血牺牲。坤为至阴,又"坤为地",古有"入土为安"的习俗,故坤可喻指死亡。另

①　(清)李士鉁:《周易注》,《续修四库全书》第39册,上海古籍出版社2002年版,第14页。
②　刘波、王川注释:《礼记》,东南大学出版社2010年版,第2页。
③　王世舜、王翠叶译注:《尚书》,中华书局2012年版,第93页。
④　王世舜、王翠叶译注:《尚书》,中华书局2012年版,第98页。
⑤　王世舜、王翠叶译注:《尚书》,中华书局2012年版,第140页。
⑥　(春秋)孙武撰,(三国)曹操注,郭化若今译:《孙子兵法》,上海古籍出版社2011年版,第3页。

外，"坤为众"，此即指出战时，士兵众多。据上所考，可以说，《师》卦初六爻处于这样一种境遇中：①在坎险之中；②在恐惧之中；③随时都有可能伤亡；④人数众多。在这种情形之下，爻辞给出的唯一告诫就是"师出以律"。也就是说在如此艰难危险、人数众多的情况下，只有遵守军纪，才可能稳住阵脚；进退有度，方可避免危险，也才可能获得整体的胜利，成为文明之师、英勇之师、胜利之师。值得注意的是，一旦出现士兵违反军纪，则要严惩不贷，不可姑息。否则，就可能出现"破窗效应"，有更多的人违反军纪，军心涣散、军纪不整，必败无疑。

三、慎选将帅，"丈人"吉

"王者得贤杰而天下治。"①战争要取得胜利，除了师出有名、严守军纪以外，还有一个十分重要的条件，那就是要选贤任能，选择德才兼备、严明智慧的人作为将领。《师》卦辞指出，让"丈人"统帅军队，没有咎害，结果吉祥。《师》卦九二、九三、六五爻辞亦反复申明任人要正，须任用德才兼备者为主将，切不可用无德才之小人。

《师》卦言："丈人，吉"，开章明义即指出要用"丈人"为将帅，才会有好的结果。这里的"丈人"，指的是德才兼备、严明智慧的长者。《经典释文》："丈人，严庄之称。郑云：'能以法度长于人'。"②又，"丈人"亦作"大人"。《周易集解》引崔憬曰："《子夏传》作大人"，陆德明亦认同此说。③ 此处，"大人"指立身行道、德行高尚、才华卓越，而不被外欲、邪欲蒙蔽、迷惑之人。《孟子·告子上》："从其大体为大人"④；《扬子法言·学行》："大人之学也为道"⑤。这说明，治军征战必须选择贤明威严、德才兼备的将领为统帅，才能无咎，获得胜利。孔颖达曰："言为师之正，唯得严庄丈人监临主领，乃得'吉无咎'。若

---

① 《范文正公文集卷第七·选任贤能论》，(宋)范仲淹著，李勇先、王蓉贵校点：《范仲淹全集》，四川大学出版社 2002 年版，第 153 页。
② (唐)陆德明：《经典释文》，上海古籍出版社 1985 年版，第 80 页。
③ 参见(唐)陆德明：《经典释文》，上海古籍出版社 1985 年版，第 41 页。
④ 方勇译注：《孟子》，中华书局 2012 年版，第 229 页。
⑤ (汉)扬雄撰，钱杭整理，杨晓芬审阅，朱维铮复审：《扬子法言》，《传世藏书·子库·诸子 1》，海南国际新闻出版中心 1996 年版，第 511 页。

不得丈人监临之，众不畏惧，不能齐众，必有咎害。"①

《师》卦六五爻以告诫君王的口吻，同样申明任用贤能，不用小人之旨。六五居于"君位"，喻指君王，但其以柔居尊，象征不能亲自率军出征，吊民伐罪，必须委任他人。关于任人选将，爻辞诫之曰："长子帅师，弟子舆尸，贞凶。"指出，若委任严明智慧的"长子"帅师临敌，则可以取得战争的胜利。反之，所举非人，任用无德才之"弟子"，则有凶险。

《师》卦六五爻关于不可任用无德才之"弟子"为主帅的申诫，在六三爻中亦有所印证。六五爻之"弟子"，犹言无德才的"小人"，亦即六三爻也。《周易集解》引虞翻曰："弟子谓三"。② 孔颖达引庄氏曰："'弟子'谓六三，德劣于物。"③六三爻辞曰："师或舆尸，凶。"《象传》曰："师或舆尸，大无功也。""舆尸"指的是"以车运尸"，喻指兵败。吴澄《易纂言》引范大性曰："古者兵虽败，犹不忍弃死者，故载尸以归，舆户犹以车载棺而谓之舆椽也。"④又如《扬子法言·渊骞》"舆尸、血刃"⑤，陈子昂《国殇文》"沦舆尸之败业"⑥，亦皆此意。六三阴柔失正，上无正应，下又乘凌九二，喻无德才之人。但六三居于阳位，象征其居于将领之位。此爻从反面设喻，指出任用无德才者为将，必有兵败之祸。王弼谓之曰："以阴处阳，以柔乘刚，进则无应，退无所守，以此用师，宜获'舆尸'之凶。"⑦此亦告诫君王，切不可任用无德才者为将领也。

九二是《师》卦唯一的阳爻，又居于中位，为卦辞所言的"大人"，六五爻辞之"长子"。《周易集解》引虞翻曰："长子谓二。"⑧孔颖达引庄氏曰："'长子'

---

① （魏）王弼、（晋）韩康伯注，（唐）孔颖达疏：《周易正义》，中国致公出版社 2011 年版，第55 页。

② （唐）李鼎祚：《周易集解》，中央编译出版社 2011 年版，第 43 页。

③ （魏）王弼、（晋）韩康伯注，（唐）孔颖达疏：《周易正义》，中国致公出版社 2011 年版，第58 页。

④ （宋）胡方平撰，（元）吴澄撰：《易学启蒙通释·易纂言》，吉林出版集团有限责任公司 2005年版，第20 页。

⑤ （汉）扬雄撰，钱杭整理，杨晓芬审阅，朱维铮复审：《扬子法言》，《传世藏书·子库·诸子1》，海南国际新闻出版中心 1996 年版，第 523 页。

⑥ （唐）陈子昂：《陈子昂集》，中华书局 1962 年版，第 145 页。

⑦ （魏）王弼、（晋）韩康伯注，（唐）孔颖达疏：《周易正义》，中国致公出版社 2011 年版，第57页。

⑧ （唐）李鼎祚：《周易集解》，中央编译出版社 2011 年版，第 43 页。

谓九二,德长于人。"①胡炳文亦指出:"卦辞'师,贞,丈人吉,无咎',爻'在师中,吉,无咎'即卦辞意也。"②又说:"自众尊之则曰'丈人',自君称之则曰'长子',皆长老之称。"③据此可知,九二乃德才兼备、严明智慧之大人,可作为率军之将帅。九二爻辞云:"在师中,吉,无咎,王三锡命。"《象传》曰:"在师中吉,承天宠也。王三锡命,怀万邦也。""在",马其昶曰:"'在',读'在视'之'在'。'在师'者,'视师'也。"④"视师"即"率领军队"、"督率部队"。又如《国语·晋语三》:"公御秦师,令韩简视师"⑤,柳宗元《平淮夷雅二篇》:"锡汝斧钺,其往视师。"⑥爻辞言,以德才出众的九二为主帅,带兵打仗,能够治军严整,持中守道,没有咎害,结果吉祥。王弼曰:"以刚居中,而应于上,在师而得其中者也。承上之宠,为师之主,任大役重,无功则凶,故吉乃无咎也。"⑦另一方面,九二与六五有应,象征主帅得到君王的信任和支持,爻辞称"王三锡命"。"锡",通"赐",段玉裁:"凡经传云锡者,赐之假借也。"⑧《说文》:"赐,予也",《正字通》:"上予下曰赐。"⑨九二在外作战,军法严明,谨守正道,得到六五的恩宠和多次赏赐。程颐曰:"王三锡以恩命,褒其成功。"⑩这也给了九二权势、威信和信心,以保证战争取得胜利和成功。

① (魏)王弼、(晋)韩康伯注,(唐)孔颖达疏:《周易正义》,中国致公出版社 2011 年版,第58 页。
② (元)胡炳文撰,(宋)李心传撰:《周易本义通释·丙子学易编》,吉林出版集团有限责任公司2005 年版,第25 页。
③ (元)胡炳文撰,(宋)李心传撰:《周易本义通释·丙子学易编》,吉林出版集团有限责任公司2005 年版,第26 页。
④ 马其昶:《重定周易费氏学》,《续修四库全书》第 40 册,上海古籍出版社 2002 年版,第382 页。
⑤ (春秋)左丘明著,熊蓉、邓启铜点校:《国语》,东南大学出版社 2010 年版,第 177 页。
⑥ (唐)柳宗元著,曹明纲标点:《柳宗元全集》,上海古籍出版社 1997 年版,第 2 页。
⑦ (魏)王弼、(晋)韩康伯注,(唐)孔颖达疏:《周易正义》,中国致公出版社 2011 年版,第56 页。
⑧ (汉)许慎撰,(清)段玉裁注,许惟贤整理:《说文解字注》,凤凰出版社 2011 年版,第 494 页。
⑨ (明)张自烈编,(清)廖文英补:《正字通》,国际文化出版公司 1996 年版,第1180 页。
⑩ (宋)程颐:《周易程氏传》,九州出版社 2011 年版,第 32 页。

结　语

《大学》曰：

古之欲明明德于天下者，先治其国；欲治其国者，先齐其家者，先修其身；欲修其身者，先正其心；欲正其心者，先诚其意者，先致其知；致知在格物。①

《家人》卦《象传》曰：

家人，女正位乎内，男正位乎外，男女正，天地之大义也。家人有严君焉，父母之谓也。父父，子子，兄兄，弟弟，夫夫，妇妇，而家道正；正家而天下定矣。

《大学》所言，明确了"修、齐、治、平"的逻辑次第。《家人》卦《象传》则从男女修身养正推阐开来，身正而后家正，家正而后国正。可以说，此两者虽言辞不同，其理则一也，都说明了修身、齐家、治国是一个由小到大，逐步推演扩大的过程。既然此三者可以逐步推演，则证明其必有同构性；既然有同构性，则必有一以贯之的道理。

基于上文的分析，笔者认为《周易》治道中，有一个方法能够贯穿修身、齐家、治国之始终，其为"学"；有一个目标也贯穿了修身、齐家、治国之始终，是为"正"。

（一）"学"

"学"，是修身、齐家、治国的共同法门。当然其表现各有不同，于修身称为学习，在治家上叫作家庭教育，在治国上称为国民教育，但其本质都是要学也。

修身之学，有两个方面的表现：向外学和向内学。向外学，则是要学习古

---

① 陈晓芬、徐儒宗译注：《论语·大学·中庸》，中华书局 2012 年版，第 250 页。

圣先贤的教诲、历史经验及各种科学文化知识,其内容包括前文所说的"学以聚之"、"多识前言往行,以畜其德"、"朋友讲习"。这也是朱子"格物"之过程。向内学,则是要反观内省,追寻本善的良心,其内容包括前文所说的"不远之复,以修身也"、"反身修德"、"恐惧修省",也就是王阳明"致良知"的过程。

家庭教育则是家长教育孩子的过程,其重要内容包括前文所述的危机处理、人生之道、因果报应、生命教育、养生之道等。

国民教育则包括科学文化教育和道德伦理教育等,其内容包括前文所说的"教思无穷,容保民无疆"、"神道设教"、"观民设教"、"作乐崇德"、"振民育德"。在特殊情况下,还要动用刑罚惩处这种"特殊教育"、曰"明罚敕法"、"明庶政,无敢折狱"、"赦过宥罪"、"折狱致刑","明慎用刑而不留狱","议狱缓死"。

至于为何要学,《序卦传》也给了一个明确的答复,是因为人之蒙昧。蒙昧就是无明、没有智慧。没有智慧,就须要启蒙。就国家而言,启蒙就是国民教育;于家庭而言,就是家庭教育;于自我而言,就是自我学习。

学习的目的是什么? 是为了有智慧;有智慧是为了什么? 是为了立身行道;为什么要立身行道? 是为了获得平安幸福的生活。人是大自然的产物,要合乎大自然的规律。合乎大自然的规律要怎么做? 要遵守道德、律法;为什么要遵守道德、律法? 因为道德、律法是圣人和智者集体的训诫;为何要遵守这些的训诫? 因为此训诫是天地自然之道经由圣人和智者集体在人世间的显现;怎么遵守这些训诫? 先要学习,知道这些训诫,并且笃行之。准此而言,《周易》指出人学习的主要目的是为了践行道德、律法及圣人的训诫,同时,学习各种知识和技能,提升生活、工作的能力和水平,合乎天地之正道,达到天人合一。

(二)"正"

"正"指的是"正道",亦即天地自然之道。修身、齐家、治国的目标都是为了实现"正"。

人是自然之产物,于位而言,自然为乾,人为坤。《坤》卦可代表人修身之道,其曰:"安贞,吉。"《家人》卦可代表治家之道,其曰:"利女贞。"《临》卦可代表治国之道,其曰:"元,亨,利,贞。""贞"者,"正"也。由此可见,"正"乃是"修、齐、治、平"的共同追求和目标。

为什么要合乎"正"?《临》卦《象传》曰:"大亨以正,天之道也。"《临》卦于人世间而言,则是天地自然观临承载人类之象;天地之道为正,故人亦须正也。人之正,于政治而言,要求执政者须正;于家庭而言,要求夫妻须正;于自身而言,要求思想言行须正。

正的内容和要求是什么?是天道。然天道远,人不易知晓。圣人作,通天达地,推演天道,化为人事教训,曰道德,曰礼法,曰法律。人经由学习,明了圣人的训诫和教诲,消除无明蒙昧,开正眼法藏,启智慧妙心,修养德行,立身行道,则合乎天道矣,也就实现了天人合一,自可超凡入圣!

主要参考文献

一、著作类

杨天才、张善文译注：《周易》，中华书局 2012 年版。

曾凡朝注译：《周易》，崇文书局 2007 年版。

姚春鹏译注：《黄帝内经》，中华书局 2010 年版。

靳永、胡晓锐注译：《老子》，崇文书局 2007 年版。

方勇译注：《庄子》，中华书局 2012 年版。

叶蓓卿译注：《列子》，中华书局 2012 年版。

王世舜、王翠叶译注：《尚书》，中华书局 2012 年版。

邓启铜注释，殷光熹审读：《诗经》，东南大学出版社 2010 年版。

陈晓芬、徐儒宗译注：《论语·大学·中庸》，中华书局 2012 年版。

方勇译注：《孟子》，中华书局 2012 年版。

方勇、李波译注：《荀子》，中华书局 2011 年版。

刘波、王川注释：《礼记》，东南大学出版社 2010 年版。

邓启铜注释，殷光熹审读：《尔雅》，东南大学出版社 2010 年版。

陈铁民等译注：《十三经·周礼》，三秦出版社 2004 年版。

陈铁民等译注：《十三经·春秋公羊传》，三秦出版社 2004 年版。

陈铁民等译注：《十三经·春秋穀梁传》，三秦出版社 2004 年版。

陈铁民等译注：《十三经·春秋左传》，三秦出版社 2004 年版。

李学勤主编：《十三经注疏·论语注疏》，北京大学出版社 1999 年版。

李学勤主编：《十三经注疏·毛诗正义》，北京大学出版社 1999 年版。

黎翔凤撰，梁运华整理：《管子校注》，中华书局 2011 年版。

方勇译注：《墨子》，中华书局 2012 年版。

石磊译注：《商君书》，中华书局 2011 年版。

高华平、王齐洲、张三夕译注：《韩非子》，中华书局 2011 年版。

徐玉清、王国民注译：《六韬》，中州古籍出版社 2008 年版。

许富宏译注：《鬼谷子》，中华书局 2012 年版。

陆玖译注：《吕氏春秋》，中华书局 2011 年版。

王国轩、王秀梅译注：《孔子家语》，中华书局 2011 年版。

缪文远、缪伟、罗永莲译注:《战国策》,中华书局2012年版。

李逸安、张立敏译注:《三字经·百家姓·千字文·弟子规·千家诗》,中华书局2011年版。

林家骊译注:《楚辞》,中华书局2012年版。

(春秋)孙武撰,(三国)曹操注,郭化若今译:《孙子兵法》,上海古籍出版社2011年版。

(春秋)左丘明著,熊蓉、邓启铜点校:《国语》,东南大学出版社2010年版。

(战国)尸佼撰,颜玉科整理,朱维铮审阅:《尸子》,季羡林总编:《传世藏书·子库·诸子1》,海南国际新闻出版中心1996年版。

(战国)左丘明撰,(西晋)杜预集解:《左传(春秋经传集解)》,上海古籍出版社2007年版。

(汉)班固:《白虎通(及其他一种)》,中华书局1985年版。

(汉)班固撰,陈焕良、曾宪礼标点:《汉书》,岳麓书社2008年版。

(汉)班昭等撰,梁汝戈、章维标注:《蒙养书集成》,三秦出版社1990年版。

(汉)董仲舒著,张世亮、钟肇鹏、周桂钿译注:《春秋繁露》,中华书局2012年版。

(汉)高诱注,(清)毕沅校正,余翔标点:《吕氏春秋》,上海古籍出版社1996年版。

(汉)韩婴著,屈守元笺疏:《韩诗外传笺疏》,巴蜀书社1996年版。

(汉)何休:《春秋公羊经传解诂》,《四部丛刊初编》,上海书店1989年版。

(汉)河上公著,王卡点校:《老子道德经河上公章句》,中华书局1997年版。

(汉)桓宽著,王利器校注:《盐铁论校注》(增订本),天津古籍出版社1983年版。

(汉)贾谊:《过秦论》,《中国古典散文》,人民文学出版社1995年版。

(汉)孔安国传,(唐)孔颖达正义,黄怀信整理:《尚书正义》,上海古籍出版社2012年版。

(汉)孔鲋著,(宋)宋咸注:《小尔雅(及其他一种)》,中华书局1985年版。

(汉)刘安、陈广忠译注:《淮南子》,中华书局2012年版。

(汉)刘熙:《释名》,《四部丛刊初编》经部第13册,上海书店1989年版。

(汉)刘向编撰,顾恺之图画:《古列女传》,中华书局1985年版。

(汉)马融撰,(春秋)曾参著:《忠经·孝经》,中国华侨出版社2002年版。

(汉)毛苌传述,(宋)朱熹辨说:《诗序》,中华书局1985年版。

(汉)司马迁著,韩兆琦注译:《史记》,中华书局2012年版。

(汉)王充著,张宗祥校注,郑绍昌标点:《论衡校注》,上海古籍出版社2010年版。

(汉)王符撰,陈克艰整理,钱杭审阅,朱维铮复审:《潜夫论》,季羡林总编:《传世藏书·子库·诸子1》,海南国际新闻出版中心1996年版。

(汉)王逸注,(宋)洪兴祖补注:《楚辞章句补注》,吉林人民出版社1999年版。

(汉)徐干撰,钱杭整理,杨晓芬审阅,朱维铮复审:《中论》,季羡林总编:《传世藏书·子库·诸子1》,海南国际新闻出版中心1996年版。

(汉)许慎撰,(清)段玉裁注,许惟贤整理:《说文解字注》,凤凰出版社2011年版。

(汉)扬雄著,(清)戴震疏证:《方言疏证》,《小学名著六种》,中华书局1998年版。

（汉）扬雄撰，钱杭整理，杨晓芬审阅，朱维铮复审：《扬子法言》，季羡林总编：《传世藏书·子库·诸子1》，海南国际新闻出版中心1996年版。

（汉）赵爽注，（北周）甄鸾重述，（唐）李淳风注：《周髀算经（及其他一种）》，中华书局1985年版。

（汉）郑玄：《易纬通卦验（及其他三种）》，中华书局1991年版。

（汉）郑玄注，（唐）贾公彦疏，彭林整理：《周礼注疏》，上海古籍出版社2010年版。

（汉）郑玄注，（唐）贾公彦疏，王辉整理：《仪礼注疏》，上海古籍出版社2011年版。

（汉）郑玄注，（唐）孔颖达正义：《礼记正义》，上海古籍出版社2011年版。

（三国）诸葛亮著，段熙仲、闻旭初编校：《诸葛亮集》，中华书局2009年版。

（魏）何晏集解，（梁）皇侃义疏：《论语集解义疏》，中华书局1985年版。

（魏）王弼、（晋）韩康伯注，（唐）孔颖达疏：《周易正义》，中国致公出版社2011年版。

（魏）张揖撰，（隋）曹宪音：《广雅》，中华书局1985年版。

（吴）韦昭注，明洁辑评，金良年版导读，梁谷整理：《国语》，上海古籍出版社2008年版。

（晋）傅玄撰，王东杰整理，朱维铮审阅：《傅子》，季羡林总编：《传世藏书·子库·诸子2》，海南国际新闻出版中心1996年版。

（晋）葛洪著，庞月光译注：《抱朴子外篇全译》，贵州人民出版社1997年版。

（晋）郭象注，（唐）成玄英疏：《南华真经注疏》，中华书局1998年版。

（晋）皇甫谧著，张全明校注：《针灸甲乙经》，科学技术文献出版社2010年版。

（南北朝）郦道元著，陈庆元编注：《水经注选》，福建教育出版社1991年版。

（南北朝）刘勰著，郭晋稀译注：《文心雕龙译注十八篇》，甘肃人民出版社1963年版。

（南北朝）刘昼撰，颜玉科整理，朱维铮审阅：《刘子》，季羡林总编：《传世藏书·子库·诸子2》，海南国际新闻出版中心1996年版。

（南北朝）陶弘景注：《鬼谷子》，中国书店1985年版。

（南北朝）颜之推：《颜氏家训》，中华书局2011年版。

（南朝梁）顾野王撰：《玉篇》，《小学名著六种》，中华书局1998年版。

（南朝梁）萧统编，（唐）李善、吕延济、刘良、张铣、吕向、李周翰注：《六臣注文选》，中华书局1987年版。

（南朝宋）范晔、（西晋）司马彪撰，陈焕良、李传书标点：《后汉书》，岳麓书社2008年版。

（隋）王通撰，颜玉科整理，朱维铮审阅：《中说》，季羡林总编：《传世藏书·子库·诸子2》，海南国际新闻出版中心1996年版。

（唐）白居易著，丁如明、聂世美校点：《白居易全集》，上海古籍出版社1999年版。

（唐）陈子昂：《陈子昂集》，中华书局1962年版。

（唐）房玄龄等撰，杨宗禹等整理：《晋书》，季羡林总编：《传世藏书·史库·二十六史·4》，海南国际新闻出版中心1996年版。

（唐）李鼎祚：《周易集解》，中央编译出版社2011年版。

（唐）李商隐、李贺著，朱怀春、曹光甫、高克勤标点：《李商隐全集（附李贺诗集）》，上海古籍出版社 1999 年版。

（唐）柳宗元著，曹明纲标点：《柳宗元全集》，上海古籍出版社 1997 年版。

（唐）陆德明：《经典释文》，上海古籍出版社 1985 年版。

（唐）吕岩：《吕子易说》，《四库未收书辑刊》第叁辑第 1 册，北京出版社 2000 年版。

（唐）欧阳询撰，汪绍楹校：《艺文类聚》，上海古籍出版社 2007 年版。

（唐）实叉难陀编译，宗文点校：《华严经》，宗教文化出版社 2012 年版。

（唐）史徵：《周易口诀义（及其他一种）》，中华书局 1985 年版。

（唐）孙思邈撰，张作记、张瑞贤等辑注：《药王全书》，华夏出版社 1995 年版。

（唐）张参：《五经文字》，《干禄字书（及其他一种）》，中华书局 1985 年版。

（宋）蔡沈注，钱宗武、钱忠弼整理：《书集传》，凤凰出版社 2010 年版。

（宋）蔡渊：《周易卦爻经传训解》，景印文渊阁《四库全书》第 18 册，台湾商务印书馆 1986 年版。

（宋）陈彭年版等撰：《重修广韵》，景印文渊阁《四库全书》第 236 册，台湾商务印书馆 1986 年版。

（宋）陈自明：《妇人大全良方》，山西科学技术出版社 2006 年版。

（宋）程颢、（宋）程颐：《二程遗书》，上海古籍出版社 2000 年版。

（宋）程颐：《周易程氏传》，九州出版社 2011 年版。

（宋）段子武撰：《昌武段氏诗义指南》，《诗疑（及其他一种）》，中华书局 1985 年版。

（宋）范仲淹著，李勇先、王蓉贵校点：《范仲淹全集》，四川大学出版社 2002 年版。

（宋）胡安国撰，王丽梅校点：《春秋传》，岳麓书社 2011 年版。

（宋）胡方平撰，（元）吴澄撰：《易学启蒙通释·易纂言》，吉林出版集团有限责任公司 2005 年版。

（宋）黎靖德：《朱子语类》，中华书局 1986 年版。

（宋）李昉等撰：《太平御览》，上海古籍出版社 2008 年版。

（宋）李衡取蜀人房审权原本删增：《周易义海撮要》，吉林出版集团有限责任公司 2005 年版。

（宋）陆九渊：《陆象山全集》，中国书店 1992 年版。

（宋）陆游著，钱仲联校注：《剑南诗稿校注》，上海古籍出版社 2008 年版。

（宋）陆游撰，（明）毛晋辑：《渭南文集》，《景印文渊阁四库全书》第 1163 册，台湾商务印书馆 1986 年版。

（宋）吕祖谦编著，黄灵庚、吴战垒主编：《吕祖谦全集》，浙江古籍出版社 2008 年版。

（宋）倪天隐述其师胡瑗之说：《周易口义》，吉林出版集团有限责任公司 2005 年版。

（宋）欧阳修：《欧阳修全集》，中国书店 1986 年版。

（宋）司马光编纂：《资治通鉴》，岳麓书社 2010 年版。

（宋）司马光著，袁永锋、马卫东译：《司马光讲周易：白话〈温公易说〉》，长春出版社 2010 年版。

（宋）苏轼著，龙吟注评：《东坡易传》，吉林文史出版社 2002 年版。

（宋）王应麟著，郑振峰等点校：《周易郑康成注·六经天文编·通鉴答问》，中华书局 2012 年版。

（宋）王宗传：《童溪易传》，吉林出版集团有限责任公司 2005 年版。

（宋）杨简：《杨氏易传》，景印文渊阁《四库全书》第 14 册，台湾商务印书馆 1986 年版。

（宋）杨万里：《诚斋易传》，九州出版社 2008 年版。

（宋）佚名撰，（清）黄正元图注，张兆裕编著：《太上感应篇》，北京燕山出版社 1996 年版。

（宋）易祓、（宋）丁易东：《周易总义·周易象义》，岳麓书社 2011 年版。

（宋）张君房纂辑，蒋力生等校注：《云笈七签》，华夏出版社 1996 年版。

（宋）张浚：《紫岩易传》，景印文渊阁《四库全书》第 10 册，台湾商务印书馆 1986 年版。

（宋）张栻：《南轩易说》，景印文渊阁《四库全书》第 13 册，台湾商务印书馆 1986 年版。

（宋）张载撰，（清）王夫之注，汤勤福导读：《张子正蒙》，上海古籍出版社 2000 年版。

（宋）周敦颐撰，梁绍辉、徐荪铭等点校：《周敦颐集》，岳麓书社 2007 年版。

（宋）朱熹、（宋）吕祖谦撰，严佐之导读：《朱子近思录》，上海古籍出版社 2010 年版。

（宋）朱熹：《四书集注》，凤凰出版传媒集团、凤凰出版社 2006 年版。

（宋）朱熹撰，李一忻点校：《周易本义》，九州出版社 2004 年版。

（宋）朱熹撰，朱杰人、严佐之、刘永翔主编：《朱子全书》，上海古籍出版社、安徽教育出版社 2010 年版。

（元）董真卿：《周易会通》，吉林出版集团有限责任公司 2005 年版。

（元）胡炳文撰，（宋）李心传撰：《周易本义通释·丙子学易编》，吉林出版集团有限责任公司 2005 年版。

（元）黄泽：《易学滥觞》，《读易私言（及其他一种）》，中华书局 1985 年版。

（元）李简：《学易记》，景印文渊阁《四库全书》第 25 册，台湾商务印书馆 1986 年版。

（元）李鹏飞：《三元延寿参赞书》，《道藏》第 18 册，文物出版社、上海书店、天津古籍出版社 1988 年版。

（元）释念常撰：《佛祖历代通载》，《北京图书馆古籍珍本丛刊 77·子部·释家类》，书目文献出版社 1998 年版。

（元）王申子撰，（元）雷思齐撰：《大易辑说·易图通变》，吉林出版集团有限责任公司 2005 年版。

（元）余琰：《余氏易集说》，吉林出版集团有限责任公司 2005 年版。

（明）抱瓮老人辑，顾学颉校注：《今古奇观》，人民文学出版社 2007 年版。

（明）蔡清：《易经蒙引》，景印文渊阁《四库全书》第 29 册，台湾商务印书馆 1986 年版。

（明）陈继儒辑：《捷用云笺》，《四库未收书辑刊》第叁辑第 30 册，北京出版社 2000 年版。

（明）洪应明、（战国）鬼谷子：《菜根谭·鬼谷子》，青海人民出版社 2002 年版。

（明）蒋悌生：《五经蠡测》，景印文渊阁《四库全书》第 184 册，台湾商务印书馆 1986

年版。

（明）来知德：《来注易经图解》，中央编译出版社 2010 年版。

（明）林希元：《易经存疑》，景印文渊阁《四库全书》第 30 册，台湾商务印书馆 1986 年版。

（明）宋濂撰，（明）屠龙订正：《篇海类编》，《续修四库全书》第 230 册，上海古籍出版社 2002 年版。

（明）宋濂撰，（明）杨时伟补笺：《洪武正韵》，《四库全书存目丛书》经部第 207 册，齐鲁书社 1997 年版。

（明）王阳明：《王阳明全集》，线装书局 2012 年版。

（明）袁了凡著，林志云编校：《了凡四训——安身立命之学浅释》，四川大学出版社 1999 年版。

（明）张镜心：《易经增注（附易考）》，中华书局 1985 年版。

（明）张自烈编，（清）廖文英补：《正字通》，国际文化出版公司 1996 年版。

（明）朱舜水著，朱谦之整理：《朱舜水集》，中华书局 1981 年版。

（清）程廷祚：《大易择言》，景印文渊阁《四库全书》第 52 册，台湾商务印书馆 1986 年版。

（清）顾埜：《觉非盦笔记》，《续修四库全书》第 1154 册，上海古籍出版社 2002 年版。

（清）顾炎武著，（清）黄汝成集释、秦克诚点校：《日知录集释》，岳麓书社 1994 年版。

（清）纪昀：《阅微草堂笔记》，万卷出版公司 2010 年版。

（清）纪昀总纂：《四库全书总目提要》，河北人民出版社 2000 年版。

（清）焦循：《周易补疏》，《续修四库全书》第 27 册，上海古籍出版社 2002 年版。

（清）金象豫：《国朝大事记》：《续修四库全书》第 390 册，上海古籍出版社 2002 年版。

（清）李道平撰，潘雨廷点校：《周易集解纂疏》，中华书局 2011 年版。

（清）李光地：《御纂周易折中》，中央编译出版社 2011 年版。

（清）李士鉁：《周易注》，《续修四库全书》第 39 册，上海古籍出版社 2002 年版。

（清）刘宝楠：《论语正义》，河北人民出版社 1988 年版。

（清）刘沅：《周易恒解》，《续修四库全书》第 26 册，上海古籍出版社 2002 年版。

（清）陆世仪撰，（清）张伯行编：《思辨录辑要》，景印文渊阁《四库全书》第 724 册，台湾商务印书馆 1986 年版。

（清）眠鹤道人编次：《花月痕》，《古本小说集成》，上海古籍出版社 1994 年版。

（清）牛钮等撰，宋书功、萧红艳点校：《日讲易经解义》，中医古籍出版社 2011 年版。

（清）申涵光：《荆园进语》，《琼琚佩语（及其他四种）》，中华书局 1985 年版。

（清）沈起元：《周易孔义集说》，景印文渊阁《四库全书》第 50 册，台湾商务印书馆 1986 年版。

（清）沈廷芳：《十三经注疏正字》，景印文渊阁《四库全书》第 192 册，台湾商务印书馆 1986 年版。

（清）王夫之著，（清）曾国藩校刊：《船山易学》，中央编译出版社 2011 年版。

（清）王夫之：《读四书大全说》，中华书局 1975 年版。

（清）王引之：《经义述闻》，季羡林总编：《传世藏书·经库·经学史 2》，海南国际新闻出版中心 1996 年版。

（清）吴汝纶：《易说》，《吴汝纶全集》，黄山书社 2002 年版。

（清）悟元子：《道解周易》，九州出版社 2011 年版。

（清）曾国藩著，李瀚章编撰，李鸿章校刊：《曾文正公全集》，线装书局 2012 年版。

（清）张廷玉等纂修：《明史》，岳麓书社 1996 年版。

（清）张英：《易经衷论》，景印文渊阁《四库全书》第 44 册，台湾商务印书馆 1986 年版。

（清）张玉书、陈廷敬等编著：《康熙字典》，中华书局 1980 年版。

（清）朱骏声编著：《说文通训定声》，中华书局 1984 年版。

（清）黄正元：《欲海慈航》，团结出版社 2015 年版。

［古罗马］马尔库斯·奥勒利乌斯：《沉思录》，王焕生译，上海三联书店 2010 年版。

［英］塞缪尔·斯迈尔斯：《品格的力量：永恒的处世经典》，王强、富强译，中国商务出版社 2004 年版。

《古代汉语字典》，商务印书馆国际有限公司 2010 年版。

《圣经》简化字新标点和合本，南京爱德印刷有限公司 2005 年版。

释证严讲述：《佛遗教经》，复旦大学出版社 2013 年版。

《古兰经》，马坚译，中国社会科学出版社 2005 年版。

《塔木德》，赛妮亚编译，重庆出版社 2009 年版。

释印光：《印光法师文钞》，宗教文化出版社 2000 年版。

印光编：《寿康宝鉴》，团结出版社 2014 年版。

［意大利］切萨雷·贝卡利亚：《论犯罪与刑罚》，黄风译，中国法制出版社 2002 年版。

陈鼓应、赵建伟：《周易今注今译》，商务印书馆 2010 年版。

陈鼓应：《易传与道家思想》，生活·读书·新知三联书店 1996 年版。

陈树文：《周易中的领导智慧》，大连理工大学出版社 2008 年版。

成中英：《C 理论：中国管理哲学》，中国人民大学出版社 2006 年版。

邓球柏：《帛书周易校释》（修订本），湖南人民出版社 1987 年版。

丁四新：《楚竹书与汉帛书〈周易〉校注》，上海古籍出版社 2011 年版。

丁远、鲁越校正：《全唐诗》，国际文化出版公司 1994 年版。

高亨：《周易大传今注》，清华大学出版社 2010 年版。

高亨：《周易古经今注》，清华大学出版社 2010 年版。

高亮：《周易与现代教育管理》，曲阜师范大学 2006 年硕士学位论文。

杭辛斋：《学易笔谈》，岳麓书社 2010 年版。

何新：《大易新解》，时事出版社 2002 年版。

黄凡：《〈周易〉——商周之交史事录》，汕头大学出版社 1995 年版。

黄鹏裕：《〈潜夫论〉治道思想研究》，西南政法大学 2010 年硕士学位论文。

黄寿祺、张善文：《周易译注》，上海古籍出版社 2011 年版。

黄新根：《周易管理哲学研究》，山东大学 2010 年博士学位论文。

金景芳、吕绍纲：《周易全解》，上海古籍出版社 2011 年版。

黎红雷主编：《中国管理智慧教程》，人民出版社 2006 年版。

李镜池：《周易探源》，中华书局 1978 年版。

李圃主编，古文字诂林编纂委员会编纂：《古文字诂林》，上海教育出版社 2005 年版。

李绍先、刘源：《〈周易〉与处世之道》，四川人民出版社 2012 年版。

刘大钧：《周易概论》，齐鲁书社 1986 年版。

刘敏：《〈易经〉婚恋歌谣研究》，四川师范大学 2012 年硕士学位论文。

吕绍纲：《周易阐微》，吉林大学出版社 1990 年版。

罗志翔：《〈说文〉"心部字"研究及溯源》，黑龙江大学 2002 年硕士学位论文。

马其昶：《重定周易费氏学》，《续修四库全书》第 40 册，上海古籍出版社 2002 年版。

马振彪遗著，张善文整理：《周易学说》，花城出版社 2002 年版。

牟宗三：《政道与治道》，广西师范大学出版社 2006 年版。

穆晓军：《学〈易经〉通管理》，北京大学出版社 2008 年版。

南怀瑾：《21 世纪初的前言后语》，东方出版社 2013 年版。

庞钰龙：《易经管理大智慧》，中国文联出版社 2004 年版。

钱钟书：《管锥编》，中华书局 1979 年版。

秦博雅：《基于周易的环境管理模式研究》，北京师范大学 2008 年硕士学位论文。

尚秉和：《周易尚氏学》，九州出版社 2011 年版。

苏东水、彭贺：《中国管理学》，复旦大学出版社 2006 年版。

唐兰：《殷墟文字记》，中华书局 1981 年版。

王国维：《观堂集林》（外二种），河北教育出版社 2001 年版。

王素：《唐写本论语郑氏注及其研究》，文物出版社 1991 年版。

王小纪：《〈周易〉与夫妻之道》，四川人民出版社 2012 年版。

王玉德：《〈周易〉精解》，中国人民大学出版社 2011 年版。

王仲尧：《易学与中国管理艺术》，中国书店 2001 年版。

王财贵：《教育的智慧学》，南京大学出版社 2009 年版。

徐仪明：《易学心理学》，中国书店 2007 年版。

阎洁：《从象数角度谈周易的管理思想》，山东大学 2006 年硕士学位论文。

杨恺钧：《〈周易〉管理思想研究》，复旦大学 2004 年博士学位论文。

杨效知：《古诗十九首鉴赏》，兰州大学出版社 1992 年版。

杨亚利：《周易与中国夫妇之道》，中国文史出版社 2003 年版。

杨永林：《易象德治思想意蕴发微》，厦门大学 2011 年博士学位论文。

翼扬：《最炫的 7 大基本功 让你随时随地脱颖而出的技能全修炼》，北京邮电大学出版社 2008 年版。

于省吾主编：《甲骨文字诂林》，中华书局 1999 年版。

虞祖尧：《管理的智慧——〈周易〉管理正义》，复旦大学出版社 2009 年版。

曾仕强:《洞察易经的奥秘:易经的管理智慧》,北京大学出版社 2010 年版。

张立文:《帛书周易注译》,中州古籍出版社 2008 年版。

张立文主编:《心》,中国人民大学出版社 1993 年版。

张善文:《周易辞典》,中国大百科全书出版社 2005 年版。

周安士:《安士全书》,线装书局 2012 年版。

朱伯崑:《易学基础教程》,九州出版社 2011 年版。

朱伯崑:《易学哲学史》,昆仑出版社 2009 年版。

朱光潜:《谈修养》,漓江出版社 2011 年版。

朱炯远选注:《千古美文》,上海文化出版社 2000 年版。

朱茂峰:《易经管理模式研究》,山西财经大学 2011 年硕士学位论文。

二、期刊类

陈碧:《〈周易〉谦卦的哲学、伦理学内涵》,《道德与文明》2004 年第 1 期。

陈代波:《外圆内方,刚柔相济——试论〈周易〉塑造的理想人格模式》,《周易研究》2010 年第 6 期。

陈德述:《〈周易·易传〉中的治国理论与德治思想》,《中华文化论坛》2003 年第 3 期。

陈恩林:《论〈周易〉的社会和谐思想》,《吉林大学社会科学学报》2007 年第 2 期。

陈汉生:《〈周易〉的法律思想及其影响》,《上海大学学报》(社会科学版)1990 年第 2 期。

陈汉生:《〈周易〉中的刑法思想和刑法制度述略》,《上海大学学报》(社会科学版)1991 年第 2 期。

陈来:《马王堆帛书〈易传〉的政治思想——以〈缪和〉〈昭力〉二篇之义为中心》,《北京大学学报》(哲学社会科学版)2008 年第 2 期。

陈启智、孙希国:《从〈谦〉看〈易经〉作者对主体精神的关注——兼论儒道两家在〈易经〉中的萌芽》,《齐鲁学刊》1994 年第 5 期。

陈戌国、蓝甲云:《〈周易〉之婚俗婚礼考论》,《北方论丛》2007 年第 1 期。

陈望衡:《〈周易〉"神道"析》,《周易研究》1999 年第 2 期。

陈望衡:《忧患人生的卓越指南——〈周易〉与人生哲理》,《周易研究》1994 年第 3 期。

陈小虎:《论〈周易〉伦理道德思想》,《西南民族大学学报》(人文社科版)2007 年第 10 期。

从希斌:《〈易经〉与周代的刑罚适用原则》,《天津师范大学学报》(社会科学版)1994 年第 3 期。

崔波:《试论〈周易〉的民本思想》,《中州学刊》1996 年第 4 期。

崔波:《试论〈周易〉的勤政、廉政思想》,《周易研究》1997 年第 2 期。

戴永新:《论〈周易〉的家庭和谐观》,《齐鲁学刊》2008 年第 5 期。

樊星池:《〈周易〉对家庭伦理道德的诠释》,《前沿》2012 年第 13 期。

方云宝、王小丹:《〈周易〉之法律观探微》,《法学评论》1991 年第 6 期。

高原:《〈周易〉管理学综述》,《周易研究》2008 年第 4 期。

耿成鹏:《〈周易〉政治管理思想的现代意义》,《河南科技大学学报》(社会科学版)2007 年第 2 期。

龚曼群:《论〈周易〉中的商业思想》,《求索》1991 年第 3 期。

巩富文:《中国古代法官会审制度》,《史学月刊》1992 年第 6 期。

关玉惠:《浅析〈易经〉中的经济思想》,《南开经济研究》1986 年第 4 期。

郭沂:《〈易传〉成书与性质若干观点平议》,《齐鲁学刊》1998 年第 1 期。

郭沂:《孔子学易考论》,《孔子研究》1997 年第 2 期。

何泽恒:《杂论楚竹书〈周易〉异文的可能价值》,《周易研究》2012 年第 1 期。

侯敏:《〈周易〉中的婚恋短歌及婚姻家庭观念》,《学习与探索》2005 年第 6 期。

侯婉如:《〈周易〉中"君子"之特质初探》,《周易研究》1998 年第 4 期。

黄钊:《〈易传〉的道德观发微》,《湘潭大学学报》(哲学社会科学版)2006 年第 3 期。

黄震:《20 世纪的〈周易〉法律文化研究——以中国法学文献为中心的实证考察》,《周易研究》2006 年第 1 期。

江峰、周平:《〈周易〉中的家庭幸福观》,《北京师范大学学报》(社会科学版)2012 年第 6 期。

李大用:《从〈易经〉看武王克商后统治殷人的策略》,《河北学科》1985 年第 6 期。

李方敏、钱笑燕:《怎样度过新婚"磨合期"》,《心理与健康》1995 年第 6 期。

李衡眉:《〈周易〉中所见古代婚姻礼俗考——兼释〈屯〉、〈暌〉、〈归妹〉、〈渐〉和〈家人〉等卦》,《孔子研究》1993 年第 1 期。

李笑野、蒋凡:《〈周易〉的婚姻家庭观念》,《复旦学报》(社会科学版)1996 年第 1 期。

李笑野、蒋凡:《〈周易〉的军事思想》,《学术月刊》1995 年第 9 期。

李笑野:《〈周易〉的情爱观述论》,《周易研究》2012 年第 4 期。

林明、徐艳云:《〈周易〉古经"明德慎罚"观辨析》,《周易研究》2007 年第 6 期。

刘成春:《〈周易〉古经"孚"字解》,《榆林高等专科学校学报》2001 年第 1 期。

刘道超:《大衍之数其用四十有九之我见》,《广西右江民族师专学报》2004 年第 1 期。

刘逊、郭剑鸣、戴木才:《〈周易〉政治思想新析》,《湖南师范大学社会科学学报》1991 年第 2 期。

刘永成:《〈周易·系辞传〉中的道德思想与处世智慧》,《求实》2006 年第 S3 期。

吕耀怀:《"谦"的德性传统及其当代命运》,《道德与文明》2007 年第 3 期。

蒙培元:《孔子是怎样解释〈周易〉的》,《周易研究》2012 年第 1 期。

牛占珩:《〈周易〉经济思想初探》,《周易研究》1988 年第 1 期。

牛占珩:《〈周易〉与古代经济政策》,《周易研究》1999 年第 2 期。

乔以钢、陈千里:《〈周易〉的家庭观念及其影响论略》,《南开学报》2006 年第 2 期。

乔以钢、陈千里:《〈周易〉与〈礼记〉家庭观念之比较》,《中国文化研究》2010 年第 3 期。

任蕴辉:《论〈师〉卦》,《周易研究》1991 年第 2 期。

史少博：《论〈周易〉的"立人之道"及"崇德广业"》，《学术交流》2009 年第 4 期。

宋定国：《〈周易〉中的勤廉思想》，《中国青年政治学院学报》1993 年第 5 期。

唐明邦：《〈周易〉的忧患意识与自强精神》，《中国青年政治学院学报》1992 年第 2 期。

唐明邦：《太极思维方式与东方管理原则——〈周易〉的治国理财之道》，《孔子研究》1993 年第 4 期。

唐贤秋：《〈周易〉中的"诚信"思想探微》，《广西民族学院学报》（哲学社会科学版）2004 年第 3 期。

王建慧：《马王堆帛书〈周易〉异文考》，《香港中文大学中国文化研究所学报》1988 年第 19 期。

王维、黄黎星：《〈周易〉"孚信"论及其现代启示意义》，《中南民族大学学报》（人文社会科学版）2008 年第 3 期。

翁银陶：《从〈周易〉看西周时代的华夏民族精神》，《中州学刊》1992 年第 6 期。

巫穗云：《试析〈周易〉之婚姻观》，《江汉论坛》2001 年第 4 期。

谢向荣：《〈周易〉"有孚"新论》，《周易研究》2008 年第 2 期。

徐仪明：《〈周易〉"心"范畴心理学疏解》，《周易研究》2005 年第 6 期。

徐志锐：《〈周易〉经纶治国论》，《周易研究》1992 年第 1 期。

羊列荣、雷恩海、蒋凡：《从〈周易〉考察道家'心斋'思想的起源》，《学术月刊》1999 年第 3 期。

杨昌勇：《〈周易·蒙卦〉蕴涵的启蒙教育思想探析》，《齐鲁学刊》1991 年第 6 期。

杨永林：《〈周易·讼卦〉与中国古代的诉讼观念》，《周易研究》2008 年第 6 期。

于语和：《〈周易〉"无讼"思想及其历史影响》，《政法论坛》1999 年第 3 期。

虞友谦：《〈周易·谦卦〉与泛谦德传统》，《学术月刊》1993 年第 12 期。

臧守虎：《周易卦辞"朋"、"孚"考》，《周易研究》1999 年第 2 期。

张俊相：《〈周易·蒙卦〉的童蒙道德养成教育观》，《伦理学研究》2008 年第 1 期。

张武、梅珍生：《〈周易〉与人类婚俗》，《江汉论坛》1994 年第 12 期。

郑吉雄：《论〈易经〉中的饮食与婚配之道》，《周易研究》2008 年第 4 期。

郑剑虹、黄希庭：《论〈周易〉的自强人格及其培养》，《西南师范大学学报》（人文社会科学版）2004 年第 6 期。

郑万耕：《损益两卦何以深受古人青睐》，《北京师范大学学报》（社会科学版）2004 年第 6 期。

钟志强：《〈周易〉的夫妇伦理观念发微——以〈咸卦〉为中心》，《文艺评论》2011 年第 10 期。

周克浩：《〈周易〉的养生思想》，《中国道教》2012 年第 3 期。

周克浩：《〈周易〉的治家思想》，《道学研究》2012 年第 2 期。

朱慧芸：《〈周易〉古经之"孚"新解》，《周易研究》2007 年第 4 期。

朱岚：《论〈易传〉的政道观与治道观》，《周易研究》1998 年第 2 期。

后　记

　　中华优秀传统文化是中华民族的精神命脉,是推进中华民族伟大复兴的不竭动力,也是推动构建人类命运共同体的重要思想支撑。《周易》作为中华优秀传统文化的重要源头活水,其构建的思维方式和价值观念对后世中华文明发展产生了极为重要的影响。可以说秦汉以来的哲学思想、道德情操、价值理念和科学智慧无不浸润着《周易》的思想和智慧。几千年来,中华民族源源不断地从《周易》中汲取养分、获得动力。《周易》所倡导的"自强不息、厚德载物","安而不忘危,存而不忘亡,治而不忘乱","穷则变,变则通,通则久"等精神也早已融入到无数华夏子孙的血脉和灵魂之中,成为中华民族战胜种种艰难险阻而薪火相传的伟大精神瑰宝。在中华优秀传统文化的引领下,数千年来,无数的志士仁人胸怀天下,心系苍生,修齐治平,砥砺担当。时至今日,在实现中华民族伟大复兴的征程中,我们仍然需要这种修齐治平、砥砺担当的精神。本书基于这种理解,试图从作为中华元典、"群经之首、大道之源"的《周易》中发掘治道,推阐修齐治平之理,以期为当今社会提供有益的借鉴。

　　本书的出版要感恩诸多的因缘。感恩敬爱的父母亲,感恩父母辛苦养育悉心教导,感恩那心地善良淳朴真诚。感恩敬爱的伯父母,感恩挚爱的亲友。祝福父母师长、亲友同学吉祥安康。怀念慈爱的曾祖父母,怀念慈爱的祖父母外祖父母。向先祖致上深切的敬意和感恩!

　　感恩中华先祖、人类祖先对后代子孙的挚爱。感恩古圣先贤的伟大教导。感恩党和国家的培养护佑。感恩所有授课老师和善知识孜孜不倦的教导。感恩社会大众的辛勤付出。感恩我们拥有清新美好的自然环境、底蕴深厚的人文环境以及和平安定的社会环境。感恩许多年以来能够徜徉于书山学海之中,领受古圣先贤的智慧和启迪。

　　感激母校华侨大学、厦门大学和复旦大学的培养与支持! 华侨大学是我本科母校。华侨大学直属中央统战部领导,是周恩来总理亲自批准设立的中央部属高校,中国第一所以"华侨"命名的高等学府。学校倡导宽容为本、和而不同的校园精神,营造出的宽容、自由、和谐的文化氛围,让我受益良多。感激厦门大学的培养。我在厦门大学先后取得哲学硕士、哲学博士学位。素有"南方之强"的厦门大学堪称南国圣地,风光秀美,学风优良,底蕴深厚,立德树人,桃李芳华。"自强不息,止于至善"的校训激励一代又一代的学人砥砺前行、奋发有为,我必定铭记之、笃行之。此后,我在复旦大学做博士后。作为一所世界知名、国内顶尖的综合性研究型大学,复旦为国家培育了一大批各行各业的栋梁之才。我也一定会谨记"博学而笃志,切问而近思"的校训,发扬"日月光华,旦复旦兮"的复旦精神,为民族复兴尽责,为人类进步担当!

　　本书的出版还受惠于颇多的老师和朋友。衷心感谢我的博士生导师傅小凡教授!傅老师治学勤勉,他是宋明理学的研究专家、央视《百家讲坛》主讲人,横跨哲学、管理学两界,讲课生动有趣,深受学生和社会大众的认可。衷心感谢我的硕士生导师詹石窗教授、黄永锋教授。詹老师是国家重大文化工程"中华续道藏"项目首席专家和执行主编,他长期从事道家道教方面的研究,取得了卓越的成就,在海内外享有盛誉。此书的出版也得益于詹老师的支持和推动!黄永锋老师友善谦和,他主张学习与实践相结合的学习方式,鼓励学生参加学术会议和研讨,并积极组织大家参学访学,我们受益良多。真诚感谢我的博士后导师高晓林教授。高老师是马克思主义研究领域资深专家,她善于发现学生的特长和兴趣,鼓励科学研究与特长兴趣相结合,并善当伯乐,积极为青年学者提供良好的科研平台,令人赞佩!衷心感谢厦门大学林观潮教授,林老师淡泊朴实,慈心通达,善于应机设教。衷心感谢人民出版社为本书出版给予的大力支持。人民出版社一直肩负着崇高的历史使命,出版各类一流学术著作,为共和国的出版事业作出了卓越贡献。衷心感谢人民出版社方国根先生。方老师博学多才、认真负责,编辑经验丰富,本书的顺利出版也得益于方老师的辛勤付出。

　　回首来路,衷心感谢诸位师友、领导、同学同事等的宝贵关心、支持、鼓励、启发、指导和帮助。衷心感谢孟宪军教授、王媞女士、张向前教授、姚培生老师、潘文军老师、徐小飞老师、杨敏敏老师、李洪波老师、游晓鹏先生、王平龙先生、刘琥先生、乐爱国教授、刘泽亮教授、郭金彬教授、陈强教授、杨胜良教授、欧阳锋教授、张有奎教授、唐清涛教授、谢清国教授、叶兴建教授、符苹老师、邱旺土老师、邓坤宜老师、马向华老师、黄佳佳老师、周建昌老师、刘俊杰老师、黄昆海教授、刘培军先生、慕鹏帅先生、陈增博士、蔡春老师、顾钰民教授、董雅华教授、高国希教授、杜艳华教授、王贤卿教授、杨宏雨教授、肖巍教授、吴海江教授、于清宗老师、刘善柱老师、兰浩博士、姜家君博士、孙家佳女士、夏晓平女士、王鹏飞先生、陈晓阳先生、颜彦女士、林啸博士、邹秀季博士、祝涛博士、陈志坚博士、杨洋博士、林凡博士、赵亮博士、郝爽博士、袁宏禹博士、蔡泽亚先生、钟小明博士、汤锋旺博士、于衍学博士、于斌博士、刘绍清女士、吴毅飚先生、杨土墩先生、周温平先生，郑庆宗先生、罗雪光先生、王玫女士、黄瑞亮女士、陈金聪先生、陈沈阳先生、石牟助先生、颜云蔚先生、林冬梅女士、王鹏博士、徐香平先生、杨烨女士、沈岚女士、郭权洲先生、林志强先生、阮燕山先生、林炜先生、王云招先生、宋新玲博士等等。

在研究和写作过程中，笔者还参看和引用了古今中外诸多学者的著作和研究成果，在此向所有著作者深表诚挚的谢意！

"滴水之恩，当涌泉相报"，我一定积极学习，认真工作，为母校、为社会、为国家贡献自己一份力量！我一定怀着感恩的心报答亲爱的家人，及所有关心我的领导、老师和同学朋友们！

因学力和时间所限，书中难免有不少缺点疏漏，还祈请方家不吝批评指正，以待以后继续修改完善。

周克浩

2020 年 5 月 29 日于

厦门大学颂恩书斋

策划编辑:方国根

责任编辑:方国根

图书在版编目(CIP)数据

《周易》治道研究/周克浩 著. —北京:人民出版社,2023.8

(国学新知文库. 第二辑/詹石窗主编)

ISBN 978-7-01-022916-4

Ⅰ.①周…　Ⅱ.①周…　Ⅲ.①《周易》-研究　Ⅳ.①B221.5

中国版本图书馆 CIP 数据核字(2020)第 256344 号

《周易》治道研究

ZHOUYI ZHIDAO YANJIU

周克浩　著

人民出版社 出版发行

(100706　北京市东城区隆福寺街 99 号)

北京汇林印务有限公司印刷　新华书店经销

2023 年 8 月第 1 版　2023 年 8 月北京第 1 次印刷

开本:710 毫米×1000 毫米 1/16　印张:16.5

字数:250 千字

ISBN 978-7-01-022916-4　定价:68.00 元

邮购地址 100706　北京市东城区隆福寺街 99 号

人民东方图书销售中心　电话 (010)65250042　65289539